百年历程中的伟大实践

党史导读与学习指导

主　编◎李栓久
副主编◎何志明　刘美佳

四川大学出版社
SICHUAN UNIVERSITY PRESS

图书在版编目（CIP）数据

百年历程中的伟大实践 ： 党史导读与学习指导 / 李栓久主编. -- 成都 ： 四川大学出版社， 2024.8（2025.7 重印）
ISBN 978-7-5690-6731-6

Ⅰ. ①百… Ⅱ. ①李… Ⅲ. ①中国共产党—党史—高等学校—教材 Ⅳ. ① D23

中国国家版本馆 CIP 数据核字（2024）第 058954 号

书　　名：百年历程中的伟大实践：党史导读与学习指导
Bainian Licheng zhong de Weida Shijian: Dangshi Daodu yu Xuexi Zhidao
主　　编：李栓久

选题策划：周　洁
责任编辑：周　洁
责任校对：余　芳
装帧设计：墨创文化
责任印制：李金兰

出版发行：四川大学出版社有限责任公司
地址：成都市一环路南一段 24 号（610065）
电话：（028）85408311（发行部）、85400276（总编室）
电子邮箱：scupress@vip.163.com
网址：https://press.scu.edu.cn
印前制作：成都墨之创文化传播有限公司
印刷装订：成都金龙印务有限责任公司

成品尺寸：185mm×260mm
印　　张：14.25
插　　页：2
字　　数：289 千字

版　　次：2024 年 11 月 第 1 版
印　　次：2025 年 7 月 第 2 次印刷
定　　价：45.00 元

扫码获取数字资源

四川大学出版社
微信公众号

前 言

QIAN YAN

为了深入贯彻落实党史学习教育，加强对当代大学生的“五史”（即党史、新中国史、改革开放史、社会主义发展史，后增加“中华民族发展史”）教育，2021 年，四川大学面向本科生开设“五史”课程并将其列入选择性必修课程。经过课程组全体成员的周密安排和精心准备，“中共党史”课程于 2021 年秋正式面向全校本科生开设。在充分调研的基础上，课程组决定将反映中国共产党百年奋斗历程的“不懈奋斗史、不怕牺牲史、思想探索史、为民造福史、自身建设史”（该“五史”的表述也在 2024 年被写入《党史学习教育工作条例》第三章第十二条）作为主要讲授内容，课程一共分为七个教学专题：

第一专题 中国共产党百年历程概述

第二专题 中国共产党的不懈奋斗史

第三专题 中国共产党的不怕牺牲史

第四专题 中国共产党的思想探索史

第五专题 中国共产党的为民造福史

第六专题 中国共产党的自身建设史

第七专题 中国共产党百年辉煌的历史奥秘

在四川大学教务处和四川大学马克思主义学院的支持下，课程组精心编写教学讲义，制作统一的教学课件，并将中央的最新理论动态融入讲义和课件，使课程内容与中央大政方针“同频共振”。为了贯彻落实习近平新时代中国特色社会主义思想主题教育，课程组在充分调研和了解学生需求的基础上，决定编写本学习指导用书，系统梳理教学讲义中的知识点和重难点，以便学生掌握课程内容，提高学习效率。经过课程组反复研究，最终确定了编写框架与内容。

在框架方面，本学习指导用书在原来各专题的基础上增加了“导论”，主要是对本课程的内容进行提纲挈领式的介绍，其余七个专题均是对教学讲义的精炼与概括。各专题分工如下：李栓久、何志明（导论），张践、何杰（第一专题），薛一飞、段文健（第二专题），徐鹏、栗薪樾（第三专题），刘肖、秦仆（第四专题），张践、刘洋（第五专题），黄茂、武清旸(第六专题)，王玉娟、李欢（第七专题）。全书由李栓久、何志明、刘美佳统稿。

在内容方面，每专题主要由“基本知识点”“重难点”“党史故事”“延伸阅读”“课后习题”组成。课后习题主要分为“名词解释”“单选题”“简答题”“材料分析题”“论述题”，试题大多取自历年考研、公务员和事业单位考试的真题，对于学生将来参加硕士研究生入学考试、公务员和事业单位考试也具有一定的参考意义。

需要说明的是，本学习指导用书在编写过程中，参考了许多其他相关教材和有关论著，吸收了许多专家同仁的学术观点，但未能一一注明。在此，特向在本书中引用和参考的已注明和未注明的教材、专著、报刊、文章的编者和作者表示诚挚的谢意。

本学习指导用书在出版时，得到四川大学教务处2022年度立项建设教材专项经费资助，在此深表感谢。

本书虽经几次修改，但由于编者能力所限，不足之处在所难免，敬请专家读者批评指正。

编　者

目录

MULU

导 论

一 基本知识点

（一）中国共产党的不懈奋斗史

从中国共产党百年奋斗历史意义的维度看，一百年来，党始终践行初心使命，团结带领全国各族人民锐意进取，不断创新，中华民族伟大复兴展现出前所未有的光明前景。中国共产党自诞生以来的百年历史，是为实现共产主义远大理想、实现民族复兴伟大梦想，经受一次次挫折而又一次次奋起，带领中国人民筚路蓝缕、战天斗地、风雨兼程，在不懈奋斗中不断从胜利走向胜利的历史。在新民主主义革命时期、社会主义革命与建设时期、改革开放和社会主义现代化建设新时期以及中国特色社会主义新时代，中国共产党始终与全国人民同呼吸、共命运，在一个有几千年封建社会历史、近代又逐渐变为半殖民地半封建社会的国家建立了人民当家做主的国家政权，建立了社会主义制度，同时开创了中国特色社会主义道路，创造了人类文明新形态，这是中国共产党对中国人民、中华民族以及世界进步事业和人类政治文明的重大贡献，并在这个过程中形成了“坚持真理、坚守理想，践行初心、担当使命，不怕牺牲、英勇斗争，对党忠诚、不负人民”的伟大建党精神，它是中国共产党的精神之源，也是中国共产党人鲜明的精神品格。

学习党的不懈奋斗史，我们要继续弘扬伟大建党精神，牢记党团结带领人民为实现中华民族伟大复兴所取得的伟大成就。习近平总书记在庆祝中国共产党成立100周年大会上的重要讲话中指出：为了实现中华民族伟大复兴，中国共产党团结带领中国人民，浴血奋战、百折不挠，创造了新民主主义革命的伟大成就……为了实现中华民族伟大复兴，中国共产党团结带领中国人民，自力更生、发愤图强，创造了社会主义革命和建设的伟大成就……为了实现中华民族伟大复兴，中国共产党团结带领中国人民，解放思想、锐意进取，创造了改革开放和社会主义现代化建设的伟大成就……为了实现中华民族伟大复兴，中国共产党团结带领中国人民，自信自强、守正创新，统揽伟大斗争、伟大工程、伟大事业、伟大梦想，创造了新时代中国特色社会主义的伟大成就。①

① 习近平：《在庆祝中国共产党成立100周年大会上的讲话》，人民出版社，2021年，第4—5页。

习近平总书记在庆祝中国共产党成立100周年大会上的重要讲话中，总结、概括、提炼了我们党在百年奋斗历程中形成的伟大建党精神。伟大建党精神，思想精辟、内涵丰富，意义重大、意境深远，深刻揭示了中国共产党的特质，是我们全面认识和准确把握“中国共产党为什么‘能’”这一问题的一把金钥匙。深入学习贯彻习近平总书记系列重要讲话精神，对于我们弘扬伟大建党精神、推进党的建设新的伟大工程、推进新时代中国特色社会主义伟大事业具有重大现实意义和深远历史意义。

（二）中国共产党的不怕牺牲史

中国共产党自诞生以来的百年历史，就是一部不怕牺牲、不畏强敌、不惧风险、敢于斗争、勇于胜利的历史。

世界上没有哪个政党像中国共产党这样，遭遇过如此多的艰难险阻，经历过如此多的生死考验，付出过如此多的惨烈牺牲。据不完全统计，从1927年到1949年的22年间，能够查清作战名称、作战地区、我方参战部队、敌方参战部队、作战结果等基本要素的主要战斗、战役共计3203个，全国有名可查的革命烈士有370多万人（1921—1949年：约一万天，约370人／天），仅在北伐战争、土地革命战争及全面抗日战争时期，在战场上牺牲的就达76万人，其中32万人是共产党员。[①] 新中国成立前的中央委员、候补委员共有171人，牺牲和遇难的有42人，占24.6%；新中国成立前的政治局委员以上领导人共有55人，牺牲的有15人，占27.3%；[②] 经中央军委确定的军事家共有36位，其中，为中国人民解放事业献出生命的就有11位，占30.6%。[③]

“牺牲”对于共产党员来说，似乎是早已准备好的，因为入党誓词中就包含了“随时准备为党和人民牺牲一切”。为了信仰，为了马克思主义，为了有朝一日中国自立自强于世界，无数先驱在黑暗中孜孜以求，探索前行；无数先烈舍生取义，用生命换新生。在一百年的非凡奋斗历程中，一代又一代中国共产党人顽强拼搏、不懈奋斗，涌现出了一大批视死如归的革命烈士、一大批顽强奋斗的英雄人物、一大批忘我奉献的先进模范，形成了井冈山精神、长征精神、遵义会议精神、延安精神、西柏坡精神、红岩精神、抗美援朝精神、“两弹一星”精神、特区精神、抗洪精神、抗震救灾精神、抗疫精神、脱贫攻坚精

① 《不怕牺牲 英勇斗争——弘扬伟大建党精神，锤炼共产党人鲜明的政治品格》，中国军网，2021年7月15日，http://www.81.cn/pl_208541/10061907.html。

② 《人民标尺——从百年奋斗看中国共产党政治立场》，新华社每日电讯，2021年6月29日，http://www.xinhuanet.com/mrdx/2021—06/29/c_1310034033.htm。

③ 史海，陈雄：《共和国36位军事家》，长征出版社，2007年。

神等伟大精神，构筑起了中国共产党人的精神谱系。中国共产党之所以历经百年而风华正茂、饱经磨难而生生不息，就是凭着这样一股革命加拼命的强大精神。

（三）中国共产党的思想探索史

中国共产党自诞生以来的百年历史，就是一部不断推进马克思主义中国化的历史，就是一部不断推进理论创新、进行理论创造的历史。

中国共产党100年的奋斗实践证明，马克思主义是我们认识世界、把握规律、追求真理、改造世界的强大思想武器，是我们党和国家必须始终遵循的指导思想。一个民族要走在时代前列，就一刻不能没有理论思维，一刻不能没有思想指引。① 在近代中国最危急的时刻，中国共产党人找到了马克思列宁主义，并坚持把马克思列宁主义同中国实际相结合，用马克思主义真理的力量激活了中华民族历经几千年创造的伟大文明，使中华文明再次迸发出强大精神力量。我们党以唯物辩证的科学精神、无私无畏的博大胸怀领导和推动中国革命、建设、改革，不断坚持真理、修正错误。无论是处于顺境还是逆境，我们党从未动摇对马克思主义的信仰。

同时，一百年来中国共产党坚持解放思想和实事求是相统一、培元固本和守正创新相统一，不断开辟马克思主义新境界，完成了三次飞跃，形成了三大理论成果。第一次飞跃取得的理论成果，就是以毛泽东同志为主要代表的中国共产党人，把马克思列宁主义基本原理同中国革命具体实践结合起来创立的毛泽东思想；第二次飞跃取得的理论成果，就是中国特色社会主义理论体系，包括以邓小平同志为主要代表的中国共产党人创立的邓小平理论、以江泽民同志为主要代表的中国共产党人形成的“三个代表”重要思想、以胡锦涛同志为主要代表的中国共产党人形成的科学发展观；第三次飞跃取得的理论成果，就是习近平新时代中国特色社会主义思想。

习近平新时代中国特色社会主义思想是当代中国马克思主义、21世纪马克思主义，是中华文化和中国精神的时代精华，实现了马克思主义中国化新的飞跃，是马克思主义中国化最新成果，是党和人民实践经验和集体智慧的结晶，是中国特色社会主义理论体系的重要组成部分，是全党全国人民为实现中华民族伟大复兴而奋斗的行动指南。

（四）中国共产党的为民造福史

中国共产党自诞生以来的百年历史，就是一部践行初心使命、矢志不渝为人民谋幸福的历史，就是一部确立并不断完善人民民主制度、推进全过程人民民主的历史，就是一部

① 《中国之理，回答赶考路上的时代考题》，载《人民日报》，2022年7月25日。

带领中国人民不断创造美好生活、实现共同富裕的历史。

中国共产党一经诞生，就把为中国人民谋幸福、为中华民族谋复兴确立为自己的初心使命。中国共产党经过28年的浴血奋战，创造了新民主主义革命的伟大成就，推翻了帝国主义、封建主义、官僚资本主义三座大山，建立了人民当家做主的中华人民共和国，实现了民族独立、人民解放，人民真正当家做了主人。在社会主义探索和建设阶段，中国共产党团结带领中国人民，进行社会主义革命，消灭在中国延续几千年的封建剥削压迫制度，确立社会主义基本制度，实现了中华民族有史以来最为广泛而深刻的社会变革。经过改革开放，实现了从生产力相对落后的状况到经济总量跃居世界第二的历史性突破，实现了人民生活从温饱不足到总体小康、奔向全面小康的历史性跨越。党的十八大以来，中国特色社会主义进入新时代，中国共产党带领中国人民实现第一个百年奋斗目标，明确实现第二个百年奋斗目标的战略安排，中华民族迎来了从站起来、富起来到强起来的伟大飞跃，推动中华民族伟大复兴进入了不可逆转的历史进程。新中国成立以来，在应对疟疾、霍乱、血吸虫病、“非典”、“新冠”等重大疫情的时候，中国共产党始终坚持“人民至上、生命至上”的思想指引，领导全国各族人民抗击了一场又一场疫情，守护了人民群众的生命健康。新时代以来，党中央实施脱贫攻坚、精准扶贫等重大决策部署，使中国全面脱贫，解决了几千年来历代政权始终未能解决的大问题，中国全面建成小康社会。

建党一百年来，中国共产党始终坚持全心全意为人民服务的宗旨，始终坚持“江山就是人民，人民就是江山”，始终代表最广大人民根本利益，与人民休戚与共、生死相依，没有任何自己特殊的利益，从来不代表任何利益集团、任何权势团体、任何特权阶层的利益。正是中国共产党始终坚持为人民谋幸福的初心使命，才赢得了人民的信任，才铸就了自己在亿万人民心中的主心骨地位，才有了团结带领全中国人民共同奋斗的号召力。

（五）中国共产党的自身建设史

中国共产党自诞生以来的百年历史，就是一部以践行初心使命为根本，自觉加强自身建设，不断保持党的先进性和纯洁性，不断防范被瓦解、被腐化的危险的历史。

中国共产党作为马克思主义使命型政党，始终深刻认识自身建设的极端重要性，只有把自己建成一个强有力的政党才是践行初心、完成使命的根本保证。1922年7月印发的《关于共产党的组织章程决议案》明确指出：凡一个革命的党，若是缺少严密的集权的有纪律的组织与训练，那就只有革命的愿望便不能够有力量去做革命的运动。[①] 我们党一步步走

① 中央档案馆、中共中央文献研究室：《中共中央文件选集（第1册）》，中共中央党校出版社，1989年，第90页。

过来，很重要的一个原因就是不断总结经验、提高本领，不断提高应对风险、迎接挑战、化险为夷的能力水平。党的经验不是从天上掉下来的，也不是从书本上抄来的，而是我们党在历经艰辛、饱经风雨的长期摸索中积累下来的，饱含着成败和得失，凝结着鲜血和汗水，充满着智慧和勇毅。

在新民主主义革命时期，以毛泽东为代表的中国共产党人十分重视党的自身建设，并把马列主义建党学说同中国共产党的实际结合起来，形成了独具特色的建党理论；在改革开放和社会主义现代化建设新时期，党领导人民开始了一场把中国由不发达的社会主义国家建设成为富强民主文明和谐的社会主义现代化国家的新的伟大革命。以邓小平为代表的中国共产党人在领导这次伟大革命的过程中，围绕改革开放和现代化建设条件下建设一个什么样的党、怎样建设党的问题，开创了党的建设的新的伟大工程；进入新时代，以习近平同志为核心的党中央统揽推进伟大斗争、伟大工程、伟大事业、伟大梦想，坚持和加强党的全面领导，不断提高党的领导水平和执政水平。

勇于自我革命是中国共产党区别于其他政党的显著标志。我们党始终勇于正视自身存在的问题，以刀刃向内的勇气进行自我革命，始终保持自身先进性和纯洁性。一百年来，我们党在自我革命的实践中继承和发展马克思主义建党学说，形成了关于党的自我革命的丰富理论成果，积累了关于党的自我革命的宝贵经验，越是在取得胜利时，越要保持清醒头脑。新的征程上，我们要牢记打铁必须自身硬的道理，增强全面从严治党永远在路上的政治自觉，确保我们党始终成为走在时代前列、人民衷心拥护、勇于自我革命、经得起各种风浪考验、朝气蓬勃的马克思主义执政党。

二 重难点

（一）“不懈奋斗史、不怕牺牲史、理论探索史、为民造福史、自身建设史”彼此之间的关系是什么？

伟大建党精神充分展示了中国共产党历史的主流和本质。中国共产党历史的主流和本质是什么？就是不懈奋斗史、不怕牺牲史、理论探索史、为民造福史、自身建设史。不懈奋斗史，就是100年来我们党团结带领人民为完成民族独立、人民解放和实现国家富强、人民幸福而不懈奋斗的历史；不怕牺牲史，就是100年来我们党为了国家富强、民族振兴、人民幸福而不怕牺牲的历史；理论探索史，就是100年来我们党把马克思主义基本原理同中国具体实际相结合、同中华优秀传统文化相结合，不断推进马克思主义中国化，进行理论探索的历史；为民造福史，就是100年来我们党坚持全心全意为人民服务的根本宗旨，始终不渝为民造福的历史；自身建设史，就是100年来我们党为了保持先进性和纯洁性，勇于推进自我革命，不断加强自身建设的历史。伟大建党精神，在党的百年奋斗史中得以铸造和不断弘扬。不懈奋斗史，始终激励全党矢志践行初心使命；不怕牺牲史，始终激励全党坚持理想信念；理论探索史，始终激励全党不断推进理论创新、进行理论创造；为民造福史，始终激励全党坚持光荣革命传统；自身建设史，始终激励全党坚持推进自我革命。

习近平总书记在参观"'不忘初心、牢记使命'中国共产党历史展览"时强调，要"铭记奋斗历程，担当历史使命，从党的奋斗历史中汲取前进力量"①。纵观党的百年历程，为中国人民谋幸福、为中华民族谋复兴的初心使命，一以贯之地体现在党的不懈奋斗史、不怕牺牲史、理论探索史、为民造福史、自身建设史之中。回望过往的奋斗路，眺望前方的奋进路，我们更要准确把握党的历史发展的主流本质，在学习领悟中坚定理想信念，在奋发有为中践行初心使命。从党的不懈奋斗史追寻革命足迹，继续将社会革命进行到底；从党的不怕牺牲史中传承红色基因，赓续共产党人的精神血脉；从党的理论探索史中感悟思想伟力，不断开辟马克思主义新境界；从党的为民造福史中厚植人民情怀，始终把人民放在心中最高位置。

不懈奋斗史、不怕牺牲史、理论探索史、为民造福史、自身建设史，共同构成了中国共产党百年历史的重要组成部分，充分展示了中国共产党历史的主流和本质。

（二）作为当代大学生，我们如何树立正确的党史观？

明镜所以照形，古事所以知今。习近平总书记在党史学习教育动员大会上提出要"树立正确党史观"②。述往思来，向史而新。在中国共产党百年华诞这样一个重要历史节点开展党史学习教育，必须深入学习贯彻习近平总书记关于树立正确党史观的重要论述，用正确的党史观指导党史学习教育，更好地回望过往的奋斗路、眺望前方的奋进路，把党的历史学习好、总结好，把党的成功经验传承好、发扬好。

准确把握党的历史发展的主题主线、主流本质。党的历史发展的主题主线、主流本质，是党史研究须臾不可背离的"中轴线"和"定盘星"。那么，什么是党的历史的主题主线和主流本质？近代以来，中国人民面临着争取"民族独立、人民解放"和"实现国家富强、人民幸福"两大历史任务，这两大历史任务就是党历史发展的主题主线。而党的历史的主

① 《铭记奋斗历程　担当历史使命》，载《人民日报》，2021年7月1日。
② 习近平：《在党史学习教育动员大会上的讲话》，载《求是》，2021年第7期。

流本质，可以概括为不懈奋斗史、不怕牺牲史、思想探索史、为民造福史和自身建设史。只有准确把握党的历史的主题主线和主流本质，才能抓住党史的总纲，准确把握我们党的百年发展史，真正做到用党史来教育人、启迪人、感化人和鼓舞人。

正确认识和科学评价党史上的重大事件、重要会议、重要人物。树立正确党史观必须坚持唯物史观，正确认识和科学评价党史上的重大事件、重要会议、重要人物，引导人们从党的历史中汲取前行的力量。要善于从党的重大事件中认识党的奋斗历程和伟大成就。党史上的重大事件，往往是开启一个历史阶段的起点，连接着历史发展的大逻辑。要善于从建党的开天辟地，到新中国成立的改天换地，到改革开放的翻天覆地，再到党的十八大以来党和国家事业取得历史性成就、发生历史性变革这一系列历史节点和重大事件来学习党史，加深对“中国共产党为什么能、马克思主义为什么行、中国特色社会主义为什么好”的深刻认识。要善于从党的重要会议中汲取历史智慧和奋斗力量。要善于从党的重要人物的光辉事迹中弘扬光荣传统。在一百年的非凡奋斗历程中，一代又一代中国共产党人顽强拼搏、不懈奋斗，涌现了一大批视死如归的革命烈士、一大批顽强奋斗的英雄人物、一大批忘我奉献的先进模范，形成了一系列伟大精神，构筑起中国共产党人的精神谱系，为我们立党兴党强党提供了丰厚滋养。学习研究党史，可以从无数革命烈士、英雄人物、先进模范身上学习到坚定的理想信念、高尚道德情操，更好地继承党的优良传统和作风、获得强大的精神动力。①

（三）为什么要旗帜鲜明地反对历史虚无主义?

历史虚无主义是一种否认历史的客观性、必然性、规律性的唯心主义错误思潮。它以所谓“重新评价”为名，用孤立、片面、曲解的方法分析、观察党史，以主观代替客观、以细节代替整体、以臆想代替史实，或者歪曲党的历史，或者否定、抹黑党的领袖人物和英雄模范，或者割裂党的历史，混淆视听、迷惑大众，竭尽攻击、丑化、污蔑之能事，具有极大的欺骗性、迷惑性及危害性。

历史虚无主义的危害，主要是通过否定党和人民奋斗的历史，否定党的领导和执政的必然性、合法性；通过否定党的领袖及其思想结晶，从根本上动摇党和人民团结奋斗的思想基础和民族精神支柱；通过否定党带领人民选择的道路，否定中国特色社会主义。因此，树立正确党史观，必须正本清源、固本培元，旗帜鲜明反对历史虚无主义。

历史研究是千秋之事，容不得半点“虚无”“戏说”“恶搞”。面对错误言论，我们

① 张浩：《如何树立正确党史观》，载《中国青年报》，2021 年 3 月 23 日。

要敢于发声、勇于亮剑，做敢于斗争的斗士，旗帜鲜明反对历史虚无主义，坚决反对任何歪曲和丑化党的历史的错误倾向，坚决捍卫党的历史。同时，要加强思想引导和理论辨析，做到正本清源、固本培元，教育引导全党大力发扬红色传统、传承红色基因，赓续共产党人精神血脉，始终保持革命者的大无畏奋斗精神，鼓起迈进新征程、奋进新时代的精气神。

（四）习近平总书记指出：一百年来，中国共产党团结带领中国人民进行的一切奋斗、一切牺牲、一切创造，归结起来就是一个主题：实现中华民族伟大复兴。如何准确理解这句话？

历史和人民选择中国共产党领导中华民族伟大复兴事业，中国共产党团结带领中国人民不懈奋斗，从根本上扭转了近代以后中国人民和中华民族的历史命运，如期全面建成小康社会，开启全面建设社会主义现代化国家新征程。今天，中国共产党团结带领中国人民奋进新征程，在中国特色社会主义道路上不可逆转地走向中华民族伟大复兴。只有创造过辉煌的民族，才懂得复兴的意义；只有经历过苦难的民族，才对复兴有如此深切的渴望。近代以后，中华民族遭受了前所未有的劫难。习近平总书记指出："从那时起，实现中华民族伟大复兴就成为中国人民和中华民族最伟大的梦想。"① 面对救亡图存的历史使命，各种各样的主义、方案都尝试过又都失败了，大大小小的团体、党派竞相登场又成为过眼云烟。在中国人民和中华民族的伟大觉醒中，在马克思列宁主义同中国工人运动的紧密结合中，中国共产党应运而生。中国共产党用奋斗、牺牲、创造推动历史前进、赢得人民信赖，成为担当民族复兴重任的时代先锋、民族脊梁。

没有理论的自觉，就没有行动的自觉；没有科学理论的指引，就不可能找到改变中华民族前途命运的出路。习近平总书记指出："马克思主义使我们党拥有了科学的世界观和方法论，拥有了认识世界、改造世界的强大思想武器。"② 党的百年奋斗历程充分证明：中国共产党为什么能，中国特色社会主义为什么好，归根到底是因为马克思主义行。马克思主义之所以行，就在于党不断推进马克思主义中国化时代化并用以指导实践。

中国共产党摆脱了以往一切政治力量追求自身特殊利益的局限，自诞生之日起就把为中国人民谋幸福、为中华民族谋复兴确立为自己的初心使命。我们党之所以能够在近代以后各种政治力量反复较量中脱颖而出，赢得人民信任、取得重大成就，根本原因就在于党秉持初心坚定如磐、履行使命矢志不渝。

① 习近平：《在纪念辛亥革命110周年大会上的讲话》，人民出版社，2021年，第2—3页。
② 习近平：《用好红色资源　赓续红色血脉　努力创造无愧于历史和人民的新业绩》，载《人民日报》，2021年6月27日。

谁能真正代表人民的利益，和人民一起苦、一块干，人民就会选择谁、跟谁干。中国特色社会主义进入新时代，我们党坚持以人民为中心的发展思想，强调民心是最大的政治，把人民作为执政的最大底气。全面建成小康社会的历史性成就，是我们党团结带领中国人民“撸起袖子加油干”创造的；中华民族伟大复兴的光明前景，是我们党团结带领中国人民不懈奋斗开辟的。

“一百年前，中华民族呈现在世界面前的是一派衰败凋零的景象。今天，中华民族向世界展现的是一派欣欣向荣的气象，正以不可阻挡的步伐迈向伟大复兴。”① 长风破浪正当时，直挂云帆济沧海。新征程上，中国共产党团结带领人民激荡豪情壮志、凝聚磅礴力量，向着全面建成富强民主文明和谐美丽的社会主义现代化强国、实现中华民族伟大复兴的中国梦奋勇前进。②

三 主要概念

（一）“两个确立”

2021 年 11 月 8 日至 11 日，中国共产党第十九届中央委员会第六次全体会议召开。全党确立习近平同志党中央的核心、全党的核心地位，确立习近平新时代中国特色社会主义思想的指导地位，反映了全党全军全国各族人民共同心愿，对新时代党和国家事业发展、对推进中华民族伟大复兴历史进程具有决定性意义。③

2021 年 11 月 12 日上午，中共中央举行新闻发布会，中央宣传部分管日常工作的副部长王晓晖介绍，确立习近平同志党中央的核心、全党的核心地位，确立习近平新时代中国特色社会主义思想的指导地位，对新时代党和国家事业发展、推进中华民族伟大复兴历史进程具有决定性意义，具有充分的实践依据。党的十八大以来，党和国家事业取得历史性成就、发生历史性变革，根本在于有以习近平同志为核心的党中央领航掌舵，有习近平新时代中国特色社会主义思想指引航向。两个确立，符合全党全军全国人民的共同愿望，具有充分的理论依据，那就是坚强的领导核心和科学的理论指导，是关乎党和国家前途命运、党和人民事业成败的根本性问题。

中国共产党是代表中国最广大人民根本利益的马克思主义政党。确立和维护马克思主义政党的领导核心，是马克思主义建党学说的一个基本观点；用科学的理论武装全党，是

① 习近平：《在庆祝中国共产党成立 100 周年大会上的讲话》，载《人民日报》，2021 年 7 月 2 日。
② 任理轩：《中国共产党与中华民族伟大复兴》，载《人民日报》，2021 年 6 月 28 日。
③ 《中国共产党第十九届中央委员会第六次全体会议公报》，人民出版社，2021 年，第 10 页。

马克思主义政党走向成熟的一个重要标志。在百余年奋斗历程中，我们党始终高度重视领导核心和科学理论在推动历史前进中的重大作用。我们党之所以能够历经艰难困苦而不断发展壮大，取得革命、建设、改革的伟大胜利和辉煌成就，很重要的历史经验就是确立和维护坚强领导核心、坚持科学理论指导，这是党的历史带给我们的深刻启示。党的十八大以来，正是因为我们党确立习近平同志党中央的核心、全党的核心地位，确立习近平新时代中国特色社会主义思想的指导地位，才能开创中国特色社会主义新时代，推动中华民族伟大复兴进入不可逆转的历史进程。

（二）正确的党史观

在中国共产党迎来百年华诞之际，为了系统总结党百年来的成就与经验，党的十九届六中全会通过了党的历史上的第三个历史决议，即《中共中央关于党的百年奋斗重大成就和历史经验的决议》，习近平总书记在《关于〈中共中央关于党的百年奋斗重大成就和历史经验的决议〉的说明》中指出："要坚持正确党史观、大历史观，准确把握党的历史发展的主题主线、主流本质，正确对待党在前进道路上经历的失误和曲折，从成功中吸取经验，从失误中吸取教训，不断开辟走向胜利的道路。"正确党史观为我们认识和理解党的百年奋斗重大成就和历史经验提供了方法论的指导，提供了认识和理解历史现象、把握历史规律的"金钥匙"，是我们认识和理解党的百年历史的"价值指针"。

要以唯物史观为指导。唯物史观是马克思主义对待历史问题的基本立场观点和方法，列宁甚至认为"马克思的历史唯物主义是科学思想中的最大成果"。[①] 中国共产党是以马克思主义为指导的政党，马克思主义是共产党人的精神旗帜和精神灵魂，中国共产党的党史观是以辩证唯物主义和历史唯物主义为指导的历史观。习近平总书记指出："总结党的百年奋斗重大成就和历史经验，要坚持辩证唯物主义和历史唯物主义的方法论，用具体历史的、客观全面的、联系发展的观点来看待党的历史。"[②] 这一重要论述深刻阐述了马克思主义历史观的具体内涵，即用具体历史、客观全面、联系发展的观点看待历史。

要把握党史的主流本质。一百年来，中国共产党围绕带领中国人民进行的一切奋斗、一切牺牲、一切创造，归结起来就是一个主题：实现中华民族伟大复兴。[③] 这就为正确理解党的百年历史明确了主题主线，即实现中华民族伟大复兴。

---

① 中共中央马克思恩格斯列宁斯大林著作编译局：《列宁选集（第 2 卷）》，人民出版社，1995 年，第 311 页。

② 习近平：《关于〈中共中央关于党的百年奋斗重大成就和历史经验的决议〉的说明》，人民出版社，2021 年，第 79 页。

③ 习近平：《在庆祝中国共产党成立一百周年大会上的讲话》，载《光明日报》，2021 年 7 月 16 日。

要实事求是对待党史重大问题。习近平总书记在党史学习教育动员大会上的重要讲话中指出："要实事求是看待党史上的一些重大问题，既不能因为成就而回避失误和曲折，也不能因为探索中的失误和曲折而否定成就。"① 这些都为坚持正确党史观确立了基本的原则，即实事求是。

要旗帜鲜明反对历史虚无主义。要树立正确党史观，就必须旗帜鲜明反对历史虚无主义。具体历史地、客观全面地、联系发展地看待历史现象，把握历史发展总体规律，正确评价历史人物和历史事件，批判错误历史观点，这既是对历史的科学态度，也是形成正确历史观、党史观，包括世界观、人生观、价值观的正确路径。

（三）中国式现代化

中国式现代化是中国共产党领导的社会主义现代化，既有各国现代化的共同特征，更有基于自己国情的中国特色。中国式现代化是人口规模巨大的现代化，是全体人民共同富裕的现代化，是物质文明和精神文明相协调的现代化，是人与自然和谐共生的现代化，是走和平发展道路的现代化。

在新中国成立特别是改革开放以来长期探索和实践的基础上，经过十八大以来在理论和实践上的创新突破，我们党成功推进和拓展了中国式现代化。从现在起，中国共产党的中心任务就是团结带领全国各族人民全面建成社会主义现代化强国、实现第二个百年奋斗目标，以中国式现代化全面推进中华民族伟大复兴。中国式现代化有九个方面的本质要求：坚持中国共产党领导，坚持中国特色社会主义，实现高质量发展，发展全过程人民民主，丰富人民精神世界，实现全体人民共同富裕，促进人与自然和谐共生，推动构建人类命运共同体，创造人类文明新形态。

习近平总书记指出，中国式现代化道路"破解了人类社会发展的诸多难题，摒弃了西方以资本为中心的现代化、两极分化的现代化、物质主义膨胀的现代化、对外扩张掠夺的现代化老路，拓展了发展中国家走向现代化的途径，为人类对更好社会制度的探索提供了中国方案"②。中国式现代化理论，是党的二十大的一个重大理论创新，是科学社会主义的最新重大成果。中国式现代化是我们党领导全国各族人民在长期探索和实践中历经千辛万苦、付出巨大代价取得的重大成果，我们必须倍加珍惜、始终坚持、不断拓展和深化。

（四）中华民族伟大复兴

习近平总书记在庆祝中国共产党成立 100 周年大会上发表重要讲话，对党的百年奋斗

① 习近平：《在党史学习教育动员大会上的讲话》，人民出版社，2021 年，第 24—25 页。
② 习近平：《以史为鉴、开创未来埋头苦干、勇毅前行》，载《求是》，2022 年第 1 期。

历程进行了全面回顾和系统总结，对党的百年积累的历史经验作了高度提炼和精辟概括，特别是提出了一个重大的全新命题，这就是“一百年来，中国共产党团结带领中国人民进行的一切奋斗、一切牺牲、一切创造，归结起来就是一个主题：实现中华民族伟大复兴”[①]。

习近平总书记指出：“中华民族是世界上伟大的民族，有着5000多年源远流长的文明历史，为人类文明进步作出了不可磨灭的贡献。1840年鸦片战争以后，中国逐步成为半殖民地半封建社会，国家蒙辱、人民蒙难、文明蒙尘，中华民族遭受了前所未有的劫难。从那时起，实现中华民族伟大复兴，就成为中国人民和中华民族最伟大的梦想。”[②]中华民族伟大复兴，即中华民族要通过和平发展，再次走在世界前列。中华民族伟大复兴是包括物质文明、政治文明、精神文明在内的全面复兴。中华民族伟大复兴是我们党团结带领人民完成社会主义革命，确立社会主义基本制度，推进社会主义建设，完成了中华民族有史以来最为广泛而深刻的社会变革，为当代中国一切发展进步奠定了根本政治前提和制度基础，实现了中华民族由近代不断衰落到根本扭转命运、持续走向繁荣富强的伟大飞跃。

党的二十大报告指出：“从现在起，中国共产党的中心任务就是团结带领全国各族人民全面建成社会主义现代化强国、实现第二个百年奋斗目标，以中国式现代化全面推进中华民族伟大复兴。”[③]实现中华民族伟大复兴，是近代以来中华民族最伟大的梦想。在实现中华民族伟大复兴的历史征程上，走过百年光辉历程的中国共产党团结带领中国人民先后创造了新民主主义革命的伟大成就、社会主义革命和建设的伟大成就、改革开放和社会主义现代化建设的伟大成就、新时代中国特色社会主义的伟大成就。今天，中华民族迎来了从站起来、富起来到强起来的伟大飞跃，实现中华民族伟大复兴进入了不可逆转的历史进程。在新征程上，我们必须坚定信心、同心同德，埋头苦干、奋勇前进，为全面建设社会主义现代化国家、全面推进中华民族伟大复兴而团结奋斗。

---

① 习近平：《在庆祝中国共产党成立100周年大会上的讲话》，载《人民日报》，2021年7月2日。

② 习近平：《在庆祝中国共产党成立100周年大会上的讲话》，载《人民日报》，2021年7月2日。

③ 习近平：《高举中国特色社会主义伟大旗帜　为全面建设社会主义现代化国家而团结奋斗——在中国共产党第二十次全国代表大会上的报告》，人民出版社，2022年，第21页。

第一专题

中国共产党百年历程概述

一 基本知识点

（一）关于党的百年奋斗的历史分期

1945 年党的六届七中全会通过的《关于若干历史问题的决议》（简称“第一个历史决议”），将 1921 年至 1945 年 24 年的党史划分为大革命、土地革命和抗日战争三个历史时期；1981 年党的十一届六中全会通过的《关于建国以来党的若干历史问题的决议》（简称“第二个历史决议”），以 1949 年新中国成立为界，将 1921 年至 1981 年 60 年的党史划分为新民主主义革命与社会主义革命和建设两个大的历史时期。此后，党的文献又将 1978 年党的十一届三中全会以来的历史，称为改革开放和社会主义现代化建设新时期。这样，以 1949 年新中国成立和 1978 年党的十一届三中全会召开为界，在很长一段时间内，党的历史被划分为三个大的历史时期。

党的十八大以来，中国特色社会主义进入新时代，这是我国发展新的历史方位。新时代党和国家事业取得的历史性成就、发生的历史性变革，使改革开放以来党的历史在保持连续性的同时，呈现出显著的阶段性特征，这就要求我们重新思考改革开放以来 40 多年的党史分期问题，切实处理好“历史连续性和历史阶段性”的关系。对此，2021 年习近平总书记在“七一”讲话中谈到一百年来党领导人民所创造的四个伟大成就时，明确强调新时代中国特色社会主义的伟大成就与改革开放和社会主义现代化建设的伟大成就。在此基础上，《中共中央关于党的百年奋斗重大成就和历史经验的决议》（简称“第三个历史决议”）进一步明确将百年党史划分为既一脉相承又层层递进的四个历史时期，即新民主主义革命时期、社会主义革命和建设时期、改革开放和社会主义现代化建设新时期、中国特色社会主义新时代。这一历史分期突出强调了中国特色社会主义新时代在百年党史中的重要地位，并将随着全面建成社会主义现代化强国目标的稳步推进，进一步彰显其承前启后、继往开来的重要历史地位和标识性意义。

（二）关于党的百年奋斗的主要任务

1997 年党的十五大首次提出，近代以来中华民族面临两大历史任务：一是求得民族独立和人民解放，二是实现国家繁荣富强和人民共同富裕。两大历史任务既相互区别又紧密联系，前者为后者创造前提和开辟道路，后者是对前者的进一步延伸和提升，二者共同构成了中国共产党领导全国各族人民为实现中华民族伟大复兴而不懈奋斗的主要内容。

第三个历史决议在两大历史任务基础上，对党在四个历史时期的主要任务作出明确概括：新民主主义革命时期的主要任务是“反对帝国主义、封建主义、官僚资本主义，争取民族独立、人民解放，为实现中华民族伟大复兴创造根本社会条件”。这是第一大历史任务，已经胜利完成。第二大历史任务则根据新中国成立以来的三个历史时期被分解为三个主要任务：社会主义革命和建设时期的主要任务是“实现从新民主主义到社会主义的转变，进行社会主义革命，推进社会主义建设，为实现中华民族伟大复兴奠定根本政治前提和制度基础”；改革开放和社会主义现代化建设新时期的主要任务是“继续探索中国建设社会主义的正确道路，解放和发展社会生产力，使人民摆脱贫困、尽快富裕起来，为实现中华民族伟大复兴提供充满新的活力的体制保证和快速发展的物质条件”；中国特色社会主义新时代的主要任务是，“实现第一个百年奋斗目标，开启实现第二个百年奋斗目标新征程，朝着实现中华民族伟大复兴的宏伟目标继续前进”。百年党史的四个历史时期正好对应四个主要任务，共同指向一个主题：为实现中华民族伟大复兴而奋斗。这不但进一步深化和发展了我们对两大历史任务的认识，也进一步加深了我们对党的百年奋斗的主题主线的理解和把握。

（三）关于党的百年奋斗的重大成就

中国共产党非常重视对革命、建设和改革成就的总结，如在建党 90 周年时将其概括为“完成和推进了三件大事”，即新民主主义革命、社会主义革命和改革开放新的伟大革命；在建党 95 周年时进一步将三大革命取得的成就概括为三个“伟大历史贡献”。在“三件大事”和三个“伟大历史贡献”的基础上，习近平总书记在“七一”讲话中进一步将党的百年奋斗重大成就概括为四个“伟大成就”，即党领导人民浴血奋战、百折不挠，创造了新民主主义革命的伟大成就；自力更生、发奋图强，创造了社会主义革命和建设的伟大成就；解放思想、锐意进取，创造了改革开放和社会主义现代化建设的伟大成就；自信自强、守正创新，创造了新时代中国特色社会主义的伟大成就。第三个历史决议进一步聚焦党的百年奋斗所取得的四个“伟大成就”，并用四个“伟大飞跃”高度评价了其深远历史影响。这充分反映了党和人民百年奋斗的主题主线、主流本质，书写了中华民族几千年历史上最恢宏的史诗。在四个“伟大成就”中，第三个历史决议重点突出了新时代中国特色社会主义的伟大成就，从十三个方面分领域系统总结了新时代党和国家事业取得的历史性成就、发生的历史性变革，尤其是蕴含其中的原创性思想、变革性实践、突破性进展、标志性成果。这充分彰显了中国特色社会主义的强大生机活力，为实现中华民族伟大复兴提供了更为完善的制度保证、更为坚实的物质基础、更为主动的精神力量。

（四）关于党的百年奋斗的历史意义

“中国产生了共产党，这是开天辟地的大事变。”“从此以后，中国改换了方向。”这是毛泽东对中国共产党成立的历史意义所作的经典概括和高度评价。在此基础上，习近平总书记在庆祝中国共产党成立95周年大会上进一步提出了三个“深刻改变”的重要论断，即这一开天辟地的大事变，“深刻改变了近代以后中华民族发展的方向和进程，深刻改变了中国人民和中华民族的前途和命运，深刻改变了世界发展的趋势和格局”。

第三个历史决议在三个“深刻改变”重要论断的基础上，以更为宏阔的视野，从五个方面进一步概括总结了党的百年奋斗的伟大历史意义，即从根本上改变了中国人民的前途命运、开辟了实现中华民族伟大复兴的正确道路、展示了马克思主义的强大生命力、深刻影响了世界历史进程、锻造了走在时代前列的中国共产党。与三个“深刻改变”相比，五个方面的“历史意义”进一步阐述了党的百年奋斗对马克思主义和马克思主义政党建设所作出的历史性贡献，更加凸显了马克思主义的行、中国共产党的能、中国特色社会主义的好。这五个方面的概括，既充分证明中国共产党没有辜负中国人民、中华民族，没有辜负马克思主义、社会主义，又充分证明马克思主义、社会主义没有辜负中国共产党、中国人民、中华民族。这五个方面的概括，既立足中华大地，又放眼人类未来，全面、深刻、系统地反映了中国共产党对中国、对人类所作出的历史性贡献；既充分体现了中国共产党和中国人民、中华民族之间的密切关系，又充分体现了中国共产党与马克思主义、世界社会主义、人类社会发展之间的密切关系，融会贯通了中国共产党百年奋斗的历史逻辑、理论逻辑和实践逻辑。

（五）关于党的百年奋斗的历史经验

中国共产党历来重视总结历史经验，也善于总结历史经验。第一个历史决议深刻总结了建党以后特别是党的六届四中全会至遵义会议前这段党史的经验教训。1949年新中国成立前夕，毛泽东对新民主主义革命的经验进行了系统总结，将其概括为“三大法宝”，即统一战线、武装斗争和党的建设。第二个历史决议对社会主义革命和建设的经验教训进行了深刻总结，分清了历史是非，统一了全党思想。对改革开放和社会主义现代化建设新时期的历史经验，党中央在党的十一届三中全会召开20周年、30周年、40周年时也都进行了系统总结。但是，这些经验总结还只是阶段性的，在时间上尚未完全打通党的百年奋斗历程，在内容上还不能全面反映党的百年奋斗基本经验。

在中国共产党成立100周年之际，习近平总书记在“七一”讲话中对党的百年奋斗的历史经验进行了系统总结，将其概括为九个“必须”。在此基础上，第三个历史决议进一步将其概括为“十个坚持”，即坚持党的领导、坚持人民至上、坚持理论创新、坚持独立自主、坚持中国道路、坚持胸怀天下、坚持开拓创新、坚持敢于斗争、坚持统一战线、坚持自我革命。“这十条历史经验是系统完整、相互贯通的有机整体，揭示了党和人民事业不断成功的根本保证，揭示了党始终立于不败之地的力量源泉，揭示了党始终掌握历史主动的根本原因，揭示了党永葆先进性和纯洁性、始终走在时代前列的根本途径。”[①]这十条历史经验是党领导人民历经革命、建设和改革，从千辛万苦、波澜壮阔的历史实践中总结提炼出来的，是党和人民共同创造的宝贵精神财富，是历史智慧的结晶和历史规律的昭示，充分体现了我们党对历史主动性和历史规律性把握的高度统一和自觉。这十条历史经验根据以史为鉴、开创未来的目的和要求，有机贯通了历史、现在和未来，深刻揭示了过去我们为什么能够成功、未来我们怎样才能继续成功的政治“密码”，是党和人民事业不断取得成功的制胜法宝，对于我们党在新时代更好地把握历史大势、揭示历史规律，统一全党思想、奋力开创未来，具有重大现实意义和深远历史意义。

（六）关于党的百年奋斗的指导思想

前两个历史决议都为确立和维护党的指导思想作出了重要贡献。第一个历史决议提出“以毛泽东同志为代表的马克思列宁主义的思想”和“毛泽东同志的路线”等提法，从而确立了毛泽东思想的指导地位。第二个历史决议坚决维护了毛泽东思想的指导地位；同时初步提出了在中国建设什么样的社会主义和怎样建设社会主义的问题，为邓小平理论的创立奠定了实践和思想基础。

第三个历史决议继承和发扬前两个历史决议的优良传统，充分体现了党的十八大以来对党的指导思想的新认识和新发展。其中，关于毛泽东思想，强调其是马克思列宁主义在中国的创造性运用和发展，是马克思主义中国化的第一次历史性飞跃，突出了“创造性”和“历史性”特点，进一步彰显了毛泽东思想的重要历史地位。关于中国特色社会主义理论体系，明确其包括邓小平理论、“三个代表”重要思想和科学发展观三大理论成果，科学回答了建设中国特色社会主义的一系列基本问题，实现了马克思主义中国化新的飞跃。关于习近平新时代中国特色社会主义思想，明确其成为与毛泽东思想、中国特色社会主义理论体系并列的马克思主义中国化新的飞跃；将其由一个“结合”发展为两个“结合”，即“坚持把马克思主义基本原理同中国具体实际相结合、同中华优秀传统文化相结合”；将其所要解决的重大时代课题由一个发展为三个，即“新时代坚持和发展什么样的中国特

① 《中共中央关于党的百年奋斗重大成就和历史经验的决议》，人民出版社，2021年，第56页。

色社会主义、怎样坚持和发展中国特色社会主义，建设什么样的社会主义现代化强国、怎样建设社会主义现代化强国，建设什么样的长期执政的马克思主义政党，怎样建设长期执政的马克思主义政党”；将其核心内涵由“八个明确”发展为“十个明确”，充分反映了党对中国特色社会主义建设规律认识深化和理论创新的重大成果。在此基础上，第三个历史决议明确指出：“习近平新时代中国特色社会主义思想是当代中国马克思主义、二十一世纪马克思主义，是中华文化和中国精神的时代精华，实现了马克思主义中国化新的飞跃。”这一重要论断科学阐明了习近平新时代中国特色社会主义思想的理论内涵和重大意义，郑重标明了其在马克思主义发展史、中华文明发展史上的重要地位，是第三个历史决议的突出亮点和重大贡献。

（七）关于党的百年奋斗的领导核心

前两个历史决议都为确立和维护党的领导核心作出了重要贡献。第一个历史决议对党“在土地革命战争的最后时期，确立了毛泽东同志在中央和全党的领导”给予高度评价，认为“这是中国共产党在这一时期的最大成就，是中国人民获得解放的最大保证”。第二个历史决议结合中国革命和建设的具体实际，实事求是地评价了毛泽东一生的历史功过，坚决维护了毛泽东的历史地位。与此同时，党的十一届六中全会改选了党中央总书记和中央军委主席，进一步确立了党的十一届三中全会以来邓小平在党中央和全党的领导核心地位，为改革开放和社会主义现代化建设提供了坚强的政治保证。

党的十八大以来，习近平总书记领导党和国家事业取得的历史性成就、发生的历史性变革，使其获得了全党全军全国各族人民的衷心爱戴和拥护，成为众望所归、当之无愧的党的核心、人民领袖和军队统帅。为此，2016 年 10 月，党的十八届六中全会首次提出并明确了习近平同志在党中央和全党的核心地位，并在贯彻落实全会精神过程中提出了“两个维护”的根本要求。在此基础上，第三个历史决议继承和发扬前两个历史决议的优良传统，明确指出：“党确立习近平同志党中央的核心、全党的核心地位，确立习近平新时代中国特色社会主义思想的指导地位，反映了全党全军全国各族人民共同心愿，对新时代党和国家事业发展、对推进中华民族伟大复兴历史进程具有决定性意义。”确立习近平同志党中央的核心、全党的核心地位，使全党有了定盘星，全国人民有了主心骨，中华“复兴号”巨轮有了掌舵者；确立习近平新时代中国特色社会主义思想的指导地位，为党领导人民实现中华民族伟大复兴提供了行动指南，指明了前进方向。“两个确立”是第三个历史决议的核心要义，是党的十八大以来所取得的重大政治成果。以史为鉴、开创未来，要求我们必须把“两个确立”真正转化为做到“两个维护”的政治自觉、思想自觉、行动自觉，坚决维护党的核心和党中央权威。这是新时代坚持和发展中国特色社会主义、实现中华民族伟大复兴的根本政治保证。

二 重难点

（一）中国共产党人的初心和使命

初心是什么？初心就是一个人最初的本心，就是出发时的目标、誓言和承诺。习近平总书记曾指出：“一切向前走，都不能忘记走过的路，走得再远、走到再光辉的未来，也不能忘记走过的过去，不能忘记为什么出发。”[①] 一个政党是怎么来的，它为什么要成立，成立后要实现什么样的目标，如何处理与人民群众的关系？这是关系政党宗旨、性质和目标的根本问题，也是关乎政党前途命运和生死存亡的关键问题。政党的出发点就是它的初心，政党的立足点在于实现它的使命。习近平总书记在党的十九大报告中指出：“不忘初心，方得始终。中国共产党人的初心和使命，就是为中国人民谋幸福，为中华民族谋复兴。”[②]

首先来看革命先驱酝酿建党时的初心。语意鲜明且时间较早的反映早期共产党人初心使命的文献，是李大钊的《青春》、陈独秀的《谈政治》。1920 年 9 月，陈独秀在《谈政治》一文中说：“我承认用革命的手段建设劳动阶级的国家，创造那禁止对内对外一切掠夺的政治法律，为现代社会的第一需要。”[③]1916 年 9 月，27 岁的李大钊挥笔写下了一篇名为《青春》的文章，为古老中国的再造重生吹响了理想的号角。在文章中，他号召有志青年“前进而勿顾后，背黑暗而向光明”，站在时代前列做一个有为的青年，“以青春之我，创青春之家庭，青春之国家，青春之民族，青春之人类，青春之地球，青春之宇宙”。[④]

除了李大钊、陈独秀的许多类似的论述之外，最能反映早期共产党人初心和使命的，是蔡和森同毛泽东的通信。1920年冬天，身在长沙的毛泽东，收到了一封来自万里之遥的信，这是他的多年好友蔡和森在好几个月前写成的。

蔡和森，湖南人，比毛泽东小两岁，在省立湖南第一师范学校与毛泽东相识，并结为挚友，一同创建了新民学会。“五四运动”前后，蔡和森、蔡畅、向警予等一批新民学会

---

① 习近平：《在庆祝中国共产党成立 95 周年大会上的讲话》，人民出版社，2016 年，第 8 页。
② 中共中央党史和文献研究院：《十九大以来重要文献选编（上）》，中央文献出版社，2019 年，第 1 页。
③ 中共中央党史和文献研究院：《中国共产党重要文献汇编（第一卷）》，人民出版社，2022 年，第 277 页。
④ 李大钊：《青春》，载《新青年》，1916 年第 1 期第 2 卷。

成员投入了赴法勤工俭学运动，但浩瀚重洋没有割断新民学会成员间的联系。关于救亡图存、改造社会的主题，他们依然通过信件热烈地讨论。在1920年8月13日和9月16日蔡和森给毛泽东的信中，蔡和森指出："我以为要先组织党——共产党，因为他是革命运动的发动者，宣传者，先锋队，作战部。以中国的情形看来，需先组织他，然后工团，合作社，才能发生有力地组织，革命运动，劳动运动，才有神经中枢。"关于创建什么样的党，蔡和森指出，"我以为非组织与俄一致的（原理方法都一致）共产党，则民众运动、劳动运动、改造运动皆不会有力，不会彻底"，"党的组织为极集权的组织，党的纪律为铁的纪律，必如此才能养成少数极觉悟极有组织的分子，适应战争时代及担负偌大的改造事业"。进一步，他还提出了如何创建党的问题，提出了"组织的步骤"，指出应当"明目张胆正式成立一个中国共产党"。这些意见得到了毛泽东的一致赞同，他热情地回复蔡和森："见地极当、我没有一个字不赞成。党一层，陈仲甫先生等已在进行组织。"① 后来，毛泽东还给了蔡和森这样的评价："一个共产党员应该做的，和森同志都做到了。"②

（二）中国共产党百年历史的主题和主线

关于党的历史的主题和主线，习近平总书记2010年在全国党史工作会议上的讲话中指出，"近代以来，中国人民面临着争取民族独立、人民解放和实现国家繁荣富强、人民共同富裕这两大历史任务"，"团结带领全国各族人民为实现这两大历史任务而不懈奋斗，这就是党的历史发展的主题和主线"。③

为了完成这两大历史任务，我们党团结带领中国人民进行28年浴血奋战，打败日本帝国主义，推翻国民党反动统治，完成新民主主义革命，建立了中华人民共和国。

为了完成这两大历史任务，我们党团结带领中国人民完成社会主义革命，确立社会主义基本制度，消灭一切剥削制度，推进了社会主义建设。为了完成这两大历史任务，我们党团结带领中国人民进行改革开放新的伟大革命，极大激发广大人民群众的创造性，极大解放和发展社会生产力，极大增强社会发展活力，人民生活显著改善，综合国力显著增强，国际地位显著提高。

党的十八大以来，以习近平同志为核心的党中央团结带领全党全国各族人民，统揽伟大斗争、伟大工程、伟大事业、伟大梦想，统筹推进"五位一体"总体布局、协调推进"四

---

① 中共中央党史和文献研究院:《中国共产党重要文献汇编（第一卷）》，人民出版社，2022年，第245页。

② 转引自中共中央党史研究室：《怀念我党早期卓越的领导人蔡和森同志》，载《人民日报》，2015年3月30日。

③ 任仲文：《讲好中国共产党故事》，人民日报出版社，2021年，第12页。

个全面”战略布局，解决了许多长期想解决而没有解决的难题，办成了许多过去想办而没有办成的大事，推动党和国家事业取得历史性成就、发生历史性变革。认真学习党的百年历史，就要牢牢把握这些内容，牢牢把握党的历史的主题和主线。为了深刻理解党的历史的主流和本质，可以从党的不懈奋斗史、不怕牺牲史、理论探索史、为民造福史、自身建设史来把握。

三 党史故事

（一）中共六大：党史上唯一一次在境外召开的党代会

1928 年 6 月，中共六大在莫斯科召开，这是中国共产党历史上唯一一次在国外召开的全国代表大会。那么，中国共产党在当时为何要远赴异国他乡来召开这次会议？中共六大究竟记载着怎样一段历史？它又为历史留下了什么呢？

1. 中共六大召开的历史背景

1927 年春夏之交，是中国革命史上的至暗时刻。蒋介石在上海发动“四·一二”反革命政变，汪精卫在武汉实行“清党”。一时间，黑云压城，血流成河，全国笼罩在白色恐怖之中。据不完全统计，从 1927 年 3 月至 1928 年上半年，被国民党反动派杀害者达 31 万多人，其中共产党员 2.6 万人。1927 年 8 月 7 日，中共中央在汉口召开“八七”会议，结束了陈独秀的错误路线，提出在 6 个月内召开中共六大。但是当时正处于反共高潮，国内很难找到一个安全的开会地点，会议到底在哪儿开更合适呢？

当中共中央得知共产国际将于1928年7月在莫斯科召开共产国际“六大”、少共国际“五大”等一系列重要会议时，考虑到那时中国共产党也将派代表出席这些大会，而且中共中央也迫切希望能够得到共产国际的及时指导，所以，经报请共产国际同意后，决定在莫斯科召开中共六大。

出席会议的代表来自广东、江苏、浙江等 17 个省。这些代表都是被国民党通缉的“要犯”，在当时的白色恐怖下，要冲破层层封锁，长途跋涉到达莫斯科是极为困难的。中央将代表们编成若干小组，分两路出境：一路从上海乘苏联商船到海参崴（符拉迪沃斯托克），从那里坐火车到莫斯科；另一路从上海乘船去大连，再从大连到哈尔滨，经满洲里、绥芬河出境，再乘火车到莫斯科。地下党在哈尔滨、满洲里设交通站，专门负责代表们的接送工作。

2. 中共六大的基本内容

1928 年 6 月 18 日，中国共产党第六次全国代表大会隆重开幕。出席会议的代表共 142 人，代表着全国 4 万名党员。大会通过关于政治、军事、组织、苏维埃政权等一系列问题的决议，以及经过修改的《中国共产党党章》，选举产生了新的中央委员会。

大会科学分析了中国社会的性质，明确指出中国仍然是半殖民地半封建社会，中国革命的性质仍然是资产阶级民主革命，批评了混淆民主革命和社会主义革命界限的所谓“不断革命论”的观点。大会指出，当前中国的政治形势是处于两个革命高潮之间，即低潮时期，革命的发展具有不平衡性。党的总路线是争取群众，准备起义，而不是立即举行全国性的起义。为了完成党在各方面的工作任务，党必须加强组织建设和思想建设，积极恢复和发展各级组织，发扬党内民主，实行集体领导，肃清各种错误倾向，努力加强自身战斗力及党的无产阶级化。六大把工作中心从千方百计地组织暴动转到从事长期的艰苦的群众工作。确定以争取群众作为党的首要任务。党在工人运动中的主要任务，是争取工人阶级的大多数，必须以最大努力恢复革命工会，用一切力量团结统一无产阶级群众。大会总结党领导的军事运动和红军建设的经验，提出加强军事斗争的任务，努力扩大农村革命根据地，发展红军，实行土地革命，建立苏维埃政权。

六大总结过去革命斗争的经验教训，提出反对“左”、右两种错误倾向。大会决议案在指出大革命失败的客观原因的同时，进一步批评党的领导机关的右倾机会主义错误，认为这种错误是造成大革命失败的主要原因，其要害是放弃革命领导权。在基本肯定大革命失败后党所进行的斗争的同时，批评了“左”倾盲动错误，认为盲动主义和命令主义是当前使党脱离群众的最主要的危险倾向。这是党的工作方针的一次重要转变。

大会通过的党章详细规定了民主集中制的内容，并在党员管理制度和党的组织机构方面作出了新的规定。

3. 中共六大的历史意义

从 1928 年 6 月 18 日到 7 月 11 日，中共六大历时 24 天。这次会议认真总结了大革命失败以来的经验教训，对有关中国革命的一系列存在严重争论的根本问题，作出了基本正确的回答，在党内思想十分混乱的情况下统一了思想。

党的六大是一次具有重大历史意义的会议，对摆脱被动局面，实现工作转变，对中国革命的复兴和发展，起了积极作用。习近平总书记这样评价中共六大：“这是中共历史上唯一一次在境外召开的全国代表大会，对中国革命发展具有特殊的历史意义。”

铭记历史，继承和发扬党的光荣传统，回望来路，赓续红色血脉，党的六大是在党内思想十分混乱的情况下统一了全党思想。六大以后，全党贯彻执行六大路线，恢复和重建党的组织，领导开展群众斗争，中国革命出现走向恢复和发展的局面。

——选自姚恒：《从党章发展看中国共产党的成功之道》，中国方正出版社，2015年，第71—83页。

（二）人民军队诞生记

1927年大革命失败，成千上万的共产党员和革命群众倒在血泊之中。1928年中共六大在莫斯科召开，六大后的两年间，已陷入绝境的中国共产党，经过艰苦斗争，又重新壮大起来。为什么六大后的短短几年时间里中国革命会走向复兴呢？其中一个根本原因和军队建设的成效有关。

1.“三大纪律六项注意”，初塑红军形象

秋收起义后，毛泽东考虑最多的问题就是如何建设一支新型的人民军队。对于工农革命军来说，能否在极其险恶的环境中求得生存和发展，其中一个决定性的条件，就是能否取得老百姓的拥护和支持。旧式军阀的军队长期欺压百姓，百姓对其恨之入骨。为了使工农革命军本质上区别于旧式军队，真正取信于民，1927年10月，毛泽东在井冈山向部队宣布三项纪律：第一，行动听指挥；第二，打土豪要归公；第三，不拿群众一个红薯。这三项纪律，简明扼要，确定了军民关系的基本原则。

1928年1月，红军到达遂川。有些战士借了老百姓的门板不还，甚至没收了小商小贩的货物。毛泽东提出在城市中保护中小商人的政策，同时宣布六项注意：一，上门板；二，捆铺草；三，说话和气；四，买卖公平；五，借东西要还；六，损坏东西要赔。他提出：“群众比如我们的后台，后台一拆，台就会垮。所以这个后台要好好保护。”他要求部队要把条令背熟记牢，严格遵守。

“三大纪律六项注意”是红军第一个较为完整的红军军纪，它体现了新型军民关系，成为人民军队的建军原则。

2.“十六字诀”，“这就是我们的战术”

毛泽东曾经说过：“我是一个知识分子，当一个小学教员，也没学过军事，怎么知道打仗呢？就是由于国民党搞白色恐怖，把工会、农会都打掉了，把五万共产党员杀了一大批，抓了一大批，我们才拿起枪来，上山打游击。”一个小学教员是怎么成为卓越的军事家的呢？

1928 年红军在茶陵与国民党军队激战，结果损失惨重，被迫撤回井冈山。毛泽东将部队集合起来，第一次就战术问题提出要求，“打得赢就打，打不赢就走，赚钱就来，折本不干，这就是我们的战术”，“我们要‘雷公打豆腐——拣弱的欺’”。

朱、毛会师后，红军得到扩大和发展，游击战术也日益丰富和成熟。1928 年 5 月五斗江战斗、6 月龙源口战斗胜利后，毛泽东在总结战斗经验时，提出了“敌进我退，敌驻我扰，敌疲我打，敌退我追”的“十六字诀”，毛泽东总结的这一套游击战术，为人民军队从小到大、由弱到强的一系列胜利奠定了基础。

3. 古田会议，“以求红军彻底改造”

1929 年 1 月，毛泽东、朱德、陈毅率红四军主力向赣南出击。随后同从井冈山突围出来的红五军主力会合，并向闽西发展。中央革命根据地初步形成。毛泽东在领导红军创建根据地的过程中，自觉地把党领导的农民战争同旧式农民战争严格加以区别。他在给中央的报告中指出：“边界各县的党，几乎完全是农民成分的党，若不给以无产阶级的思想领导，其趋向是会发生错误的。”为了解决在农村环境中保持党和红军的先进性的问题，1929 年 12 月，红四军党的第九次代表大会在福建上杭县古田召开。

古田会议是红军发展史上十分重要的会议。古田会议决议根据中国革命首先在农村建立根据地进行革命斗争这个基本特征，创造性地运用马克思列宁主义，首次回答了如何将以农民为主要成分的军队，建设成为无产阶级领导的新型的人民军队的问题。决议规定，“红军是一个执行革命的政治任务的武装集团”，“必须绝对服从党的领导，必须担负起打仗、筹款和做群众工作这三位一体的任务”。决议总结创建红军和农村根据地以来的经验教训，着重强调加强思想建设的重要性，要求用无产阶级思想来进行党和军队的建设。

古田会议决议所确立的基本原则，不但很快在红四军得到实行，而且随后在其他各部分红军中逐步得到实行，对六大以后的革命发展产生了深远的影响。经过古田会议，一支由中国共产党绝对领导的以全心全意为人民服务为根本宗旨的新型人民军队正式定型。

中共六大对红军部队的思想政治工作，作出了许多重大原则的规定，其中居于首位的是党对军队思想政治工作的领导，在六大决议的指导下，毛泽东领导的这支部队真正成为一支人民的军队。人民军队从党这个“先进母体”中获得了先进属性，有了牢不可破的政治灵魂和坚定的信仰信念，有了一往无前的战斗精神和钢铁般的纪律，成为无敌于天下的钢铁雄师。

——选自韩彦庆，李涛：《“三大纪律八项注意”的形成始末》，《解放军报》，2023 年 12 月 10 日。

（三）小岗村，打响中国农村改革的第一声惊雷

1977年6月，万里任安徽省委第一书记后，下乡调查三个月，全省大部分地区都跑到了，走进了许多农户家里。万里回忆说："农民吃不饱，穿不暖，住的房子不像个房子的样子。淮北、皖东有些穷村，门、窗都是泥土坯的，连桌子、凳子也是泥土坯的，找不到一件木器家具，真是家徒四壁呀！我真没料到，解放几十年了，不少农村还这么穷！我不能不问自己，这是什么原因？这能算是社会主义吗？人民公社到底有什么问题？为什么农民的积极性都没有啦？"随行人员回忆说，万里看到农民的贫困状况泪流满面。

那么，农民的积极性如何调动呢？

1978年冬，安徽小岗村18户农民在食不果腹的情况下，不得已召开了秘密会议，他们决定分田到户。他们在 "生死状"上写道："我们分田到户，家家户主签字盖章，如以后能干，每户保证完成全年上缴的公粮，不再向国家伸手要钱要粮。如不成，我们干部坐牢杀头也甘心，大家也保证把我们的小孩养活到18岁。"安徽小岗村农民签下"生死状"，将村内土地分开承包，开创了家庭联产承包责任制的先河。当年，小岗村粮食大丰收。其他一些地方也纷纷效仿，开始实行农村联产责任制。

由此，中国农村改革的第一声惊雷打响了。

1979年9月，中共十一届四中全会通过了《关于加快农业发展若干问题的决定》，提出要保障基层干部和农民因时因地制宜的自主权，发挥其主动性。1980年5月，邓小平发表《关于农村政策的谈话》，肯定了包产到户这种形式，指出它不会影响我们制度的社会主义性质。后来，中央又进一步肯定包产到户、包干到户是社会主义集体经济的生产责任制，是合作经济的一个经营层次。

在中共中央的支持和推动下，以包产到户、包干到户为主要形式的家庭联产承包责任制，在全国各地逐渐推广开来。家庭联产承包责任制实行以后，农民对集体所有的土地具有充分的经营自主权，农民生产的产品"保证国家的，留足集体的，剩下都是自己的"。它在土地集体所有制的基础上，将农民家庭承包经营的积极性和集体经济的优越性结合起来，因而受到农民的普遍欢迎。从1979年到1983年，农业总产值年平均增长近8%。再加上国家提高了粮食和部分农产品的收购价格，允许农户自主进行多种经营，农民收入明显增加。

"统分结合"的农村家庭联产承包责任制的普遍实行，促进了"政社合一"的人民公社体制的解体。1983年10月，中央作出决定，废除人民公社，建立乡（镇）政府作为基层政权，同时成立村民委员会作为村民自治组织。农村的改革成为中国改革的突破口，局

部的农产品市场开始形成。对农民的让利、松绑，使农民摆脱了“以粮为纲”的束缚，取消了对农民发展家庭副业的限制，从而活跃了农村经济，增加了农民收入。

1998年江泽民总书记来到小岗村，他语重心长地说：“我过去虽然没有来过小岗，但我一直很关注小岗，因为邓小平同志开创和领导的改革开放事业，首先是在农村开花结果的，而小岗村又是率先进行农村改革的。家庭承包经营这一政策，要长期坚持下去，是不会改变的！”

谈到20年前小岗村的18户农民冒着危险搞包干到户的创举，江泽民说：“在当年‘一大二公’的环境下，你们敢于包干到户，是冒了很大风险的。你们靠的是实事求是的原则，靠的是改革的勇气，靠的是团结的力量，靠的是穷则思变的精神，说明路是人闯出来的。”

“穷则变，变则通，通则久。”1978年，小岗村18户村民以“托孤”的形式，立下生死状，按下红手印，签订大包干契约。自此，中国农村改革正式拉开大幕，农村发展进入快车道。敢闯、敢试、敢为天下先，小岗村闯出了一片新天地。作为我国农村改革的主要发源地，小岗村40年来发生的巨大变化，是我国改革开放的一个缩影。

——选自何加区，任平：《总书记来到小岗村》，《光明日报》，1998年9月28日。

四 延伸阅读

习近平《在庆祝中国共产党成立100周年大会上的讲话》（节选）

中华民族是世界上伟大的民族，有着5000多年源远流长的文明历史，为人类文明进步作出了不可磨灭的贡献。1840年鸦片战争以后，中国逐步成为半殖民地半封建社会，国家蒙辱、人民蒙难、文明蒙尘，中华民族遭受了前所未有的劫难。从那时起，实现中华民族伟大复兴，就成为中国人民和中华民族最伟大的梦想。

为了拯救民族危亡，中国人民奋起反抗，仁人志士奔走呐喊，太平天国运动、戊戌变法、义和团运动、辛亥革命接连而起，各种救国方案轮番出台，但都以失败而告终。中国迫切需要新的思想引领救亡运动，迫切需要新的组织凝聚革命力量。

十月革命一声炮响，给中国送来了马克思列宁主义。在中国人民和中华民族的伟大觉醒中，在马克思列宁主义同中国工人运动的紧密结合中，中国共产党应运而生。中国产生了共产党，这是开天辟地的大事变，深刻改变了近代以后中华民族发展的方向和进程，深刻改变了中国人民和中华民族的前途和命运，深刻改变了世界发展的趋势和格局。

中国共产党一经诞生，就把为中国人民谋幸福、为中华民族谋复兴确立为自己的初心使命。一百年来，中国共产党团结带领中国人民进行的一切奋斗、一切牺牲、一切创造，归结起来就是一个主题：实现中华民族伟大复兴。

——为了实现中华民族伟大复兴，中国共产党团结带领中国人民，浴血奋战、百折不挠，创造了新民主主义革命的伟大成就。我们经过北伐战争、土地革命战争、抗日战争、解放战争，以武装的革命反对武装的反革命，推翻帝国主义、封建主义、官僚资本主义三座大山，建立了人民当家作主的中华人民共和国，实现了民族独立、人民解放。新民主主义革命的胜利，彻底结束了旧中国半殖民地半封建社会的历史，彻底结束了旧中国一盘散沙的局面，彻底废除了列强强加给中国的不平等条约和帝国主义在中国的一切特权，为实现中华民族伟大复兴创造了根本社会条件。中国共产党和中国人民以英勇顽强的奋斗向世界庄严宣告，中国人民站起来了，中华民族任人宰割、饱受欺凌的时代一去不复返了！

——为了实现中华民族伟大复兴，中国共产党团结带领中国人民，自力更生、发愤图强，创造了社会主义革命和建设的伟大成就。我们进行社会主义革命，消灭在中国延续几千年的封建剥削压迫制度，确立社会主义基本制度，推进社会主义建设，战胜帝国主义、霸权主义的颠覆破坏和武装挑衅，实现了中华民族有史以来最为广泛而深刻的社会变革，实现了一穷二白、人口众多的东方大国大步迈进社会主义社会的伟大飞跃，为实现中华民族伟大复兴奠定了根本政治前提和制度基础。中国共产党和中国人民以英勇顽强的奋斗向世界庄严宣告，中国人民不但善于破坏一个旧世界、也善于建设一个新世界，只有社会主义才能救中国，只有社会主义才能发展中国！

——为了实现中华民族伟大复兴，中国共产党团结带领中国人民，解放思想、锐意进取，创造了改革开放和社会主义现代化建设的伟大成就。我们实现新中国成立以来党的历史上具有深远意义的伟大转折，确立党在社会主义初级阶段的基本路线，坚定不移推进改革开放，战胜来自各方面的风险挑战，开创、坚持、捍卫、发展中国特色社会主义，实现了从高度集中的计划经济体制到充满活力的社会主义市场经济体制、从封闭半封闭到全方位开放的历史性转变，实现了从生产力相对落后的状况到经济总量跃居世界第二的历史性突破，实现了人民生活从温饱不足到总体小康、奔向全面小康的历史性跨越，为实现中华民族伟大复兴提供了充满新的活力的体制保证和快速发展的物质条件。中国共产党和中国人民以英勇顽强的奋斗向世界庄严宣告，改革开放是决定当代中国前途命运的关键一招，中国大踏步赶上了时代！

——为了实现中华民族伟大复兴，中国共产党团结带领中国人民，自信自强、守正创新，统揽伟大斗争、伟大工程、伟大事业、伟大梦想，创造了新时代中国特色社会主义的伟大成就。党的十八大以来，中国特色社会主义进入新时代，我们坚持和加强党的全面领导，统筹推进“五位一体”总体布局、协调推进“四个全面”战略布局，坚持和完善中国特色社会主义制度、推进国家治理体系和治理能力现代化，坚持依规治党、形成比较完善的党内法规体系，战胜一系列重大风险挑战，实现第一个百年奋斗目标，明确实现第二个百年奋斗目标的战略安排，党和国家事业取得历史性成就、发生历史性变革，为实现中华民族伟大复兴提供了更为完善的制度保证、更为坚实的物质基础、更为主动的精神力量。中国共产党和中国人民以英勇顽强的奋斗向世界庄严宣告，中华民族迎来了从站起来、富起来到强起来的伟大飞跃，实现中华民族伟大复兴进入了不可逆转的历史进程！

一百年来，中国共产党团结带领中国人民，以“为有牺牲多壮志，敢教日月换新天”的大无畏气概，书写了中华民族几千年历史上最恢宏的史诗。这一百年来开辟的伟大道路、创造的伟大事业、取得的伟大成就，必将载入中华民族发展史册、人类文明发展史册！

同志们、朋友们！

一百年前，中国共产党的先驱们创建了中国共产党，形成了坚持真理、坚守理想，践行初心、担当使命，不怕牺牲、英勇斗争，对党忠诚、不负人民的伟大建党精神，这是中国共产党的精神之源。

一百年来，中国共产党弘扬伟大建党精神，在长期奋斗中构建起中国共产党人的精神谱系，锤炼出鲜明的政治品格。历史川流不息，精神代代相传。我们要继续弘扬光荣传统、赓续红色血脉，永远把伟大建党精神继承下去、发扬光大！

——选自习近平：《在庆祝中国共产党成立100周年大会上的讲话》，人民出版社，2021年。

［提示］习近平《在庆祝中国共产党成立100周年大会上的讲话》，系统回顾了中国共产党成立一百年来，团结带领全国各族人民开辟的伟大道路、创造的伟大事业、取得的伟大成就；庄严宣告实现了第一个百年奋斗目标、全面建成了小康社会，郑重宣示坚持和发展新时代中国特色社会主义、向全面建成社会主义现代化强国的第二个百年奋斗目标迈进的坚定决心，深刻阐述了以史为鉴、开创未来的根本要求。这篇重要讲话的出版发行，对于国内外读者深入了解中国共产党团结带领人民不懈奋斗的光辉历程和伟大成就，形成的伟大建党精神，创造的中国式现代化道路和人类文明新形态，弘扬的和平、发展、公平、正义、民主、自由的全人类共同价值等，具有重要意义。

习近平《在纪念马克思诞辰200周年大会上的讲话》

今天，我们怀着十分崇敬的心情，在这里隆重集会，纪念马克思诞辰200周年，缅怀马克思的伟大人格和历史功绩，重温马克思的崇高精神和光辉思想。

马克思是全世界无产阶级和劳动人民的革命导师，是马克思主义的主要创始人，是马克思主义政党的缔造者和国际共产主义的开创者，是近代以来最伟大的思想家。两个世纪过去了，人类社会发生了巨大而深刻的变化，但马克思的名字依然在世界各地受到人们的尊敬，马克思的学说依然闪烁着耀眼的真理光芒！

1818 年 5 月 5 日，马克思诞生在德国特里尔城的一个律师家庭。早在中学时代，他就树立了为人类幸福而工作的志向。大学时代，马克思广泛钻研哲学、历史学、法学等知识，探寻人类社会发展的奥秘。在《莱茵报》工作期间，马克思犀利抨击普鲁士政府的专制统治，维护人民权利。1843 年移居巴黎后，马克思积极参与工人运动，在革命实践和理论探索的结合中完成了从唯心主义到唯物主义、从革命民主主义到共产主义的转变。1845 年，马克思、恩格斯合作撰写了《德意志意识形态》，第一次比较系统地阐述了历史唯物主义基本原理。1848 年，马克思、恩格斯合作撰写了《共产党宣言》，一经问世就震动了世界。恩格斯说，《共产党宣言》是“全部社会主义文献中传播最广和最具有国际性的著作，是从西伯利亚到加利福尼亚的千百万工人公认的共同纲领”。

1848 年，席卷欧洲的资产阶级民主革命爆发，马克思积极投入并指导这场革命斗争。革命失败后，马克思深刻总结革命教训，力求通过系统研究政治经济学，揭示资本主义的本质和规律。1867 年问世的《资本论》是马克思主义最厚重、最丰富的著作，被誉为“工人阶级的圣经”。晚年，马克思依然密切关注世界发展新趋势和工人运动新情况，努力从更宏大的视野思考人类社会发展问题。

——马克思的一生，是胸怀崇高理想、为人类解放不懈奋斗的一生。1835 年，17 岁的马克思在他的高中毕业作文《青年在选择职业时的考虑》中这样写道：“如果我们选择了最能为人类而工作的职业，那么，重担就不能把我们压倒，因为这是为大家作出的牺牲；那时我们所享受的就不是可怜的、有限的、自私的乐趣，我们的幸福将属于千百万人，我们的事业将悄然无声地存在下去，但是它会永远发挥作用，而面对我们的骨灰，高尚的人们将洒下热泪。”马克思一生饱尝颠沛流离的艰辛、贫病交加的煎熬，但他初心不改、矢志不渝，为人类解放的崇高理想而不懈奋斗，成就了伟大人生。

——马克思的一生，是不畏艰难险阻、为追求真理而勇攀思想高峰的一生。马克思曾经写道：“在科学上没有平坦的大道，只有不畏劳苦沿着陡峭山路攀登的人，才有希望达到光辉的顶点。”马克思为创立科学理论体系，付出了常人难以想象的艰辛，最终达到了光辉的顶点。他博览群书、广泛涉猎，不仅深入了解和研究哲学社会科学各个学科知识，而且深入了解和研究各种自然科学知识，努力从人类创造的一切文明成果中汲取养料。马克思毕生忘我工作，经常每天工作 16 个小时。马克思在给友人的信中谈到，为了《资本论》

的写作，“我一直在坟墓的边缘徘徊。因此，我不得不利用我还能工作的每时每刻来完成我的著作”。即使在多病的晚年，马克思仍然不断迈向新的科学领域和目标，写下了数量庞大的历史学、人类学、数学等学科笔记。正如恩格斯所说：“马克思在他所研究的每一个领域，甚至在数学领域，都有独到的发现，这样的领域是很多的，而且其中任何一个领域他都不是浅尝辄止。”

——马克思的一生，是为推翻旧世界、建立新世界而不息战斗的一生。恩格斯说，“马克思首先是一个革命家”，“斗争是他的生命要素。很少有人像他那样满腔热情、坚韧不拔和卓有成效地进行斗争”。马克思毕生的使命就是为人民解放而奋斗。为了改变人民受剥削、受压迫的命运，马克思义无反顾投身轰轰烈烈的工人运动，始终站在革命斗争最前沿。他领导创建了世界上第一个无产阶级政党——共产主义者同盟，领导了世界上第一个国际工人组织——国际工人协会，热情支持世界上第一次工人阶级夺取政权的革命——巴黎公社革命，满腔热情、百折不挠推动各国工人运动发展。

马克思是顶天立地的伟人，也是有血有肉的常人。他热爱生活，真诚朴实，重情重义。马克思、恩格斯的革命友谊长达 40 年。正如列宁所说：“古老传说中有各种非常动人的友谊故事”，但马克思、恩格斯的友谊“超过了古人关于人类友谊的一切最动人的传说”。马克思无私资助革命事业，即使在自己生活极度困难的情况下仍然尽最大努力帮助革命战友。马克思和妻子燕妮患难与共，谱写了理想和爱情的命运交响曲。

同志们！

马克思给我们留下的最有价值、最具影响力的精神财富，就是以他名字命名的科学理论——马克思主义。这一理论犹如壮丽的日出，照亮了人类探索历史规律和寻求自身解放的道路。

马克思有一句名言：“批判的武器当然不能代替武器的批判，物质力量只能用物质力量来摧毁；但是理论一经掌握群众，也会变成物质力量。”马克思主义主要由哲学、政治经济学、科学社会主义三大组成部分构成。这三大组成部分分别来源于德国古典哲学、英国古典政治经济学、法国空想社会主义，然而，最终升华为马克思主义的根本原因，是马克思对所处的时代和世界的深入考察，是马克思对人类社会发展规律的深刻把握。马克思说：“共产党人的理论原理，决不是以这个或那个世界改革家所发明或发现的思想、原则为根据的。”“这些原理不过是现存的阶级斗争、我们眼前的历史运动的真实关系的一般表述。”

只有在整个人类发展的历史长河中，才能透视出历史运动的本质和时代发展的方向。马克思的科学研究，就像列宁所说的那样，“凡是人类社会所创造的一切，他都有批判地重新加以探讨，任何一点也没有忽略过去。凡是人类思想所建树的一切，他都放在工人运动中检验过，重新加以探讨，加以批判，从而得出了那些被资产阶级狭隘性所限制或被资产阶级偏见束缚住的人所不能得出的结论”。马克思的思想理论源于那个时代又超越了那个时代，既是那个时代精神的精华又是整个人类精神的精华。

——马克思主义是科学的理论，创造性地揭示了人类社会发展规律。在马克思提出科学社会主义之前，空想社会主义者早已存在，他们怀着悲天悯人的情感，对理想社会有很多美好的设想，但由于没有揭示社会发展规律，没有找到实现理想的有效途径，因而也就难以真正对社会发展发生作用。马克思创建了唯物史观和剩余价值学说，揭示了人类社会发展的一般规律，揭示了资本主义运行的特殊规律，为人类指明了从必然王国向自由王国飞跃的途径，为人民指明了实现自由和解放的道路。

——马克思主义是人民的理论，第一次创立了人民实现自身解放的思想体系。马克思主义博大精深，归根到底就是一句话，为人类求解放。在马克思之前，社会上占统治地位的理论都是为统治阶级服务的。马克思主义第一次站在人民的立场探求人类自由解放的道路，以科学的理论为最终建立一个没有压迫、没有剥削、人人平等、人人自由的理想社会指明了方向。马克思主义之所以具有跨越国度、跨越时代的影响力，就是因为它植根人民之中，指明了依靠人民推动历史前进的人间正道。

——马克思主义是实践的理论，指引着人民改造世界的行动。马克思说，“全部社会生活在本质上是实践的”，“哲学家们只是用不同的方式解释世界，问题在于改变世界”。实践的观点、生活的观点是马克思主义认识论的基本观点，实践性是马克思主义理论区别于其他理论的显著特征。马克思主义不是书斋里的学问，而是为了改变人民历史命运而创立的，是在人民求解放的实践中形成的，也是在人民求解放的实践中丰富和发展的，为人民认识世界、改造世界提供了强大精神力量。

——马克思主义是不断发展的开放的理论，始终站在时代前沿。马克思一再告诫人们，马克思主义理论不是教条，而是行动指南，必须随着实践的变化而发展。一部马克思主义发展史就是马克思、恩格斯以及他们的后继者们不断根据时代、实践、认识发展而发展的历史，是不断吸收人类历史上一切优秀思想文化成果丰富自己的历史。因此，马克思主义能够永葆其美妙之青春，不断探索时代发展提出的新课题、回应人类社会面临的新挑战。

同志们！

《共产党宣言》发表170年来，马克思主义在世界上得到广泛传播。在人类思想史上，没有一种思想理论像马克思主义那样对人类产生了如此广泛而深刻的影响。

在马克思亲自领导下，在马克思主义指导下，“第一国际”等国际工人组织相继创立和发展，在不同时期指导和推动了国际工人运动的联合和斗争。在马克思主义影响下，马克思主义政党在世界范围内如雨后春笋般建立和发展起来，人民第一次成为自己命运的主人，成为实现自身解放和全人类解放的根本政治力量。

列宁领导的十月革命取得胜利，社会主义从理论变为现实，打破了资本主义一统天下的世界格局。第二次世界大战结束后，一大批社会主义国家诞生，特别是中华人民共和国成立，极大壮大了世界社会主义力量。尽管世界社会主义在发展中也会出现曲折，但人类社会发展的总趋势没有改变，也不会改变。

马克思、恩格斯积极支持被压迫民族和人民的解放斗争。进入20世纪后，以列宁为代表的马克思主义者继承和发展马克思主义民族理论，指导和支持殖民地半殖民地国家民族解放运动。第二次世界大战结束后，一大批获得独立和解放的民族国家建立起来，彻底瓦解了帝国主义的殖民体系，世界各民族平等交往、共同发展展现出光明前景。

今天，马克思主义极大推进了人类文明进程，至今依然是具有重大国际影响的思想体系和话语体系，马克思至今依然被公认为“千年第一思想家”。

同志们！

马克思主义不仅深刻改变了世界，也深刻改变了中国。中华民族在几千年的历史进程中创造了灿烂的中华文明，为人类文明进步作出了重大贡献。1840年鸦片战争以后，西方列强凭着坚船利炮野蛮轰开了中国的大门，中华民族陷入内忧外患的悲惨境地。

帝国主义的野蛮侵略和中国人民的深重苦难引起了马克思高度关注。第二次鸦片战争期间，马克思撰写了十几篇关于中国的通讯，向世界揭露西方列强侵略中国的真相，为中国人民伸张正义。马克思、恩格斯高度肯定中华文明对人类文明进步的贡献，科学预见了“中国社会主义”的出现，甚至为他们心中的新中国取了靓丽的名字——“中华共和国”。

近代以后，争取民族独立、人民解放和实现国家富强、人民幸福就成为中国人民的历史任务。在旧式的农民战争走到尽头，不触动封建根基的自强运动和改良主义屡屡碰壁，资产阶级革命派领导的革命和西方资本主义的其他种种方案纷纷破产的情况下，十月革命一声炮响，为中国送来了马克思列宁主义，给苦苦探寻救亡图存出路的中国人民指明了前进方向、提供了全新选择。

在这个历史大潮中，一个以马克思主义为指导、一个勇担民族复兴历史大任、一个必将带领中国人民创造人间奇迹的马克思主义政党——中国共产党应运而生。

中国共产党诞生后，中国共产党人把马克思主义基本原理同中国革命和建设的具体实际结合起来，团结带领人民经过长期奋斗，完成新民主主义革命和社会主义革命，建立起中华人民共和国和社会主义基本制度，进行了社会主义建设的艰辛探索，实现了中华民族从东亚病夫到站起来的伟大飞跃。这一伟大飞跃以铁一般的事实证明，只有社会主义才能救中国！

改革开放以来，中国共产党人把马克思主义基本原理同中国改革开放的具体实际结合起来，团结带领人民进行建设中国特色社会主义新的伟大实践，使中国大踏步赶上了时代，实现了中华民族从站起来到富起来的伟大飞跃。这一伟大飞跃以铁一般的事实证明，只有中国特色社会主义才能发展中国！

在新时代，中国共产党人把马克思主义基本原理同新时代中国具体实际结合起来，团结带领人民进行伟大斗争、建设伟大工程、推进伟大事业、实现伟大梦想，推动党和国家事业取得全方位、开创性历史成就，发生深层次、根本性历史变革，中华民族迎来了从富起来到强起来的伟大飞跃。这一伟大飞跃以铁一般的事实证明，只有坚持和发展中国特色社会主义才能实现中华民族伟大复兴！

实践证明，马克思主义的命运早已同中国共产党的命运、中国人民的命运、中华民族的命运紧紧连在一起，它的科学性和真理性在中国得到了充分检验，它的人民性和实践性在中国得到了充分贯彻，它的开放性和时代性在中国得到了充分彰显！

实践还证明，马克思主义为中国革命、建设、改革提供了强大思想武器，使中国这个古老的东方大国创造了人类历史上前所未有的发展奇迹。历史和人民选择马克思主义是完全正确的，中国共产党把马克思主义写在自己的旗帜上是完全正确的，坚持马克思主义基本原理同中国具体实际相结合、不断推进马克思主义中国化时代化是完全正确的！

可以告慰马克思的是，马克思主义指引中国成功走上了全面建设社会主义现代化强国的康庄大道，中国共产党人作为马克思主义的忠诚信奉者、坚定实践者，正在为坚持和发展马克思主义而执着努力！

——选自习近平：《在纪念马克思诞辰200周年大会上的讲话》，人民出版社，2018年。

[提示] 在纪念马克思诞辰200周年大会上，习近平总书记从科学的理论、人民的理论、实践的理论、开放的理论的角度对马克思主义的理论品格作了新的揭示，为我们正确理解与把握马克思主义理论及其本质特征提供了根本遵循。同时，也使我们深刻认识到，正是因为具备了科学性、人民性、实践性、开放性的理论品格，才赋予了马克思主义超越时代的恒久生命力，让马克思主义理论之树常青。

五 课后习题

（一）名词解释

1. 半殖民地半封建社会

2. 古田会议

3. 中共六大

4.《关于若干历史问题的决议》

5.“两个一百年”奋斗目标

6. 中国特色社会主义新时代

（二）单项选择题

1. 近代以来中华民族面临着争取民族独立、人民解放和实现国家富强、人民富裕两大历史任务。近代中国的历史表明，要争得民族独立和人民解放，必须首先（　　）。（2020年考研真题）

A. 发展教育提高国民素质

B. 废除封建地主土地所有制

C. 改变经济技术落后的面貌

D. 进行反帝反封建的民主革命

2. 习近平在“纪念五四运动100周年大会”上的讲话中指出，“爱国主义是我们民族精神的核心，是中华民族团结奋斗、自强不息的精神纽带”，“对每一个中国人来说，爱国是本分，也是职责，是心之所系、情之所归。对新时代中国青年来说，热爱祖国是立身之本、成才之基”。 当代中国爱国主义的本质就是（　　）。（2020年考研真题）

A. 坚持爱国和爱党、爱社会主义高度统一

B. 维护社会和谐和民族平等的统一

C. 对民族和文化的归属感、认同感的统一

D. 坚持立足民族和面向世界的统一

3. 毛泽东思想和中国特色社会主义理论体系是马克思主义中国化的两大理论成果，贯穿这两大理论成果始终，并体现在两大成果各个基本观点中的世界观和方法论的基础是（　　）。（2016年考研真题）

A. 群众路线

B. 实事求是

C. 独立自主

D. 改革创新

4. 马克思主义政党是科学社会主义与工人运动相结合的产物，是工人阶级先锋队，这表明（　　）。（2015 年考研真题）

A. 马克思主义政党是以工人阶级为基础

B. 马克思主义政党即工人阶级本身

C. 马克思主义政党的阶级性是先进性的根本前提

D. 马克思主义政党的先进性决定了工人阶级的先进性

5. 1948 年 10 月 2 日，刘少奇同志在同华北记者团谈话时，讲了一个希腊神话故事：巨人安泰是地神之子，他在同对手搏斗时，只要身不离地，就能从大地母亲那里不断吸取力量，所向无敌；但是，只要他一离开大地，就会毫无力量。他的对手赫拉克勒斯发现了他的这一特征，在一次搏斗中突然把他举到半空中将他扼死。刘少奇借用这一神话故事强调中国共产党始终要（　　）。（2013 年考研真题）

A. 坚持理论联系实际

B. 保持党的方针政策的正确

C. 保持对敌人的高度警惕

D. 保持同人民群众的血肉联系

6. 习近平在为《复兴文库》所写的序言中指出，“修史立典，存史启智，以文化人，这是中华民族延续几千年的一个传统”，“编纂出版《复兴文库》大型历史文献丛书，就是要通过对近代以来重要思想文献的选编，述录先人的开拓，启迪来者的奋斗”，“历史是最好的教科书，一切向前走，都不能忘记走过的路；走得再远、走到再光辉的未来，也不能忘记走过的过去”。这表明（　　）。

A. 历史、现实、未来是相通的

B. 一切历史都是当代史

C. 历史过程不包含任何偶然的因素

D. 历史事件往往可以完整重复和再现

7. 延安是中国革命的圣地。从 1935 年到 1948 年，党中央和毛泽东等老一辈革命家在延安生活和战斗了 13 年，领导中国革命事业从低潮走向高潮、实现历史性转折，扭转了中国的前途和命运。2022 年 10 月 27 日，习近平总书记带领中共中央政治局常委专程从北京前往延安，瞻仰延安革命纪念地，宣示新一届中央领导集体将继承和发扬延安时期党形成的优良革命传统和作风。延安精神最主要体现了党的宗旨是（　　）。

A. 全心全意为人民服务

B. 坚定正确的政治方向

C. 解放思想实事求是

D. 自力更生艰苦奋斗

8. 作为一个无产阶级政党，如何永远得到人民的拥护和支持，如何跳出治乱兴衰周期率，实现长期执政，是中国共产党必须回答好、解决好的根本性问题。对于这一历史之问、时代之问，毛泽东同志在延安窑洞里给出了第一个答案，“只有让人民来监督政府，政府才不敢松懈，只有人人起来负责，才不会人亡政息”。经过党的十八大以来的不懈努力，我党找到了第二个答案，这就是（　　）。

A. 坚定理想　　B. 自我革命

C. 把权力关进制度的笼子　　D. 增强忧患意识

9. 毛泽东思想作为马克思主义中国化的第一个重大理论成果，是由一系列相互联系的重要理论观点所构成的科学思想体系，这一科学体系所围绕的主题是（　　）。

A. 中国革命和建设

B. 中国命运和前途

C. 中国社会性质和阶段状况

D. 中国改革和发展

10. 人民政协的召开标志着（　　）。

A. 民族区域自治制度的建立

B. 工商代表大会制度的建立

C. 人民代表大会制度的建立

D. 新型政协制度的建立

（三）简答题

1. 中国共产党百年历程中取得了哪些伟大成就？

2. 中国式现代化是中国共产党和中国人民长期实践探索的成果，是一项伟大而艰巨的事业。结合党的十八大以来的理论和实践创新突破，分析新时代党怎样“成功推进和拓展了中国式现代化”。

（四）材料分析题

1. 结合材料回答问题

材料一：

2016 年 11 月 11 日，习近平总书记在纪念孙中山先生诞辰 150 周年大会上的讲话中指出："孙中山先生在从事紧张的革命活动的过程中，一直思考着建设中国的问题。1917 年到 1919 年，他写出《建国方略》一书，构想了中国建设的宏伟蓝图，其中提出的要修建约 16 万公里的铁路，把中国沿海、内地、边疆连接起来；修建 160 万公里的公路，形成遍布全国的公路网，并进入青藏高原；开凿和整修全国水道和运河，建设三峡大坝，发展内河交通和水利、电力事业；在中国北部、中部、南部沿海各修建一个世界水平的大海港；大力发展农业、制造业、矿业，等等。孙中山先生擘画的这个蓝图，显示了他对中国发展的卓越见解和强烈期盼。当时，有的外国记者认为孙中山先生的这些设想完全是一种空想，是不可能实现的。"

"的确，在旧中国的政治经济社会条件下，孙中山先生的这些宏大构想是难以实现的。今天，在中国共产党领导下，在全国各族人民顽强奋斗下，孙中山先生当年描绘的这个蓝图早已实现，中国人民创造的许多成就远远超出了孙中山先生的设想。祖国大地上，铁路进青藏，公路密成网，高峡出平湖，港口连五洋，产业门类齐，稻麦遍地香，神舟遨太空，国防更坚强。孙中山先生致力于建设的独立、民主、富强的国家早已巍然屹立在世界东方。"

——摘自习近平《在纪念孙中山先生诞辰 150 周年大会上的讲话》

材料二：

2021 年 7 月 1 日，庆祝中国共产党成立 100 周年大会在北京天安门广场隆重举行。

习近平总书记在庆祝大会上发表重要讲话，深情回顾中国共产党百年奋斗的光辉历程，高度评价一百年来中国共产党团结带领中国人民创造的伟大成就。习近平总书记强调："一百年来，中国共产党团结带领中国人民进行的一切奋斗、一切牺牲、一切创造，归结起来就是一个主题：实现中华民族伟大复兴。"习近平总书记指出："一百年前，中国共产党的先驱们创建了中国共产党，形成了坚持真理、坚守理想，践行初心、担当使命，不怕牺牲、英勇斗争，对党忠诚、不负人民的伟大建党精神，这是中国共产党的精神之源。"回望百年奋斗历程，我们浴血奋战、百折不挠，创造了新民主主义革命的伟大成就，以英勇顽强的奋斗向世界庄严宣告，中国人民站起来了，中华民族任人宰割、饱受欺凌的时代一去不复返了！我们自力更生、发愤图强，创造了社会主义革命和建设的伟大成就，以英勇顽强的奋斗向世界庄严宣告，中国人民不但善于破坏一个旧世界、也善于建设一个新世界，只有社会主义才能救中国，只有社会主义才能发展中国！我们解放思想、锐意进取，创造了改革开放和社会主义现代化建设的伟大成就，以英勇顽强的奋斗向世界庄严宣告，改革开放是决定当代中国前途命运的关键一招，中国大踏步赶上了时代！我们自信自强、守正创新，统揽伟大斗争、伟大工程、伟大事业、伟大梦想，创造了新时代中国特色社会主义的伟大成就，以英勇顽强的奋斗向世界庄严宣告，中华民族迎来了从站起来、富起来到强起来的伟大飞跃，实现中华民族伟大复兴进入了不可逆转的历史进程！这一百年来开辟的伟大道路、创造的伟大事业、取得的伟大成就，必将载入中华民族发展史册、人类文明发展史册！

——摘编自《人民日报》，2021 年 7 月 2 日。

1. 为什么“在旧中国的政治经济社会条件下”，孙中山振兴中华的宏大构想“难以实现”？

2. 中国共产党百年奋斗的历史意义是什么？

（2022 年考研真题）

2. 结合材料回答问题

在中国共产党成立 100 周年的重要历史时刻，在党和人民胜利实现第一个百年奋斗目标、全面建成小康社会，正在向着全面建成社会主义现代化强国的第二个百年奋斗目标迈进的重大历史关头，党的十九届六中全会于 2021 年 11 月 8 日至 11 日在北京胜利召开，审议通过了《中共中央关于党的百年奋斗重大成就和历史经验的决议》（以下简称《决议》）。全会聚焦总结党的百年奋斗重大成就和历史经验，深入研究我们党不断推进马克思主义中国化的百年历程，把“坚持理论创新”概括为党百年奋斗的十条历史经验之一，深刻指出党的百年奋斗展示了马克思主义的强大生命力。

“我们党的历史，就是一部不断推进马克思主义中国化的历史，就是一部不断推进理论创新、进行理论创造的历史。”一百年来，中国共产党人“顶”马克思主义的“天”，“立”中国国情的“地”，在马克思主义及其中国化创新理论的指引下，团结带领中国人民，书写了中华民族几千年历史上最恢宏的史诗。实践充分证明，党之所以能够领导人民在一次次求索、一次次挫折、一次次开拓中完成中国其他各种政治力量不可能完成的艰巨任务，根本在于坚持解放思想、实事求是、与时俱进、求真务实，坚持把马克思主义基本原理同中国具体实际相结合、同中华优秀传统文化相结合，坚持实践是检验真理的唯一标准，坚持一切从实际出发，及时回答时代之问、人民之问，不断推进马克思主义中国化时代化，用马克思主义中国化的科学理论引领伟大实践。

中国特色社会主义进入新时代，中国共产党面临的主要任务是，实现第一个百年奋斗目标，开启实现第二个百年奋斗目标新征程，朝着实现中华民族伟大复兴的宏伟目标继续前进。在这个风云激荡、波澜壮阔的新时代，世情国情党情持续发生深刻复杂变化，向中国共产党人提出一系列新的重大课题。《决议》突出中国特色社会主义新时代这个重点，在党的十九大报告“八个明确”的基础上，用“十个明确”对新时代中国特色社会主义思想的核心内容作了进一步概括和阐述。《决议》还从13个方面分领域总结新时代党领导人民取得的巨大成就，并重点概括了其中的原创性的理念和思想，这些战略思想和创新理念，是党对中国特色社会主义建设规律认识深化和理论创新的重大成果。《决议》指出，新时代中国特色社会主义思想实现了马克思主义中国化新的飞跃。“党确立习近平同志党中央的核心、全党的核心地位，确立新时代中国特色社会主义思想的指导地位，反映了全党全军全国各族人民共同心愿，对新时代党和国家事业发展、对推进中华民族伟大复兴历史进程具有决定性意义。”

——摘编自《求是》，2021年第22期；《人民日报》，2021年11月16日。

1. 怎么认识我们党的历史“就是一部不断推进理论创新、进行理论创造的历史”？

2. 结合中华民族伟大复兴战略全局和世界百年未有之大变局，阐述如何理解新时代中国特色社会主义思想“实现了马克思主义中国化新的飞跃”。

（五）论述题

1. 有一本名为《苦难辉煌》的党史专著，颇受广大读者欢迎。在这部著作中，作者一再追问：为什么中国共产党从最初的几十个人，仅仅经过20多年的发展，就打败了强大的对手，取得了辉煌的胜利，建立了新中国？中国共产党从几十人的小党发展到今天7000多万人的大党，中国人民解放军从南昌起义后剩下不到800人到今天的威武雄狮，党和军队为何由小到大，由弱到强，筚路蓝缕，披荆斩棘？中国共产党的力量来自哪里？中国人民解放军的力量来自哪里？作者回答：我们拥有一批顶天立地的真人。他们不为钱，不为官，不怕苦，不怕死，只为胸中的主义和心中的信仰。请结合中国共产党成立以来中国社会变革的历程，论述“主义”和“信仰”是怎样成为“力量”的？（2011年考研真题）

2. 党的二十大强调，“两个确立”对新时代党和国家事业发展，对推进中华民族伟大复兴历史进程具有决定性意义。联系历史和实际，谈谈如何理解“两个确立”的决定性意义。

第二专题

中国共产党的不懈奋斗史

一 基本知识点

（一）马克思主义与反马克思主义思潮的三次论战

第一次论战，是 1919 年李大钊、李达、蔡和森等同以胡适为代表的资产阶级改良主义的论战。该年 6 月，胡适发表文章《多研究些问题，少谈些“主义”》，在“反对空谈主义”的幌子下，反对马克思主义在中国的传播，以研究具体问题为借口，反对根本解决的社会主义革命。对此，李大钊发表致胡适的公开信《再论问题与“主义”》，批驳了胡适的实用主义观点。他认为“问题”与“主义”不可分离，只有多数人有共同趋向的理想与主义，才能共同解决社会问题，强调“必须有一个根本解决，才有可能把一个个具体问题都解决得了的希望”。

第二次论战，是 1920 年 10 月陈独秀、李大钊、李达、蔡和森等人与地主买办资产阶级代表研究系的骨干张东荪、梁启超等人关于社会主义的论战。张东荪、梁启超极力宣传基尔特社会主义（一种打着社会主义旗号的资产阶级改良主义），认为中国当务之急是发展资本主义，而不是社会主义；主张通过资本主义占支配地位的合作社来实现社会主义；反对暴力革命，反对建立共产党。陈独秀、李大钊等发表文章，驳斥了张东荪等主张的所谓发展资本主义能使中国人过着人的生活的虚伪性，指出在帝国主义侵略下发展资本主义、实现独立富强只能是一种空想。至于劳资协调，只不过是要劳动人民安于奴隶地位不思反抗而已。

第三次论战，是 1919 年至 1921 年间陈独秀、李达等与无政府主义者黄凌霜、区声白等人的论战。黄凌霜、区声白等先后发表文章，主张个人自由、个性解放，反对一切国家、一切权威，反对一切政治斗争和暴力革命，反对无产阶级专政。陈独秀、李达等撰文批判了无政府主义思潮，他们指出，共产主义者主张推翻资产阶级国家后，建立无产阶级专政的国家，否则共产主义就不能实现。在人类社会中，那种离开社会的个人“绝对自由”是根本不存在的。通过三次论战，粉碎了各种反对思潮的进攻，扩大了马克思主义阵地，更加坚定了早期共产主义者坚持以马克思主义为指导，走十月革命的道路，建立共产党和无产阶级专政，实现社会主义和共产主义伟大前途的信心，为中国共产党的建立进一步创造了条件。

（二）中国共产党的成立

中国共产党的最早组织是在上海建立的。1920 年 8 月，上海共产党早期组织正式成立。

参加者有陈独秀、李汉俊、李达、陈望道、俞秀松等，陈独秀任书记。上海共产党早期组织成立后，实际上成为各地建党活动的联络中心，起着中国共产党发起组的重要作用。此后，北京、武汉、长沙、济南、广州等地的共产党早期组织逐步成立，并开始有组织、有计划地扩大马克思主义的研究和宣传，批判各种反马克思主义思潮，发起建立社会主义青年团，创办工人刊物，开办工人学校，领导工人成立工会，开展工人运动，进一步促进了马克思主义同工人运动的结合。1921 年 7 月 23 日至 31 日，来自全国各地的代表齐聚上海，代表全国 50 多名党员在法租界望志路 106 号召开了中国共产党第一次全国代表大会。

大会通过了中国共产党的第一个纲领和决议。纲领规定：党的名称是“中国共产党”；党的性质是无产阶级政党；党的奋斗目标是推翻资产阶级，废除资本所有制，建立无产阶级专政，实现社会主义和共产主义；党的基本任务是从事工人运动的各项活动，加强对工会和工人运动的研究与领导。大会选举产生党的领导机构——中央局，陈独秀为书记，张国焘负责组织，李达负责宣传。党的一大宣告了中国共产党的正式成立。从此，中国诞生了完全新式的、以共产主义为目的、以马列主义为行动指南的统一的工人阶级政党。中国共产党的成立，是一个开天辟地的大事变，具有伟大而深远的意义。它给灾难深重的中国人民带来了光明和希望，给中国革命指明了方向，使中国革命的面目焕然一新。

由于党的“一大”召开于 1921 年 7 月，而在战争年代档案资料难寻，具体开幕日期无法查证，因此，1941 年 6 月在党成立 20 周年之际，中共中央发文正式规定，7 月 1 日为党的诞生纪念日。直到 20 世纪 70 年代末，党的一大开幕日期才由党史工作者考证清楚，根据新发现的史料和考证成果，确定一大的召开日期是 1921 年 7 月 23 日。

（三）伟大建党精神

2021 年 7 月 1 日，中共中央总书记、国家主席、中央军委主席习近平在庆祝中国共产党成立 100 周年大会上的讲话提到：一百年前，中国共产党的先驱们创建了中国共产党，形成了坚持真理、坚守理想，践行初心、担当使命，不怕牺牲、英勇斗争，对党忠诚、不负人民的伟大建党精神，这是中国共产党的精神之源。

坚持真理、坚守理想，指的是坚持马克思主义的科学真理，坚守共产主义远大理想和中国特色社会主义共同理想。这是对中国共产党人理想信念和价值追求的集中表达，深刻揭示了中国共产党思想先进、信仰坚定的鲜明特质，展现了党的强大思想优势。

践行初心、担当使命，指的是坚持为中国人民谋幸福、为中华民族谋复兴的初心和使命。这是对中国共产党人历史责任和时代使命的集中表达，深刻揭示了中国共产党初心不改、本色依旧的鲜明特质，展现了党的强大政治优势。

不怕牺牲、英勇斗争，指的是始终保持斗争精神、顽强意志、优良作风，毫无畏惧地面对一切困难和挑战，坚定不移地开辟新天地。这是对中国共产党人精神风范和意志品质的集中表达，深刻揭示了中国共产党意志顽强、作风优良的鲜明特质，展现了党的强大精神优势。

对党忠诚、不负人民，指的是无条件地对党的信仰忠诚、对党组织忠诚、对党的理论和路线方针政策忠诚，始终坚持全心全意为人民服务的根本宗旨。这是对中国共产党人政治担当和人民立场的集中表达，深刻揭示了中国共产党品德高尚、情系人民的鲜明特质，展现了党的强大道德优势。

（四）红船精神

1921 年 7 月 23 日，中国共产党第一次全国代表大会在上海开幕。后因会场遭到法租界巡捕的袭扰，被迫转移到浙江嘉兴南湖的一条游船上继续进行，并在船上完成大会议程，宣告中国共产党正式成立。这条游船因而获得了一个永载中国革命史册的名字——红船，中国共产党在完成建党伟业中所蕴含的伟大革命精神，被称为红船精神。2005 年 6 月 21 日，时任浙江省委书记的习近平在《光明日报》上发表文章，首次提出并阐释了红船精神：开天辟地、敢为人先的首创精神，坚定理想、百折不挠的奋斗精神，立党为公、忠诚为民的奉献精神，是中国革命精神之源，也是红船精神的深刻内涵。其中，开天辟地、敢为人先的首创精神，是红船精神的灵魂，是动力之源，体现的是中国共产党创建时期的社会历史条件、早期共产党人的追求和改变近代中国社会命运的迫切愿望；坚定理想、百折不挠的奋斗精神，是红船精神的支柱，是胜利之本，体现的是中国共产党特有的政党品质、广大共产党人的理想追求；立党为公、忠诚为民的奉献精神，是红船精神的本质，是政德之基，体现的是共产党人的社会理想、价值取向和根本宗旨、道德要求。红船精神是中国共产党人精神谱系的重要组成部分，是中国共产党人不忘初心、牢记使命、全心全意为人民服务的精神源泉。

（五）伟大建党精神形成的基础和条件

伟大建党精神，是中国共产党先驱在 20 世纪 20 年代探索救国救民道路中创造的宝贵精神财富，是马克思主义基本原理同中国具体实际相结合、同中华优秀传统文化相结合产生的宝贵精神财富，凝聚着中国共产党人的初心和使命，激励着中国共产党人不断开拓前行。

1. 伟大建党精神形成的时代背景

近代中国救亡图存的历史任务是伟大建党精神形成的时代背景。1840 年鸦片战争以后，中国逐步沦为半殖民地半封建社会，西方列强纷至沓来，强迫中国割地、赔款、开放通商口岸等，攫取种种特权，腐朽的清政府日益成为外国资本主义试图统治中国的工具，使得帝国主义和中华民族的矛盾、封建主义和人民大众的矛盾，成为近代中国社会的主要矛盾。由此，也相伴而生了近代中国的两大历史任务：民族独立、人民解放；国家富强、人民富裕。

为了挽救民族危亡，无数仁人志士奋起反抗，寻找挽救民族危亡的新路。以农民阶级为代表的太平天国运动、以地主阶级为代表的洋务运动、以资产阶级改良派为代表的戊戌变法运动和以资产阶级革命派为代表的辛亥革命，均进行了救亡图存的尝试，但都以失败而告终，中国迫切需要新的思想引领救亡运动，迫切需要新的组织凝聚革命力量。在这种情况下，中国共产党应运而生，从此中国革命的面貌开始焕然一新，中国人民有了坚强的组织者和领导者，中国共产党肩负起领导民族独立、民族解放、国家富强和人民幸福的历史重任，开始形成了以“坚持真理、坚守理想，践行初心、担当使命，不怕牺牲、英勇斗争，对党忠诚、不负人民”为主要内容的伟大建党精神，并在斗争中不断丰富和发展。

2. 伟大建党精神形成的理论来源

马克思列宁主义是伟大建党精神形成的理论来源。《共产党宣言》指出：无产阶级的运动是绝大多数人的、为绝大多数人谋利益的独立的运动，资产阶级必然灭亡和无产阶级必然胜利是不可避免的客观规律。马克思主义为无产阶级政党寻求真正的民主和自由指明了前进方向，提供了强大思想武器。20 世纪初的中国，辛亥革命失败后，中国的先进分子沉浸在极度的苦闷和彷徨之中，惨痛的教训终于使中国人意识到，要从根本上改造中国，不仅需要政治制度的变革，还需要思想意识的觉醒和科学理论的指导。

1917 年俄国十月革命一声炮响，为中国送来了马克思列宁主义，让陷入迷茫的中国人民，找到了世界新文明之曙光。看到了解决中国问题的出路和希望，一批赞成俄国十月社会主义革命道路、具有初步共产主义思想的先进分子开始在中国出现。1919 年五四运动爆发，中国工人阶级开始以独立的姿态登上政治舞台，显示出强大力量，也在全中国引发了一场广泛而深层次的马克思主义传播运动。随着中国共产党的诞生和马克思主义的进一步传播，也随着中国工人运动的发展壮大，推动了伟大建党精神的萌发，代表中国共产党人精神境界、精神风貌和精神力量的革命精神得以不断培育和发展。

3. 伟大建党精神形成的实践基础

伟大建党活动是伟大建党精神形成的实践基础。在俄国十月革命影响下，为反对西方列强损害中国主权、反对北洋政府卖国行为，1919 年爆发了五四运动。五四运动标志着中国人民的真正觉醒，促进了马克思主义在更大范围传播。在“问题”与“主义”争论中，在批判无政府主义、改良主义等思潮过程中，中国共产党先驱们厘清了什么才是真正的马克思主义。同时，他们走出书斋、走向大众，启迪民智、组织群众，进而组建新型政党。

1920 年 2 月，“南陈北李，相约建党”。中国先进分子组织马克思学说研究会等组织，成立共产党早期组织，致力研究宣传马克思主义，同反马克思主义思潮展开论战，筹建社会主义青年团，等等。1921 年 7 月，中国共产党第一次全国代表大会在上海召开，标志着一个以马克思列宁主义为行动指南的、完全新式的无产阶级政党诞生。中国共产党成立后，迅速领导各地党组织开展劳工运动和党团建设。1922 年 7 月，党的二大召开，制定党的民主革命纲领，诞生第一部党章，健全中央领导机构，标志着中国共产党创建工作顺利完成。从此，无数个拥有共产主义理想的中华儿女，为民族独立和人民解放艰苦奋斗、前赴后继。

（六）把握伟大建党精神的两个角度

1. 狭义角度把握伟大建党精神

从狭义角度来看，伟大建党精神主要是指中国共产党创建时期所呈现出的精神样态，是中国共产党精神谱系的历史性起点。清华大学教授吴潜涛提出，伟大建党精神就是 1921 年中国共产党成立之时所彰显的精神，他认为伟大建党精神首先代表中国共产党创建的精神，其反映了中国共产党建党实践，是对建党实践中所体现的精神品质的高度概括；中共中央党史和文献研究院在《伟大建党精神：中国共产党的精神之源》一文中也提出，从中国共产党创建的具体历史过程出发把握伟大建党精神的理论内涵，认为“中国共产党的创建过程，在实践中建立了党的组织，在精神上形成了伟大建党精神”，等等。

学术界之所以有论点将伟大建党精神的时间点界划为 1921 年，主要是因为习近平总书记在 2021 年“七一”讲话中提道：“一百年前，中国共产党的先驱们创建了中国共产党，形成了坚持真理、坚守理想，践行初心、担当使命，不怕牺牲、英勇斗争，对党忠诚、不负人民的伟大建党精神，这是中国共产党的精神之源。”在这句话中，“创建了”与“形成了”在逻辑和时间上都呈现为并列关系，即在 1921 年的具体时间节点创建了中国共产党，并形成了伟大建党精神。由此可以说，伟大建党精神主要是指中国共产党人在创建中国共产党的过程中所展现出来的鲜明精神品格。因此，学术界一些观点普遍认为，伟大建党精神是在创建中国共产党的伟大实践中形成的，党的创建是中国共产党奋斗征程的起点，伟大建党精神的形成是中国共产党人精神谱系的开篇。

2. 广义角度把握伟大建党精神

从广义角度来看，伟大建党精神主要是指中国共产党百年历史进程中所形成的精神样态，即作为一种总体性的伟大建党精神具象化为不同时期的具体精神。华南师范大学教授陈金龙认为，伟大建党精神是从中国共产党百年历史出发展开的追溯，是基于百年历史进程作出的概括，必须从百年历史出发把握伟大建党精神的理论内涵；中央党史和文献研究院院长曲青山也提出，伟大建党精神是对中国共产党百年光辉历史的全面总结和特质的生动写照，体现了中国共产党历史发展的主题和主线、主流和本质、伟大历史性贡献，构成了新时代中国共产党人继续砥砺前行的强大动力，等等。

学术界之所以有论点从百年党史来理解伟大建党精神，主要是通过总体回溯中国共产党百年奋斗的历史进程，对其中宝贵经验与深刻教训系统化总结，进而从精神层面凝练出一种超越单个历史事件或时间节点的精神，说明伟大建党精神并不是针对 1921 年这一具体历史节点和创建党这一具体历史事件进行的精神总结，不是创建中国共产党所表现出的精神，而是中国共产党百年历程中不断呈现的始终不变的精神样态，是一种超越时间与空间限制的普遍性规定，是集中彰显中国共产党何以成为自身的本质精神标识。

尽管从学术研究的角度而言，可以从不同维度对伟大建党精神的理论内涵作某种程度的界划，但在学习中更倾向于从广义维度理解伟大建党精神，即不拘泥于狭义层面的具象化理解范式，从百年党史的宏大谱系出发综合把握伟大建党精神的理论内涵，而非创建中国共产党具体历史时间节点或针对这一具体历史事件所展现出的精神范畴。

（七）中国共产党人精神谱系

2021 年 7 月 1 日，习近平总书记在庆祝中国共产党成立 100 周年大会上概括提出以“坚持真理、坚守理想，践行初心、担当使命，不怕牺牲、英勇斗争，对党忠诚、不负人民”为主要内容的伟大建党精神。一百多年来，中国共产党不断弘扬伟大建党精神，在长期奋斗中构建起包括井冈山精神、苏区精神、长征精神、遵义会议精神、延安精神、抗战精神、红岩精神、西柏坡精神、抗美援朝精神、“两弹一星”精神、改革开放精神、特区精神、抗洪精神、抗震救灾精神、脱贫攻坚精神、抗疫精神等为代表的伟大精神，锤炼出鲜明的政治品格。其中，第一批纳入中国共产党人精神谱系的伟大精神如下：

中国共产党的精神之源：建党精神；

新民主主义革命时期的伟大精神：井冈山精神，苏区精神，伟大长征精神，遵义会议精神，延安精神，伟大抗战精神，红岩精神，西柏坡精神，照金精神，东北抗联精神，南泥湾精神，太行精神，吕梁精神，大别山精神，沂蒙精神，张思德精神；

社会主义革命和建设时期的伟大精神：抗美援朝精神，“两弹一星”精神，雷锋精神，焦裕禄精神，大庆精神，铁人精神，红旗渠精神，北大荒精神，塞罕坝精神，“两路”精神，老西藏精神，西迁精神，王杰精神；

改革开放和社会主义现代化建设新时期的伟大精神：改革开放精神，特区精神，抗洪精神，抗击非典精神，抗震救灾精神，载人航天精神，劳模精神，青藏铁路精神，女排精神；

中国特色社会主义新时代的伟大精神：脱贫攻坚精神，伟大抗疫精神，“三牛”精神，科学家精神，企业家精神，探月精神，新时代北斗精神，丝路精神。

中国共产党人精神谱系是一个完整的体系，由一系列伟大精神构成，具有一脉相承、交融互通的共同特质。它是在马克思主义、共产主义信仰这个同根同源的基础上生长起来的庞大系统和完整体系，集中体现着中国共产党人的理想信念、根本宗旨、道德品质、工作作风和精神风貌，是党的一系列优良传统和作风的集中概括。

二 重难点

（一）伟大建党精神与中国共产党人精神谱系的关系

伟大建党精神的对象是百年党史，它是一种把握过去百年、审视当下实践、展望未来美好的科学方法和精神总结。它的提出，是在中国共产党百年历史的重大关头，在中国共产党带领人民顺利完成第一个百年奋斗目标、迈向第二个百年奋斗目标新征程的重大历史当口，作出的重大理论创新；中国共产党人精神谱系的对象是中国共产党人在不同历史时期形成的一系列具体精神，这些精神共同构成了中国共产党人的精神谱系。

伟大建党精神是中国共产党人精神谱系的历史源头，并包含于中国共产党人精神谱系之中，成为中国共产党人精神谱系的最初表现样态；中国共产党人精神谱系闪烁着伟大建党精神的光环。深入研究伟大建党精神与中国共产党人精神谱系之间的关系，可以加深认识伟大建党精神内涵的有机统一，加深认识伟大建党精神构成中国共产党人精神创造的思想基础，加深认识伟大建党精神对各种精神的哺育、滋养作用。

（二）伟大建党精神的历史价值

伟大建党精神是中国共产党的先驱们在探索民族独立、人民解放过程中创造的宝贵精神财富，是激励新时代中国共产党人和全体中华儿女砥砺前进的强大动力，是中国共产党立党、兴党、强党的精神原点和思想基点。

伟大建党精神是中国共产党百年实践伟大成就的结晶，重塑了中华民族的精神面貌。伟大建党精神是中国共产党人精神谱系的源头活水，丰富了中华民族的精神家园。伟大建党精神是推动社会主义国家建设的强大动力，指明了中华民族的前进方向。

（三）新时代继承发扬伟大建党精神的路径

伟大建党精神作为中国共产党的精神之源，集中彰显了中华民族和中国人民长期以来形成的精神品格，是指导党和国家事业发展、激励全体共产党人不断前行的精神支柱。新时代要继承和弘扬伟大建党精神，坚守共产党人的精神家园，不断激发拼搏力量，为全面建成社会主义现代化强国、实现中华民族伟大复兴的中国梦而不懈奋斗。

新时代继承发扬伟大建党精神，就要坚定马克思主义信仰和共产主义理想，坚持用习近平新时代中国特色社会主义思想武装头脑，筑牢信仰之基，汲取奋斗力量；

新时代继承发扬伟大建党精神，就要坚守初心使命，勇于担当作为，始终做到初心如磐、使命在肩，确保我们党永不变质、永不变色；

新时代继承发扬伟大建党精神，就要敢于斗争、善于斗争，发扬不怕牺牲、英勇斗争的精神，在工作中善于把握形势、识别风险、准确应对，做到苦干实干、攻坚克难；

新时代继承发扬伟大建党精神，就要忠诚于党、服务于民，站稳人民立场，贯彻党的群众路线，以实际行动践行以人民为中心的发展思想，努力满足人民对美好生活的向往。

三 党史故事

（一）新的革命火种——中国共产党诞生

马克思主义和俄国十月革命理论不断在全国范围内传播，被越来越多的人所接受。从1920年下半年起，在全国许多大中城市，如上海、北京、长沙、武汉、广州、济南等地，相继建立起了党的早期组织。各地党的早期组织建立后，积极开展工作，推动了马列主义与中国工人运动的结合，这样，正式成立中国共产党的条件已经成熟。

在共产国际的帮助下，建立全国统一的党组织的步伐大大加快了。1921年6月初，共产国际代表马林和共产国际远东书记处代表尼克尔斯基先后到达上海，并与上海的共产党早期组织成员李达、李汉俊建立了联系。经过几次商谈，他们一致认为应该尽快召开全国代表大会，正式成立中国共产党。李达、李汉俊同当时在广州的陈独秀、在北京的李大钊通过书信商议，决定中国共产党第一次全国代表大会在上海召开。随即上海通知各地党的早期组织，派代表到上海召开中国共产党第一次全国代表大会，每个党的早期组织派两名代表。到 7 月下旬，除旅法小组因路途遥远未能派代表外，其他各地代表陆续抵达上海。由于当时革命活动处于秘密状态，所以，参加会议的外地代表统一安排居住在以北京大学暑假旅行团的名义临时租借的私立博文女校内。

参加一大的各地代表有：上海小组的李达、李汉俊，武汉小组的董必武、陈潭秋，长沙小组的毛泽东、何叔衡，济南小组的王尽美、邓恩铭，北京小组的张国焘、刘仁静，广州小组的陈公博，旅日小组的周佛海。参加会议的还有武汉小组的包惠僧（他是在广州与陈独秀商谈工作期间，受陈个人委派参加会议的）。他们代表着全国 50 多名党员。当时，对党的创立作出了重要贡献的李大钊、陈独秀因分别在北京和广州，工作脱不开身，没有出席大会。共产国际派马林（荷兰人）和赤色职工国际代表尼克尔斯基（俄国人）出席了会议。

1921 年 7 月 23 日晚上 8 时，中国共产党第一次全国代表大会在上海法租界望志路 106 号（今兴业路 76 号）正式召开。

党的第一次全国代表大会，前后共开了 7 次会议。共产国际代表马林和尼克尔斯基出席了第一天的会议（马林后来又出席了第六次会议）。他们代表共产国际对会议的召开表示热烈祝贺，马林还介绍了共产国际的情况。接着拟定了会议日程。在 24 日的会议上，各地代表汇报了工作，并交流了经验。25 日至 26 日，大会休会，由党纲起草委员会起草党的纲领和今后工作计划。27 日至 29 日，大会继续进行，连续三天详细讨论了党的纲领和工作计划。各地代表在党的性质、纲领和组织原则等主要问题上取得了基本一致的意见。

30 日晚，举行第六次会议时，突然有一陌生男子闯进了会场，鬼鬼祟祟地向会场内张望。这引起了李汉俊的警惕，当询问他时，他答称走错了地方，这引起了大家的怀疑。具有秘密工作经验的马林感到此人来者不善："一定是'包打听'，我建议会议立即停止。"会议被迫中断，除了李汉俊和陈公博外，其余人立即携带文件分别散去。

果然不出所料，十几分钟后，法国巡捕赶来，包围了会场，不由分说就开始大搜查，气氛十分紧张。好在代表们带走了重要的会议记录，法国巡警并没有查到政党活动的证据。

法国巡警突然袭击却劳而无获，无奈之下开始问讯李汉俊。李汉俊面对危难处变不惊，以熟练的法语从容应对。

"你们在开什么会？"法国巡警严厉地问。

“我们没开会，只是请了北京大学的几位教授和学生商议编辑《新时代丛书》的事情。”李汉俊不慌不忙地答道。“暑假来上海，大家一起探讨学问。”

“你收集这些社会主义书籍是干什么用的？”法国巡警又问。

“我在商务印书馆兼任编辑，这些书是用来作参考用的。”李汉俊依然从容应对。

法国巡警见李汉俊回答得镇定自若，没有任何破绽，只能无功而返。虽然法国巡警走了，但是他们却布置暗探，对会场及其周边进行严密的监视。

大会进程被这突然的搜查打断了，各地的代表散开后都不敢回博文女校，各自找旅馆分头住下。当晚12时左右，一些代表聚集到陈独秀的家里（《新青年》编辑部），代表们商量改换会议地点，在李达夫人（浙江嘉兴人）的提议下，决定到嘉兴南湖去开完最后一次会议。南湖是个著名的风景区，有人雇船游览是很正常的事情，在船上开会不易引起人们注意，不会受到外界干扰。

7月31日，代表们来到南湖，在一艘游船上举行了第七次会议。会议通过了《中国共产党党纲》《关于当前实际工作的决议》，选举了党的领导机构。至此，党的第一次全国代表大会胜利闭幕。

党的一大通过的党纲主要内容有：确定党的名称是中国共产党；党的性质是无产阶级政党；党的奋斗目标是以无产阶级革命军队推翻资产阶级的政权，消灭资本家私有制，由劳动阶级重建国家，承认无产阶级专政，直到阶级斗争结束，即直到消灭社会的阶级区分；党的基本任务是从事工人运动的各项活动，加强对工会和工人运动的研究与领导；党的组织方面的规定为，在全党建立统一的组织和严格的纪律，地方组织必须接受中央的监督和指导等。

一大通过的《关于当前实际工作的决议》，确定党成立后的中心任务是组织工会和教育工人，领导工人运动，对党领导工人运动的任务、方针、政策和方法都提出了规定或要求。

一大选举的党的领导机构为中央局。陈独秀虽然没出席大会，但由于他当时在宣传社会主义方面的影响和威望，以及他作为党的主要创始人之一所作的贡献，大会选举他担任中央局书记。中央局的另两位领导人是李达和张国焘，他们分管组织和宣传工作。

中国共产党第一次全国代表大会的胜利召开，宣告了中国共产党的诞生，这是中国历史上开天辟地的大事件。尽管中国共产党还只是一个很小的政党，但已拥有马克思主义这个最先进的思想武器，一个新的革命火种已在沉沉黑夜的中国大地上点燃起来了。

自从有了中国共产党，中国革命的面目就焕然一新了。

——选自李朝军：《红色的故事1921—1949》，上海人民出版社，2011年，第10—16页。

（二）拓荒者精神绽放的光芒——为祖国分忧解难

1947 年正是共和国诞生前最困难、最艰苦的时期，按照毛泽东同志建立巩固的东北根据地的指示，茫茫北大荒迎来了一批穿军装的人。这批刚刚从朝鲜战场上归，从军事院校调来的小伙子们，脱去戎装，拿起铁锹、镐头开始了在另一个战场上新的战斗。他们以革命的英雄主义和人定胜天的豪迈气概要在这黑土地上创造奇迹。他们燃篝火、战严寒、驱野兽、开荒原，硬是在这漠漠大荒上建起了第一批农场。多少代人没有实现的梦想在他们手中实现了。已故的北大荒著名散文作家平青曾深情地写道："北大荒的历史变迁，就是一部壮丽的史诗。每一寸土地上，都刻写着闪光的诗句，这部史诗的作者，正是这些千千万万的垦荒战士，他们用勤劳的双手，年年月月地刻写着，一代一代地刻写下去。"

伫立于蓝天与荒原之间的北大荒人，几乎没有什么物质条件可以依托，没有什么外力可以借用，眼前的千里雪原犹如一张白纸，于是他们挥动自力更生的巨笔，在这张洁净的白纸上，书写下最新最美的创业诗篇。

1949 年 10 月下旬，当郝光农率领 100 多名荣军战士来到伊拉河创办荣军农场时，他们房无一间，地无一垄，眼前惟有呼啸的寒风卷起冲天的雪雾。郝光农是 1938 年入伍的老八路。在山西吕梁山与日寇作战时，他右眼负伤失明，后又在团子山战斗中左臂致残，但这些并未挡住他继续战斗的决心，他挥笔赋诗："红红的太阳蓝蓝的天，我们荣军来生产，前方流血打老蒋，后方流汗来支援。"

他的部下尽是铮铮硬汉：副场长侯祥宽是 1940 年入伍的新四军战士，1948 年在团子山战斗中右臂负重伤，但仍不肯下战场，他说：我一只胳膊也能打到海南岛！另一位副场长是王方盛，是上过当时《东北日报》的"孤胆英雄"，在 1948 年法库战斗中，他率领 12 名战士消灭敌人一个重机枪连！后来在白刃战斗中，右膝受了重伤。如今，他拖着伤腿重上战场。

建场盖房没有木材，大功荣立者汪立国担起了重任。他率领几十名战士闯进大兴安岭哈巴拉山的密林中。汪立国是四平保卫战的机枪手，曾用燃烧弹击退敌人的坦克，在一次战斗中，他一人扛 3 挺机枪急行军 30 里，包抄敌人退路，3 次负伤未下火线。战斗中左臂被炸碎骨头，几次手术都未能取净碎骨和弹片，但是他仍然拖着这只红肿的胳膊，和战士们一起站在齐腰深的积雪里，挥斧伐木。在零下 40 摄氏度的严寒里，所有战士的手都被冻肿了，震裂了，鲜血直流，他们就是用浸透自己鲜血的原木，支撑起荣军农场的脊梁！

要生产没有工具，荣军特等模范迟子祥挺身而出。他 1946 年入伍，曾 6 次立战功。在法库战斗中，他身负 5 处重伤，当战友在雪地里找到他时，他的 10 个脚趾和两个手指全部冻坏，背上的伤口可以放进一个拳头。就是这样一个英雄，率领战士们办起铁匠炉，挥动伤残的手，打出1200多件小农具！没有运输工具，迟子祥又主动请缨造拖车，破旧的车床和钻床没有动力，他就和战友们一起人工拉动皮带作动力，硬是生产出可以载重5吨的大拖车，满足了生产的急需。

为了积肥，伤残的荣军战士搭配编组，双目失明的挑着担子，腿残疾的跟着拣粪。内脏里还残留着敌人弹片的庄洪稼，忍着伤痛，白手起家率领战士们建起了发电厂、加工厂；在解放锦州战斗中，失去一只胳膊的陈仁怀，克服了重重困难，成为远近闻名的拖拉机手……

就是这些英雄，他们有艰苦奋斗、不屈不挠的心。当年的伊拉哈荒原上，已经矗立起十几个机械化农场，拥有十几万公顷的良田楼房林立，气象万千！

“自力更生，艰苦创业”不仅是对伤残军人的写照，也是对所有的北大荒人的写照，可以说这八个字刻满了北大荒的各个角落。1949年3月，东北行政委员会派农业部秘书丰年同志到嫩江县创办鹤山农场。先遣人员只有9人，在茫茫的雪原上，他们架起了第一顶帐篷，迎接北大荒的暴风雪。3月3日，9个人举行了建场典礼，对空鸣枪3声，作为庆贺的礼炮，9个人把9双手紧紧握在了一起，从此荒原上响起了春天的歌声。在单薄的帐篷里，他们穿着棉衣睡觉，化着雪水做饭。后来雪化了，他们就找到一口日本开拓团遗弃的破水井取水，那水气味难闻，后来发现井里有两具尸体和几支破枪。但那时没有别的选择，只能将尸体捞出继续食用这口井的水，直到一个月后打出新井为止。就是这样，他们当年开荒29 245亩。

低湿的三江平原，河流众多，把土地割成无数的碎片，历史上的开拓者望路兴叹，无计可施。要开发北大荒，修路是关键。1956年月，铁道兵主力部队和大量机械开始集结，准备向完达山北部荒原进军。然而，穿越完达山的公路尚未修通。为此，王震将军电令前线指挥部，要求于5月10日前打通虎林至宝清的直达公路，以便迎接部队的到来。军令如山，铁道兵先遣部队立刻调集了十几个连队的2000多名官兵在120公里的战线上摆战场。完达山丛林密布，地势险要，无路可寻。山谷间沟壑纵横，仅桥梁就需架设48座。没有图纸、没有机械，更没有时间可以等待，战士们按照在朝鲜战场上抢修桥梁的经验，出谋划策，土法上马。老爷岭下，80名战士拽动4根大绳联结的铁锤，打下了千古荒原的第一桩。在以后的一个月的日里，战士们斩断藤榛，烧掉灌木，终于在5月9日架起48座桥梁。5月10日，浩浩荡荡的车队沿着50华里长的舟山大路傲然穿过了千里封闭的完达山，一万多名铁道兵开进了三江平原腹地。为了纪念指挥这次伟大进军的王震将军，“老爷岭”改名为“将军岭”。

打开祖国的地图，鸡冠状东部的顶点，就是黑龙江与乌苏里江汇流处的抚远三角洲。那密密的小横线图标表明这里是一片低湿的沼泽区，神奇的漂筏甸构成了难以逾越的天然屏障，因此，除边缘的少数地区外，直至60年代初期，一万多平方公里的荒原依然在这里沉睡。1969年5月，以知识青年为主体的兵团战士勇敢地向荒原宣战。开始修筑由富锦县二龙山镇至抚远县的“二抚公路”。这是一项十分艰巨的工程，在全长235公里的路段中有140公里是重沼泽区，两侧根本无法取土，许多路段先用原木铺、树柴垫，再填上草和土，最后将公路的起点和终点的两处石场开采的岩石运到中心段铺路。6800多名兵团战士风餐露宿，爬冰卧雪，整整奋战了7个月，到11月终于实现全线通车。一个月后，依托“二抚公路”，黑龙江生产建设兵团组建了第六师。4万多名知识青年，在现役解放军干部指挥下，在老转业军人的带动下，以豪迈的革命精神，向抚远荒原英勇进军，掀起了三江平原开发的又一个新高潮。知识青年们像当年的老转业官兵一样，在冰天雪地里搭起了帐篷，燃起了炊烟。二十七团开荒营的知识青年们为了抢时间，昼夜奋战，晚间开荒看不清沟坎，知青们就把手电绑在木棍上，几十米一个，站成一排，用人作路标。经过艰苦奋斗，六师先后扩建了4个农场，新建了7个农场、297个生产队，5年内开荒324万亩，一批“前”字头的农场，如前进、前锋、前哨等巍然屹立于祖国东部边境的最前沿！

——选自安会茹，刘娜：《当祖国需要的时候——北大荒精神》，黑龙江人民出版社，2008年，第73—76页。

（三）一颗红心映秀山——追记广西乐业县百坭村第一书记黄文秀

2019年6月16日起，广西百色市乐业、凌云等县遭暴雨袭击，引发山洪，造成212国道通鸿水泥厂路口至弄孟屯路段严重损毁。当晚，北京师范大学硕士毕业生、广西优秀选调生、乐业县新化镇百坭村第一书记黄文秀驾驶着车辆，在从百色返回乐业的途中被洪水冲走，黄文秀不幸遇难，30岁的生命永远定格在扶贫路上。

黄文秀以高度负责的政治责任感，埋头苦干，不为名利，用心用情用力为基层群众做实事、办好事，为百坭村的脱贫攻坚倾注了心血和汗水。日前，全国妇联作出决定，追授黄文秀全国三八红旗手的荣誉称号。近日，记者走进这位年轻书记用青春奉献的热土，感受这份为基层扶贫事业不懈奋斗的殷切深情。

贫困家庭走出的优秀选调生

百色市选调生工作起步于2000年，19年来共招录选调生1029名。2018年3月以来选派新一轮驻村工作队员中，选调生共66人，包括黄文秀在内担任驻村第一书记的共22人。

信念坚定、对党忠诚，是百色市委组织部负责联系服务选调生工作的周振营科长对黄文秀的深刻印象。“作为自治区党委优秀定向选调生，组织在选派工作地点时会征询个人意见，她有机会留在条件更优越的城市。”周振营科长告诉记者，而黄文秀毅然选择回到家乡百色这个国家脱贫攻坚主战场之一的地方工作，一年多后又被选派到田阳县那满镇挂任镇党委副书记，直到 2018 年 3 月转到脱贫任务更艰巨的百坭村任驻村第一书记。“无论组织上如何安排，她都毫无怨言，为了胜任基层扶贫工作，她还专门去学了开车。”周振营科长说。

活泼开朗、阳光真诚，是所有接触过黄文秀的人对她的一致评价。就这样一位爱笑、爱弹吉他的姑娘，家境其实十分困难。在精准识别工作中，位于田阳县巴别乡德爱村多柳屯的黄文秀家被认定为贫困户，直到 2016 年才脱贫，那一年正是黄文秀参加工作的时间。如今，黄文秀的父亲又因病做了两次大手术，母亲也患有先天性心脏病。如果不是因为她突然离世，新化镇脱贫攻坚工作队分队长周洁对她的家境还一无所知。“她从来不提生活上的困难和要求，特别坚强。”6 月 20 日下午，面对记者周洁泣不成声，“到村仅一个多月，就走访完所有贫困户，在此期间从没回家住过一晚”。

在百坭村妇女主任韦玉行的印象中，自从黄文秀来到村里后，村里每个角落都变得干干净净，“带头捡垃圾，在她带领下村民们都自觉养成了爱护环境的好习惯”。在当地，也曾有人认为一位年轻女娃到贫困山区当第一书记，就是走个过场，“她用过硬的工作作风改变了这种认知”。在百坭村村委会主任班智华看来，黄文秀工作能力突出，为人踏实诚恳，驻村之后很快和老百姓打成一片，“带领村民硬化道路、修建蓄水池、种茶油树、搞亮化工程，大家都亲切地叫她文秀姑娘”。

贫困群众心中最美的第一书记

百色是全国脱贫攻坚的主战场之一，也是一个集革命老区、少数民族地区、边境地区、大石山区、贫困地区、水库移民区“六位一体”的特殊地区。目前，百色市还有 3 个不通高速公路的县，黄文秀所在的乐业县就是其中之一。在从县城通往百坭村的必经之路上，不到 3 公里的车程，记者一行就遭遇了 2 处塌方，从百色市到百坭村来回时间近 10 个小时。

被山包围、道路崎岖、交通不便，也是制约百坭村村民生产生活发展的老大难问题。在黄文秀到村前，全村 472 户 2067 人中还有 103 户 473 人未脱贫，贫困发生率为 22.88%。“路不好走，客商进不来，果子运不出。”曾经的贫困户、如今的全村致富带头人班统茂告诉记者，以前全村砂糖橘虽种得多，但由于缺技术缺资金，长期管护差、收成少，加上落后的基础设施导致滞销，几乎没什么收入，村民们都失去了种植信心，有的甚至将土地撂荒。“文秀书记到村后，申请了 1.8 公里的通屯道路硬化项目，新建 4 个蓄水池，组织力量统一管护，不到一年时间就解决了从产到销的各种问题。”班统茂回忆，2017 年自家 40 亩果园收了 6000 斤左右的水果，通过科学管理在 2018 年水果产量翻了数倍。全村销售旺季时，黄文秀带着几个客商住在果农家里，“9 米多长的大卡车一次两三万斤地装，50 万斤果子根本不愁销”。

班统茂说，靠着这片果园他盖起了楼房，摘掉了“贫困帽”。“她生前最担心的就是我们果农的运输问题，到处都是砂石路，一下大雨就冲垮。”班统茂从村“两委”了解到，2019 年百坭村另外 3 条路的硬化计划已列入乐业县 2019 年第一批财政专项扶贫资金安排项目，忍不住泪眼婆娑：“善良美丽的姑娘，是一个真心为我们谋发展的第一书记，如果她能亲眼看到全村村民奔小康该多好。”

一条被塌方砂石填满的二级公路，串联着黄文秀帮扶联系的 3 户贫困户，1 户在北，2 户在南，相距近 20 公里，在同一方向的两户中间还隔着一条河。“光是走访这 3 户就要大半天时间，还是在天气好的情况下，文秀书记每个月都要来个七八次。”在者乐屯的贫困户韦乃情看来，比自己 23 岁的儿子年长 7 岁的黄文秀亲切得像自家闺女，“指引儿子外出学挖掘机技术，帮助我们申请小额贴息贷款在家种茶叶、搞林下养殖，就连给小孙子上户口这种小事都亲力亲为，实在需要本人到场办的手续才通知我们”。经过一年的努力，百坭村 2018 年通过易地扶贫搬迁脱贫 18 户 56 人，教育脱贫 28 户 152 人，发展生产脱贫 42 户 209 人，共计 88 户 418 人，贫困发生率降到 2.71%，村集体经济收入达到 6.38 万元，获得了 2018 年度百色市“乡风文明红旗村”的荣誉称号。

扶贫干部继续奋进的精神灯塔

“我心中的长征，驻村一周年愉快。”这是黄文秀生前发送的一条朋友圈，那天她的汽车仪表盘里程数正好增加了两万五千公里。决战贫困决胜小康，是她“心中的长征”，如今也成为曾和她一块并肩战斗的驻村第一书记们坚定信念的精神灯塔。

和黄文秀同一天到县里报到、驻乐翁村第一书记陈名持对她谦虚好学、积极主动的工作态度记忆犹新：“我们一起去桂林考察养蜂项目，每一个技术环节她都在现场亲手操作，也不怕被蜇，很能吃苦。”陈名持说，黄文秀认为这是脱贫致富的“短平快”项目，一定要克服困难学会，才能回去手把手地教村民。对此，驻皈里村第一书记张芹维深有同感：“她为人诚恳，工作上有思路有方法。”张芹维动容地对记者说，黄文秀给新时代青年干部尤其是扶贫干部树立了一个榜样，“我们更要坚定信念、继续前行，坚决打赢打好脱贫攻坚战”。

2019 年 6 月，乐业县决定追授黄文秀为“县级优秀共产党员”。在了解到黄文秀当年得到教育扶贫资助就读于百色市田阳高中，之后为回报社会才选择研究生毕业后回来建设家乡时，广西壮族自治区党委宣传部常务副部长孙大光说：“黄文秀以感恩之情回报家乡，这种尽职尽责、无私奉献、勇于担当的精神，值得全区广大干部群众学习。”

“想在隔壁建一个幼儿园”，这是黄文秀生前的愿望。在她不到 10 平方米的驻村宿舍里，除了书架，还摆放着她钟爱的一把吉他，简陋陈设中却处处透着主人对生活的热爱。如今在黄文秀的家里，两层砖混结构的房子里外仍未装修，厨房房顶还盖着老式瓦片。对于小女儿，父亲口中最频繁的词汇就是“争气、懂事”。对于政府给予的慰问金，他说：“家里的困难我们会努力克服，就不再给政府添麻烦了。这些钱，也许村里的扶贫工作还能用得上，还是给更需要帮助的人吧。”

——选自中共百色市委宣传部：《时代楷模黄文秀》，广西人民出版社，2019年，第46—50页。

四 延伸阅读

（一）新时代中国特色社会主义思想实现了马克思主义中国化时代化新的飞跃

马克思主义是我们立党立国、兴党兴国的根本指导思想。实践告诉我们，中国共产党为什么能，中国特色社会主义为什么好，归根到底是马克思主义行，是中国化时代化的马克思主义行。拥有马克思主义科学理论指导是我们党坚定信仰信念、把握历史主动的根本所在。

推进马克思主义中国化时代化是一个追求真理、揭示真理、笃行真理的过程。十八大以来，国内外形势新变化和实践新要求，迫切需要我们从理论和实践的结合上深入回答关系党和国家事业发展、党治国理政的一系列重大时代课题。我们党勇于进行理论探索和创新，以全新的视野深化对共产党执政规律、社会主义建设规律、人类社会发展规律的认识，取得重大理论创新成果，集中体现为新时代中国特色社会主义思想。十九大、十九届六中全会提出的“十个明确”“十四个坚持”“十三个方面成就”概括了这一思想的主要内容，必须长期坚持并不断丰富发展。

——选自习近平：《高举中国特色社会主义伟大旗帜，为全面建设社会主义现代化国家而团结奋斗——在中国共产党第二十次全国代表大会上的报告》，人民出版社，2022年。

（二）坚持把马克思主义基本原理同中国具体实际相结合、同中华优秀传统文化相结合

社会主义并没有定于一尊、一成不变的套路，只有把科学社会主义基本原则同本国具体实际、历史文化传统、时代要求紧密结合起来，在实践中不断探索总结，才能把蓝图变

为美好现实。

——选自习近平：《在纪念马克思诞辰200周年大会上的讲话》，人民出版社，2018年。

我们党的历史，就是一部不断推进马克思主义中国化的历史，就是一部不断推进理论创新、进行理论创造的历史。

——选自习近平：《在党史学习教育动员大会上的讲话》，人民出版社，2021年。

新的征程上，我们必须坚持马克思列宁主义、毛泽东思想、邓小平理论、“三个代表”重要思想、科学发展观，全面贯彻习近平新时代中国特色社会主义思想，坚持把马克思主义基本原理同中国具体实际相结合、同中华优秀传统文化相结合，用马克思主义观察时代、把握时代、引领时代，继续发展当代中国马克思主义、二十一世纪马克思主义！

——选自习近平：《在庆祝中国共产党成立100周年大会上的讲话》，人民出版社，2021年。

当代中国正在经历人类历史上最为宏大而独特的实践创新，改革发展稳定任务之重、矛盾风险挑战之多、治国理政考验之大都前所未有，世界百年未有之大变局深刻变化前所未有，提出了大量亟待回答的理论和实践课题。推进马克思主义中国化时代化的任务不是轻了，而是更重了。我们要准确把握时代大势，勇于站在人类发展前沿，聆听人民心声，回应现实需要，坚持解放思想、实事求是、守正创新，更好把坚持马克思主义和发展马克思主义统一起来，坚持用马克思主义之“矢”去射新时代中国之“的”，继续推进马克思主义基本原理同中国具体实际相结合、同中华优秀传统文化相结合，使马克思主义呈现出更多中国特色、中国风格、中国气派，续写马克思主义中国化时代化新篇章。

——选自习近平：《更好把握和运用党的百年奋斗历史经验》，《求是》，2022年第13期。

全党要坚持把马克思主义基本原理同中国具体实际相结合、同中华优秀传统文化相结合。要立足基本国情，顺应新时代新征程形势任务发展变化的新要求，紧贴亿万人民创造性实践，聚焦实践遇到的新问题、改革发展稳定存在的深层次问题、人民群众急难愁盼问题、国际变局中的重大问题、党的建设面临的突出问题，不断回答中国之问、世界之问、人民之问、时代之问。要坚定历史自信、文化自信，坚持古为今用、推陈出新，把马克思主义思想精髓同中华优秀传统文化精华贯通起来、同人民群众的共同价值观念融通起来，充分吸收其中蕴含的治国理政的思想智慧、格物究理的思想方法、修身处世的道德理念，不断赋予科学理论鲜明的中国特色，不断夯实马克思主义中国化时代化的历史基础和群众基础，让马克思主义在中国牢牢扎根。当然，讲同中国具体实际相结合、同中华优秀传统文化相结合，并不排斥吸收人类文明创造的有益成果，不仅不排斥，而且要积极学习借鉴，用人类创造的一切文明成果武装自己。

——选自习近平：《为实现党的二十大确定的目标任务而团结奋斗》，《求是》，2023 年第 1 期。

（三）中国共产党领导是中国特色社会主义最本质的特征

中国共产党是中国特色社会主义事业的领导核心，所以必须加强和改善党的领导，充分发挥党总揽全局、协调各方的领导核心作用。

——选自习近平：《紧紧围绕坚持和发展中国特色社会主义学习宣传贯彻党的十八大精神——在十八届中共中央政治局第一次集体学习时的讲话》，人民出版社，2012 年。

中国共产党是中国特色社会主义事业的领导核心，处在总揽全局、协调各方的地位。在当今中国，没有大于中国共产党的政治力量或其他什么力量。党政军民学，东西南北中，党是领导一切的，是最高的政治领导力量。中国共产党是执政党，党的领导是做好党和国家各项工作的根本保证，是我国政治稳定、经济发展、民族团结、社会稳定的根本点，绝对不能有丝毫动摇。

——选自习近平：《习近平著作选读（第一卷）》，《在省部级主要领导干部学习贯彻党的十八届四中全会精神全面推进依法治国专题研讨班上的讲话》，人民出版社，2023 年。

必须坚持党对一切工作的领导，不断加强和改善党的领导。改革开放四十年的实践启示我们：中国共产党领导是中国特色社会主义最本质的特征，是中国特色社会主义制度的最大优势。

——选自习近平：《习近平著作选读（第二卷）》，《改革开放四十年积累的宝贵经验》，人民出版社，2023 年。

中国共产党领导是中国特色社会主义最本质的特征，是中国特色社会主义制度的最大优势，是党和国家的根本所在、命脉所在，是全国各族人民的利益所系、命运所系。

——选自习近平：《在庆祝中国共产党成立 100 周年大会上的讲话》，人民出版社，2021 年。

（四）中国特色社会主义进入新时代

马克思主义必定随着时代、实践和科学的发展而不断发展，不可能一成不变，社会主义从来都是在开拓中前进的。

——选自习近平：《关于坚持和发展中国特色社会主义的几个问题》，《求是》2019 年第 7 期。

党的十九大作出中国特色社会主义进入新时代这个重大政治论断，我们必须认识到，这个新时代是中国特色社会主义新时代，而不是别的什么新时代。党要在新的历史方位上实现新时代党的历史使命，最根本的就是要高举中国特色社会主义伟大旗帜。

——选自习近平:《坚持和发展中国特色社会主义要一以贯之》,《求是》2022年第18期。

中国特色社会主义进入新时代，意味着近代以来久经磨难的中华民族迎来了从站起来、富起来到强起来的伟大飞跃，迎来了实现中华民族伟大复兴的光明前景；意味着科学社会主义在二十一世纪的中国焕发出强大生机活力，在世界上高高举起了中国特色社会主义伟大旗帜；意味着中国特色社会主义道路、理论、制度、文化不断发展，拓展了发展中国家走向现代化的途径，给世界上那些既希望加快发展又希望保持自身独立性的国家和民族提供了全新选择，为解决人类问题贡献了中国智慧和中国方案。中国特色社会主义进入新时代，我国社会主要矛盾已经转化为人民日益增长的美好生活需要和不平衡不充分的发展之间的矛盾。

必须认识到，我国社会主要矛盾的变化，没有改变我们对我国社会主义所处历史阶段的判断，我国仍处于并将长期处于社会主义初级阶段的基本国情没有变，我国是世界最大发展中国家的国际地位没有变。全党要牢牢把握社会主义初级阶段这个基本国情，牢牢立足社会主义初级阶段这个最大实际，牢牢坚持党的基本路线这个党和国家的生命线、人民的幸福线，领导和团结全国各族人民，以经济建设为中心，坚持四项基本原则，坚持改革开放，自力更生，艰苦创业，为把我国建设成为富强民主文明和谐美丽的社会主义现代化强国而奋斗。

——选自习近平：《习近平著作选读（第二卷）》，《决胜全面建成小康社会，夺取新时代中国特色社会主义伟大胜利》，人民出版社，2023 年。

（五）以中国式现代化全面推进中华民族伟大复兴

实现中华民族伟大复兴是近代以来中华民族最伟大的梦想。

今天，我们比历史上任何时期都更接近、更有信心和能力实现中华民族伟大复兴的目标。

从现在起，中国共产党的中心任务就是团结带领全国各族人民全面建成社会主义现代化强国、实现第二个百年奋斗目标，以中国式现代化全面推进中华民族伟大复兴。

在新中国成立特别是改革开放以来长期探索和实践基础上，经过十八大以来在理论和实践上的创新突破，我们党成功推进和拓展了中国式现代化。

中国式现代化，是中国共产党领导的社会主义现代化，既有各国现代化的共同特征，更有基于自己国情的中国特色。

——中国式现代化是人口规模巨大的现代化。我国十四亿多人口整体迈进现代化社会，规模超过现有发达国家人口的总和，艰巨性和复杂性前所未有，发展途径和推进方式也必然具有自己的特点。我们始终从国情出发想问题、作决策、办事情，既不好高骛远，也不因循守旧，保持历史耐心，坚持稳中求进、循序渐进、持续推进。

——中国式现代化是全体人民共同富裕的现代化。共同富裕是中国特色社会主义的本质要求，也是一个长期的历史过程。我们坚持把实现人民对美好生活的向往作为现代化建设的出发点和落脚点，着力维护和促进社会公平正义，着力促进全体人民共同富裕，坚决防止两极分化。

——中国式现代化是物质文明和精神文明相协调的现代化。物质富足、精神富有是社会主义现代化的根本要求。物质贫困不是社会主义，精神贫乏也不是社会主义。我们不断厚植现代化的物质基础，不断夯实人民幸福生活的物质条件，同时大力发展社会主义先进文化，加强理想信念教育，传承中华文明，促进物的全面丰富和人的全面发展。

——中国式现代化是人与自然和谐共生的现代化。人与自然是生命共同体，无止境地向自然索取甚至破坏自然必然会遭到大自然的报复。我们坚持可持续发展，坚持节约优先、保护优先、自然恢复为主的方针，像保护眼睛一样保护自然和生态环境，坚定不移走生产发展、生活富裕、生态良好的文明发展道路，实现中华民族永续发展。

——中国式现代化是走和平发展道路的现代化。我国不走一些国家通过战争、殖民、掠夺等方式实现现代化的老路，那种损人利己、充满血腥罪恶的老路给广大发展中国家人民带来深重苦难。我们坚定站在历史正确的一边、站在人类文明进步的一边，高举和平、发展、合作、共赢旗帜，在坚定维护世界和平与发展中谋求自身发展，又以自身发展更好维护世界和平与发展。

中国式现代化的本质要求是：坚持中国共产党领导，坚持中国特色社会主义，实现高质量发展，发展全过程人民民主，丰富人民精神世界，实现全体人民共同富裕，促进人与自然和谐共生，推动构建人类命运共同体，创造人类文明新形态。

——选自习近平：《高举中国特色社会主义伟大旗帜，为全面建设社会主义现代化国家而团结奋斗——在中国共产党第二十次全国代表大会上的报告》，人民出版社，2022年。

概括提出并深入阐述中国式现代化理论，是党的二十大的一个重大理论创新，是科学社会主义的最新重大成果。中国式现代化是我们党领导全国各族人民在长期探索和实践中历经千辛万苦、付出巨大代价取得的重大成果，我们必须倍加珍惜、始终坚持、不断拓展和深化。中国式现代化，深深植根于中华优秀传统文化，体现科学社会主义的先进本质，借鉴吸收一切人类优秀文明成果，代表人类文明进步的发展方向，展现了不同于西方现代化模式的新图景，是一种全新的人类文明形态。中国式现代化，打破了“现代化 = 西方化”的迷思，展现了现代化的另一幅图景，拓展了发展中国家走向现代化的路径选择，为人类对更好社会制度的探索提供了中国方案。中国式现代化蕴含的独特世界观、价值观、历史观、文明观、民主观、生态观等及其伟大实践，是对世界现代化理论和实践的重大创新。中国式现代化为广大发展中国家独立自主迈向现代化树立了典范，为其提供了全新选择。

——选自《在新进中央委员会的委员、候补委员和省部级主要领导干部学习贯彻习近平新时代中国特色社会主义思想和党的二十大精神研讨班开班式上的讲话》，《人民日报》，2023 年 2 月 8 日。

人类社会发展进程曲折起伏，各国探索现代化道路的历程充满艰辛。当今世界，多重挑战和危机交织叠加，世界经济复苏艰难，发展鸿沟不断拉大，生态环境持续恶化，冷战思维阴魂不散，人类社会现代化进程又一次来到历史的十字路口。

两极分化还是共同富裕？物质至上还是物质精神协调发展？竭泽而渔还是人与自然和谐共生？零和博弈还是合作共赢？照抄照搬别国模式还是立足自身国情自主发展？我们究竟需要什么样的现代化？怎样才能实现现代化？面对这一系列的现代化之问，政党作为引领和推动现代化进程的重要力量，有责任作出回答。

——选自习近平：《在中国共产党与世界政党高层对话会上的主旨讲话》，《人民日报》，2023 年 3 月 16 日。

五 课后习题

（一）名词解释

1. “问题”与“主义”之争
2. 伟大建党精神
3. 中国共产党人精神谱系
4. 红旗渠精神
5. 改革开放精神

（二）单项选择题

1. 弘扬以（　　）为源头的中国共产党人精神谱系，用好红色资源，深入开展社会主义核心价值观宣传教育，深化爱国主义、集体主义、社会主义教育，着力培养担当民族复兴大任时代新人。

A. 抗战精神

B. 爱国主义精神

C. 伟大建党精神

D. 国际共运精神

2. 中国共产党第二十次全国代表大会的主题是：高举中国特色社会主义伟大旗帜，全面贯彻新时代中国特色社会主义思想，弘扬伟大建党精神，（ ），踔厉奋发、勇毅前行，为全面建设社会主义现代化国家、（ ）而团结奋斗。

A. 不忘初心、牢记使命；实现第二个百年奋斗目标

B. 自信自强、守正创新；全面推进中华民族伟大复兴

C. 不忘初心、牢记使命；全面推进中华民族伟大复兴

D. 自信自强、守正创新；实现第二个百年奋斗目标

3. 一百年来，中国共产党弘扬伟大建党精神，在长期奋斗中构建起中国共产党人的精神谱系，锤炼出鲜明的政治品格，下列关于建党精神及其对应表述不恰当的是（ ）。

A. 抗美援朝精神——以“钢少气多”力克“钢多气少”

B. “两弹一星”精神——星空浩瀚无比，探索永无止境

C. 延安精神——培育了一代代中国共产党人

D. 红岩精神——不折不挠、宁死不屈

4. 一百年来，中国共产党人在长期奋斗中构建起中国共产党人的精神谱系，锤炼出鲜明的政治品格。以下纳入中国共产党精神谱系的伟大精神，表述正确的有（ ）。

① 塞罕坝精神：自力更生、丰衣足食

② 特区精神：敢闯敢试、敢为人先、埋头苦干

③ 张思德精神：亲民爱民、艰苦奋斗、科学求实、迎难而上、无私奉献

④ 红船精神：开天辟地、敢为人先的首创精神，坚定理想、百折不挠的奋斗精神，立党为公、忠诚为民的奉献精神

A. 1 项

B. 2 项

C. 3 项

D. 4 项

5. 以伟大建党精神为源头的精神谱系以（ ）的内涵，体现了中国共产党人树立起坚定的理想信念，也标志着中华民族精神支柱的重新塑造。以（ ）的精神，空前激发了中华民族的爱国主义精神。以（ ）的精神，使我们民族的血性与活力被唤醒并迸发出来，

古老的中华民族展现出敢于革命、敢于斗争、自立自强、朝气蓬勃的新面貌新形象。

①“坚持真理、坚守理想”

②“不怕牺牲、英勇斗争”

③“践行初心、担当使命”“对党忠诚、不负人民”

A. ①②③

B. ①③②

C. ②①③

D. ②③①

6. 在第一批纳入中国共产党人精神谱系的伟大精神中，属于形成于中国特色社会主义新时代的伟大精神具体形态的是（　）。

A. 抗洪精神

B. 载人航天精神

C. 劳模精神

D. 探月精神

7. 中华民族精神的核心是（　）。

A. 勤劳勇敢

B. 自强不息

C. 改革创新

D. 爱国主义

8. （　）第一次明确提出的反帝反封建的民主革命纲领。

A. 中共一大

B. 中共二大

C. 中共三大

D. 中共四大

9. 中国共产党人的初心和使命，就是为中国人民（　），为中华民族（　）。这个初心和使命是激励中国共产党人不断前进的根本动力。

A. 谋幸福；谋未来

B. 谋生活；谋复兴

C. 谋幸福；谋复兴

D. 谋生活；谋未来

10. 延安精神的主要内容是（　）。

①坚定正确的政治方向

②解放思想、实事求是的思想路线

③全心全意为人民服务的根本宗旨

④自力更生、艰苦奋斗的创业精神

A. ①②③

B. ①②④

C. ②③④

D. ①②③④

（三）简答题

1. 如何理解和把握伟大建党精神的基本内涵？

2. 简述伟大建党精神与中国共产党人精神谱系之间的关系。

（四）材料分析题

材料一：

2021年7月1日，习近平总书记在庆祝中国共产党成立100周年大会上的重要讲话中指出："一百年前，中国共产党的先驱们创建了中国共产党，形成了坚持真理、坚守理想，践行初心、担当使命，不怕牺牲、英勇斗争，对党忠诚、不负人民的伟大建党精神，这是中国共产党的精神之源。"伟大建党精神内涵丰富、特点鲜明，深刻揭示了中国共产党百年来从小到大、从弱到强的精神之源，创新与发展了中国共产党人精神谱系丰富内涵。

在一百年的非凡奋斗历程中一代又一代中国共产党人坚持真理、坚守理想，践行初心、担当使命，不怕牺牲、英勇斗争，对党忠诚、不负人民，凭着那么一股革命加拼命的强大精神，跨过一道又一道沟坎、取得一个又一个胜利，也铸就了一座又一座精神丰碑，形成了中国共产党人的精神谱系，为我们立党兴党强党提供了丰厚滋养。伟大实践和伟大精神相辅相成，共同铸就党的百年辉煌。

中国共产党立志于中华民族千秋伟业，百年恰是风华正茂。伟大建党精神源自我们党坚持不懈加强自身建设的生动实践，蕴含着保持党的先进性和纯洁性、不断增强党的生机活力的"青春密码"。伟大建党精神跨越时空，历久弥新。今天，我们要继续弘扬光荣传统、赓续红色血脉，从伟大建党精神中汲取前进智慧和奋进力量，把我们党锻造得更加坚强有力，团结带领中国人民向着实现中华民族伟大复兴的宏伟目标奋勇前行。

材料二：

伟大的建党精神是中国共产党人精神谱系的历史源头，也是中国共产党人精神谱系的高度凝练。一百年来，在伟大建党精神引领下，于新民主主义革命、社会主义革命和建设、改革开放和社会主义现代化建设、中国特色社会主义新时代四个历史时期，一代又一代中国共产党人顽强拼搏、不懈奋斗，涌现出一大批视死如归的革命烈士、一大批顽强奋斗的英雄人物、一大批忘我奉献的先进模范，形成了井冈山精神、长征精神、遵义会议精神、延安精神、西柏坡精神、红岩精神、抗美援朝精神、“两弹一星”精神、特区精神、抗洪精神、抗震救灾精神、抗疫精神等伟大精神，构筑起了中国共产党人的精神谱系。这一系列伟大精神，既各有侧重、各具特点，又从不同方面体现了伟大建党精神基本内涵。

材料三：

伟大建党精神既在创建中国共产党的实践中形成，又在党的百年光辉历史中发扬光大。习近平总书记指出：“中国共产党从成立之日起，既是中国先进文化的积极引领者和践行者，又是中华优秀传统文化的忠实传承者和弘扬者。”早期，共产党人之所以创建中国共产党，归根结底是为了救国家、民族于危亡，救人民于水火，力挽狂澜，寻求独立，这其中蕴含的爱国为民情怀与中华传统文化中的报国情怀是一致的。中国共产党坚定的理想信念，为实现共产主义而奋斗终生的最高追求，源于中华优秀传统文化中的“大同”思想。中华优秀传统文化是孕育伟大建党精神的文化土壤，新形势、新使命，需要进一步认识中华优秀传统文化的价值和意义，把伟大建党精神继承下去，发扬光大。

1. 结合材料并运用所学知识，谈谈共产党员为什么要弘扬伟大建党精神。
2. 结合自身的学习实际，谈谈新时代青年大学生如何弘扬伟大建党精神。

（五）论述题

1. 试论述伟大建党精神的生成逻辑。
2. 试论述为什么说伟大建党精神是中国共产党人的精神之源。

第三专题

中国共产党的不怕牺牲史

一 基本知识点[①]

（一）抗日战争

1. 中国共产党与伟大的抗日战争

中华民族的抗日战争是第二次世界大战的东方主战场，中日双方分别投入重兵。中国方面国民党政府在抗日战争问题上经历了战略妥协到消极抗战的态度转变。中国共产党自始至终主张坚决反抗日本帝国主义的侵略，在敌后战场沉重打击了日本帝国主义的嚣张气焰，也正是中国共产党在抗日问题上的正确主张与顽强奋斗，带动了国内反抗日本侵略者的革命热情，使中国共产党成为抗日战争中的中流砥柱。

2. 全面抗战路线和持久战的战略方针

1937 年，中国共产党洛川会议制定了《抗日救国十大纲领》，强调要打败日本帝国主义就必须实行全面抗战的路线，坚持无产阶级在统一战线中的领导权，组织发动人民进行抗战，在敌后独立自主地发展山地游击战。1938 年，毛泽东发表《论持久战》，科学分析了战争的特点：敌强我弱、敌小我大、敌退步我进步、敌寡助我多助；科学预测了战争的进程：抗战将经过战略防御、战略相持、战略反攻三个阶段；指出中国的抗战是持久的，最后胜利是属于中国的。

3. 敌后战场的开辟和游击战的战略地位

全面抗战开始后，八路军分赴抗战前线。1937 年 9 月，八路军 115 师取得了平型关大捷，这是中国战场开战以来的第一次胜利。随后，八路军以游击战积极配合国民党正面战场的作战。1937 年太原失守后，八路军在敌后创建了晋察冀、晋西北、晋冀豫、山东和大青山等根据地，形成了敌后战场。相持阶段到来后，敌后战场成为抗战的主要战场，为全民族抗战的胜利作出了巨大贡献。而游击战成为八路军、新四军的主要作战形式，从而使游击战在抗战中具有了战略高度。

4. 抗日民族统一战线内坚持的原则和实行的策略总方针

鉴于第一次国共合作的教训，第二次国共合作中国共产党强调独立自主原则，既统一

① 自中国共产党成立后，数十万共产党员在北伐战争时期、土地革命时期英勇牺牲，抗战爆发后，一大批共产党员抛头颅、洒热血，他们在反对外来侵犯的斗争中献出了宝贵的生命。本专题主要从中国共产党人维护国家主权、捍卫领土完整的角度来呈现中国共产党的不怕牺牲，并非刻意淡化其他方面力量的奉献与牺牲。特此说明。

又独立，既联合又斗争。面对相持阶段到来后国民党的积极反共、消极抗战，中国共产党提出了“坚持抗战到底，反对中途妥协；巩固国内团结，反对内部分裂；力求全国进步，反对向后倒退”的口号，粉碎了国民党的3次反共高潮，巩固了抗日民族统一战线，并形成了抗日民族统一战线的策略总方针：发展进步势力，争取中间势力，孤立顽固势力。上述政策的实施保证了全民族抗战的胜利进行，中国共产党成为抗战的中流砥柱。

5. 抗日根据地的建设

毛泽东的《新民主主义论》为抗日根据地的建设指明了方向。抗日根据地的建设主要包括以下三个方面。第一，根据地政权建设。中国共产党领导的抗日民族统一战线性质的政权，包含几个革命阶级的联合专政，即实行“三三制”（共产党员、非党的左派进步分子和不左不右的中间派各占三分之一），这是中国共产党领导的多党合作的雏形。第二，根据地停止实行没收地主土地的政策，实行减租减息的政策，发展农业生产。第三，在根据地进行文化建设，吸引着进步的知识分子奔赴延安；创办学校，以提升革命队伍的素质，如著名的中国人民抗日军政大学、鲁迅艺术学院等。

6. 抗战胜利的伟大意义

1945年8月14日，日本宣布无条件投降；9月2日，日本签署了投降协定书，中国人民的十四年抗战取得最后胜利，这也标志着第二次世界大战的结束。抗战胜利具有伟大的意义：第一，这是近代以来第一次反对外来侵略的彻底胜利，是中华民族走向独立迈出的重要一步；第二，促进了民族觉醒和民族团结，使中华民族的爱国主义精神得到发展和传承；第三，抗战胜利也使得中国共产党真正成了领导中国走向独立解放的坚强核心，为取得新民主主义革命的最后胜利奠定了坚实的基础；第四，这是弱国战胜强国的成功典范，鼓舞着弱小的民族敢于争取民族独立与解放，显著提升了中国的国际地位和国际影响。

（二）新中国成立后反对外来侵犯的斗争

中华人民共和国成立以后，坚持奉行独立自主的和平外交政策，在复杂多变的国际局势面前，灵活地根据局势转变对外政策，不断巩固国家政权。但是，中国同周边的领土问题一直存在，西方敌对势力对中国更是虎视眈眈，在1949年后的几十年里，一些国家数次与中国发生领土纠纷乃至冲突。在中国共产党的领导下，中国人民坚决斗争，捍卫主权完整不受侵犯。

1. 抗美援朝

抗美援朝战争是一场抗击美国侵略者的正义战争，打出了新中国的国威和人民军队的军威，创造了以弱胜强的范例。这场战争的胜利，不仅支援了朝鲜人民、保卫了中国的国家安全，而且为维护亚洲和世界的和平作出了重要贡献。1950年7月10日，抗美援朝运动自此开始。10月，中国人民志愿军赴朝作战，拉开了抗美援朝战争的序幕。在抗美援朝战争中，志愿军得到了解放军全军和全体中国人民的全力支持，得到了以苏联为首的社会主义阵营的配合。1953年7月，双方签订《朝鲜停战协定》，抗美援朝胜利结束。

在抗美援朝战争中，志愿军先后参战的总兵力达290余万人，共毙伤俘“联合国军”71万余人，其中美军29.7万余人。志愿军作战减员36.6万余人。战争中，志愿军荣立三等功者有30.2万名，有5900多个单位荣立集体功。获英雄和模范称号者有490余名。

中国人民志愿军入朝作战，以国内人民的热烈拥护为坚强后盾。在国内，党领导展开了大规模的抗美援朝运动。全国人民用踊跃参加志愿军，踊跃捐献飞机大炮，在各条战线上努力生产、厉行节约的实际行动来支援战争。抗美援朝运动以高度的爱国主义和国际主义精神教育人民，极大地鼓舞起人民的革命热情和劳动热情，成为恢复和发展国民经济、推动各项社会改革的巨大动力。

抗美援朝战争的胜利，维护了亚洲和世界和平，巩固了中国新生的人民政权，打破了美帝国主义不可战胜的神话，顶住了美国侵略扩张的势头，使中国的国际威望空前提高，极大地增强了中国人民的民族自信心和自豪感，为国内经济建设和社会改革赢得了相对稳定的和平环境。

2. 中国对苏联的边境自卫作战（珍宝岛自卫反击战）

近代以来，中国与周边国家的一些边界问题一直未能有效解决，以中苏边界为例，中华人民共和国成立初期，中苏关系密切，边界问题自然也被搁置。但1950年代末，中苏两党在方针政策上发生根本分歧，1959年苏联在中印边界冲突问题上偏袒印度，并以突然袭击的方式撤退了所有专家，中止了一切援建项目的合同，两国关系交恶，中苏边境纠纷随之肇始，搁置了几十年的边界问题被重新提出。从1964年开始，苏联向中苏边界地区陆续增兵，并在中苏边界不断制造事端。1966年“文化大革命”开始后，在中苏边界东段界河乌苏里江上，苏联边防军一再挑起严重的边界纠纷，中国的珍宝岛和七里沁岛成为边境冲突的焦点。

1969年3月2日，苏联边防军侵入珍宝岛，袭击中国边防部队巡逻人员，打死打伤6人。中国边防部队被迫自卫反击，将入侵的苏军逐出珍宝岛。15日，苏联边防军3次出动向守卫珍宝岛的中国边防分队发起猛烈进攻，并用多种火炮轰击中国境内纵深地区。中国边防部队激战近 9 小时，顶住了苏联边防军的 6 次炮火急袭，挫败了进攻。17 日，苏联边防军又出动步兵，在坦克支援下入侵珍宝岛。中国边防部队以炮火将其击退。中国边防部队的珍宝岛自卫反击作战，保卫了国家的领土，维护了中华民族的尊严。

珍宝岛之战，我军涌现出了很多英勇无畏的战士，后来有十人被授予了“战斗英雄”称号。在这十位战斗英雄中，孙征民、杨林、王庆容、于庆阳、陈绍光五人牺牲在了战场上，孙玉国、冷鹏飞、周登国、华玉杰、杜永春五人得以幸存。

珍宝岛自卫反击战的胜利证明，不畏强敌、敢于斗争和善于斗争是反对外来侵犯的至关重要的因素。一个独立主权国家面对强敌的战争威胁，敢不敢奋起抵抗，在政治上和军事上都是非常重要的战略抉择问题。珍宝岛战斗表明中国人民解放军在长期和平环境下，仍然保持了战斗队的优良传统，显示了这支军队足以抗击任何入侵之敌的决心和能力。

3. 中印领土纠纷与自卫反击

中印两国是世界上最大的两个发展中国家，印度于第二次世界大战后独立，中印边界问题是历史上遗留下来的问题，两国的边界从未正式划定，仅有一条历史上早已形成的传统习惯边界线。因此，由于历史原因，边界问题一直是影响两国关系的主要因素，自 20 世纪 60 年代以来，中印两国因为边界问题发生过三次大规模武装冲突，分别是 1962 年中印边境自卫反击战、2017 年中印洞朗对峙事件以及 2020 年中印加勒万河谷边界冲突。

中印边境自卫反击战，即 1962 年中国人民解放军驻西藏、新疆边防部队在中印边境地区对侵入中国领土的印度军队进行的自卫反击作战。从 1962 年 8 月到 10 月，中国曾反复建议中印双方讨论边界问题，印度反而正式向中国提出全面的领土要求，并在中印边境集结2.2万余人的军队。10月12日，印度总理尼赫鲁下令要把守卫中国领土的中国军队“清除掉”。18日，印军在边界东、西两段向中国军队开始全面进攻。在印军发动武装进攻之后，毛泽东和中央军委果断作出了实施自卫反击作战的决定。中国边防部队奉命于 10 月 20 日实行自卫反击，在西段一举扫除了印度军队在中国境内建立的全部据点。中国政府本着和平解决边界争端的一贯立场，为了中印两国人民的根本利益，缓和由印度当局造成的严重局势，于 10 月 24 日发表声明，提出和平解决中印边界问题的三项建议。其中最主要的一点是：双方武装部队从实际控制线各自后撤 20 公里，脱离接触。当日，周恩来总理致函尼赫鲁总理，表明中国和平解决边界问题的诚意。印度政府在第一阶段作战中虽遭惨败，但仍不认输，悍然拒绝了中国政府的三项建议，攻击中国的和平建议是“一种骗局”。印度政府进一步掀起反华浪潮，加紧战争动员和准备，宣布全国处于“紧急状态”，公开向美国等西方国家乞求军事援助。11 月 14 日，印军在边境东段又向中国军队发动猛烈进攻。鉴于此，中国边防军队再次反击，以缓和边境紧张局势，创造用谈判解决边界问题的条件。此次击毙、伤、俘虏印军官兵八千八百余人。中国政府于 11 月 21 日宣布：从 22 日零时起，在中印边境全线主动停火；从 12 月 1 日起，中国边防部队将从 1959 年 11 月 7 日存在于中印双方之间的实际控制线后撤 20 公里。随后，中国政府又宣布释放和遣返印军被俘的全部军事人员，并归还在冲突中所缴获的武器、弹药和其他军用物资。在这次中印边界冲突中，中国不仅捍卫了尊严、保卫了领土的完整，在国际上开创了胜利军队主动停火、主动后撤、主动交还缴获物资，为谋求和平解决国与国边界问题的先例。此后，中印边界的形势基本稳定下来。

2017 年，中印边境发生“洞朗对峙”事件。2017 年 6 月 16 日，中方在洞朗地区进行道路施工。6 月 18 日，印度边防部队 270 余人携带武器，连同 2 台推土机，在多卡拉山口越过锡金段边界线 100 多米，进入中国境内阻挠中方的修路活动，与中国边防部队形成长达 70 多天的“洞朗对峙”事件。印度边防部队越界人数最多时达到 400 余人，连同 2 台推土机和 3 顶帐篷，越界纵深达到 180 多米。截至 7 月底，印度边防部队仍有 40 多人和 1 台推土机在中国领土上非法滞留。事件发生后，中国边防部队在现地采取了紧急应对措施。6 月 19 日，中方通过外交途径紧急向印方提出严正交涉，对印方非法越界行为予以强烈抗议和谴责，要求印方立即将越界的印度边防部队撤回到边界线印度一侧。中国外交部、国防部、中国驻印度使馆在北京和新德里先后多次向印度提出严正交涉，强烈要求印度尊重中国的领土主权，立即撤回越界的边防部队。中国外交部、国防部发言人多次公开表态，说明事实真相，表明中方立场，并公布了印军越界的地图和现场照片。

2020 年，中印边境发生加勒万河谷冲突事件。加勒万河谷位于中印边界西段实际控制线中方一侧。多年来，中国边防部队一直在此正常巡逻执勤。2020 年 4 月以来，印度边防部队单方面在加勒万河谷地区持续抵边修建道路、桥梁等设施。中方多次就此提出交涉和抗议，但印方反而变本加厉越线滋事。2020 年 5 月 6 日，印度边防部队在加勒万河谷地区越线进入中国领土构工设障，阻拦中方边防部队正常巡逻。6 月 15 日，在加勒万河谷地区印军再次越过实控线并蓄意发动挑衅攻击，引发双方激烈肢体冲突并造成人员伤亡。8 月 31 日，印军在班公湖南岸、热钦山口附近再次非法越线占控并公然挑衅，造成边境局势紧张。截至 2021 年 6 月，经过 11 轮军长级会谈，双方就相互关心的问题交换了意见，并同意将继续通过外交和军事渠道保持密切沟通。此外，2020 年 9 月 10 日中印外长发表联合新闻稿，坦诚和建设性地讨论了中印边境形势发展及中印关系。2021 年 4 月 29 日国防部新闻局局长、国防部新闻发言人吴谦大校在国防部例行记者会上称：“在中印共同努力下，双方边防部队实现在加勒万河谷以及班公湖地区脱离接触，边境地区现地局势总体缓解。”事件期间，在前出交涉和激烈斗争中，团长祁发宝身先士卒，身负重伤；营长陈红军、战士陈祥榕突入重围营救，奋力反击，英勇牺牲；战士肖思远，突围后义无反顾返回营救战友，战斗至生命最后一刻；战士王焯冉，在渡河前出支援途中，拼力救助被冲散的战友脱险，自己却淹没在冰河之中。2021 年 2 月，中央军委授予祁发宝“卫国戍边英雄团长”荣誉称号，追授陈红军“卫国戍边英雄”荣誉称号，给陈祥榕、肖思远、王焯冉追记一等功。

二 重难点

（一）中国共产党人何以能够做到“不怕牺牲”

自中国共产党成立之日起，便担负起领导中国人民走向独立自主发展的历史使命，无论是大革命时期，还是抗日战争时期抑或是解放战争时期，解放亿万劳苦大众成了中国共产党的使命。在反对侵略的斗争中，中国共产党人抛头颅、洒热血，无论前面有多少共产党人在革命道路上牺牲了自己的宝贵生命，后世总有无数先烈义无反顾继续踏上革命道路，是怎样的精神让无数共产党人做到“不怕牺牲”的呢？

1. 坚定的理想信念

党的历次全国代表大会及其通过的党章明确指出，党的最高理想和最终目标是实现共产主义。现阶段，把我国建设成为富强民主文明和谐美丽的社会主义现代化强国，在中国特色社会主义道路上实现中华民族伟大复兴，是全党全国各族人民的共同理想。习近平总书记指出，理想信念决定着我们的方向和立场，也决定着我们的言论和行动。共产主义远大理想和中国特色社会主义共同理想，是中国共产党人的精神支柱和政治灵魂，也是保持全党团结统一的思想基础。

2021 年 4 月 25 日上午，习近平在广西考察时表示：“革命理想高于天，理想信念之火一经点燃就会产生巨大的精神力量。红军将士视死如归、向死而生、一往无前、敢于压倒一切困难而不被任何困难所压倒的崇高精神，永远值得我们铭记和发扬。在实现第二个百年奋斗目标的新长征路上，我们要抱定必胜信念，勇于战胜来自国内外的各种重大风险挑战，朝着实现中华民族伟大复兴的目标奋勇前进。”

2. 崇高的为民情怀

中国共产党的性质和阶级属性决定了中国共产党人有着崇高的为民情怀。中国共产党是中国工人阶级的先锋队，同时是中国人民和中华民族的先锋队，是中国特色社会主义事业的领导核心，代表中国先进生产力的发展要求，代表中国先进文化的前进方向，代表中国最广大人民的根本利益。党的最高理想和最终目标是实现共产主义。中国共产党的阶级属性决定了她代表了最广大人民的根本利益，为了追求和保障最广大人民的根本利益，无数共产党人以国家命运为奋斗目标，不计个人利益，为了国家利益牺牲自己。

3. 英勇的献身精神

“不怕牺牲、英勇斗争”是伟大建党精神内容的第三句话。这句话道出了中国共产党意志顽强、作风优良的特质。“看似寻常最奇崛，成如容易却艰辛。”中国共产党团结带领中国人民，以“为有牺牲多壮志，敢教日月换新天”的大无畏气概，书写了中华民族几千年历史上最恢宏的史诗。

在斗争中诞生、在斗争中发展、在斗争中壮大，一百年来，不怕牺牲、英勇斗争的伟大精神贯穿于革命、建设、改革各个时期，熔铸成我们党历经百年风雨而风华正茂、饱经磨难而生生不息的精神基因。这种英雄气概和斗争精神，书写在“平均每 300 米就有一名红军牺牲”的长征路上，展现在“宁肯少活二十年，拼命也要拿下大油田”的新中国建设者身上，激扬于新时代 1800 多名将生命定格在脱贫攻坚战的扶贫干部身上。世界上没有哪个党像我们这样，遭遇过如此多的艰难险阻，经历过如此多的生死考验，付出过如此多的惨烈牺牲。为了民族复兴、人民幸福，不惜流血牺牲，不懈努力奋斗，构建起中国共产党人的精神谱系，锤炼出鲜明的政治品格，激励着我们党不断从胜利走向新的胜利。

唯有精神上站得住、站得稳，才能在历史洪流中屹立不倒、挺立潮头。百年征程，中国共产党将最恢宏的史诗书写在中国大地，实现中华民族伟大复兴进入了不可逆转的历史进程。站在新的历史起点上，我们党要团结带领人民有效应对重大挑战、抵御重大风险、克服重大阻力、解决重大矛盾，必须进行具有许多新的历史特点的伟大斗争。越是伟大的事业，越是充满挑战，越需要知重负重，越需要不怕牺牲的英雄气概、英勇斗争的大无畏气魄。面对前行道路上的“娄山关”“腊子口”，甚至各种难以想象的惊涛骇浪，唯有不怕牺牲、英勇斗争，在困难挑战面前甘洒热血、敢于斗争、勇于胜利，我们才能在新征程上创造新业绩。

（二）为什么说中国共产党是抗日战争的中流砥柱

1945 年 4 月，毛泽东在《论联合政府》的报告中曾经深刻指出：“没有中国共产党的努力，没有中国共产党人做中国人民的中流砥柱，中国的独立和解放是不可能的”。中国人民的抗日战争取得最终的胜利，具有十分重要的意义。战争的胜利捍卫了中国的国家主权和领土完整。它洗雪了鸦片战争以来中国人民受帝国主义奴役和压迫的耻辱，极大推进了中国革命的历史进程，为中国新民主主义革命的最后胜利奠定了坚实的基础。习近平总书记曾在一次讲话中指出：“中国人民抗日战争胜利是中国共产党发挥中流砥柱作用的伟大胜利。”这段话很好地总结了中国共产党在抗日战争扮演的角色和产生的重要作用。

1. 中国共产党最早举起抗日民族解放战争的大旗，并在东北组织和领导抗日武装斗争，组建东北抗日联军，一直坚持对日作战直到抗战胜利

从 1932 年起，先后组织了由汉、满、朝鲜、蒙古、回等民族的爱国志士参加的十余支抗日游击队。1936 年又组建了东北抗日联军。在东北，除了东北爱国官兵和各种抗日义勇军外，中国共产党领导的抗日武装，依靠群众，直接同日本侵略者进行了极其艰苦的斗争。而局部抗战阶段，国民党依然坚持“攘外必先安内”的方针，消极抗日，积极打击共产党势力，严重影响了抗日战争的开展。

2. 中国共产党最早倡导和始终高举团结大旗，巩固和发展抗日民族统一战线，促进了国际反法西斯统一战线的建立，争取和团结了一切可以团结的力量

1935 年 8 月 1 日，中国共产党发表《为抗日救国告全体同胞书》（《八一宣言》），呼吁全国各党派、各阶层、各军队团结起来，停止内战，一致抗日。1936 年 5 月，中共中央发布《停战议和一致抗日通电》，放弃了“反蒋抗日”的口号。1936 年 9 月 1 日，中共中央明确提出“逼蒋抗日”的方针。整个抗日战争时期，中国共产党始终站在坚决抗日的立场团结一切可以团结的力量，联合起来反抗日本帝国主义侵略。

3. 中国共产党提出全面抗战路线和持久战战略方针，为中国抗战制定了正确的政治路线和军事战略

中国共产党在 1937 年 8 月的洛川会议上提出了全国人民总动员，开放民主，改善民生，广泛发动群众、武装群众，依靠人民战争夺取抗战胜利为主要内容的全面抗战路线。1938 年 10 月进入相持阶段后，中国共产党明确提出坚持抗战、反对妥协，坚持团结、反对分裂，坚持进步、反对倒退的方针，并使坚持抗战、团结、进步，成为中国共产党的基本政策。

以马克思主义武装起来的中国共产党，以正确的政治路线和军事理论、军事战略方针，为中国人民的抗战指明了总的方向，成为引导全民族抗战走向胜利的一面旗帜。

4. 中国共产党重视自身建设，提出并实施党的建设伟大工程，使党担负起了抗战的重大使命

1938年10月，毛泽东在党的六届六中全会上提出了“马克思主义中国化”指导原则；1939年10月，毛泽东在撰写的《〈共产党人〉发刊词》这一党建思想的经典文献中，首次提出要“建设一个全国范围的、广大群众性的、思想上政治上组织上完全巩固的布尔什维克化的中国共产党”，并把这一世界政党史上罕见的自我革命壮举豪迈地称为“伟大的工程”。毛泽东把党的建设与统一战线、武装斗争并称为党的“三大法宝”，而党的建设居于核心地位。中国共产党以自己正确的政治主张和强有力的组织机构，动员和组织广大人民群众参加抗战，共产党员以身作则、身先士卒，率领人民群众浴血奋战、勇往直前，充分发挥了先锋模范作用。

三 党史故事

怕死不当共产党

在我们党一百多年非凡的奋斗历程中，涌现出了一大批视死如归的革命烈士、顽强奋斗的英雄人物、忘我奉献的先进模范……“怕死不当共产党”，是一名党员面对敌人铡刀的视死如归。1947年3月，毛泽东带领中央机关转战陕北途中，任弼时向他汇报刘胡兰英勇就义的事迹。毛泽东问：她是党员吗？任弼时说：是个优秀的共产党员，才15岁。毛泽东亲笔写下：生的伟大，死的光荣。共产党人不怕牺牲，是因为有比个人安危更重要的事业。

为了党和人民的事业，需要牺牲“小我”成就“大我”。对林祥谦来说，“头可断，血可流，工不可复”；对夏明翰来说，“砍头不要紧，只要主义真。杀了夏明翰，还有后来人”；对周文雍来说，“头可断，肢可折，革命精神不可灭。壮士头颅为党落，好汉身躯为群裂”；对王进喜来说，“宁可少活二十年，拼命也要拿下大油田”；对焦裕禄来说，“活着我没有治好沙丘，死了也要看着你们把沙丘治好”……据不完全统计，近代以来，为中国革命建设事业献出宝贵生命的烈士英模约有2000万人，其中多数是共产党员。他们将名字写在960多万平方公里的广袤陆地上，一草一木一忠魂，一山一石一丰碑。正是因为无数中国共产党人为了民族复兴、人民幸福，以“为有牺牲多壮志，敢教日月换新天”的大无畏气概，不惜流血牺牲，不懈努力奋斗，我们的事业才能不断从胜利走向胜利。

1. 东北抗日联军十四年苦斗简史（冯仲云记述，节选）

我现在简单地说一说，过去十四年苦斗的具体情况。因为在过去十四年中间，由于生活的异常艰苦和常常的作战，并没有作什么记录，可以能供作参考的文件又大部分丧失，所以只就我个人的经过的范围，来简单的回忆一下。

东北抗日联军有着明确的反日斗争纲领，有坚决的政治领导者——中国共产党。他们曾经发展了东北广大同胞形成了东北人民的抗日统一战线。他们团结了全东北一切反日的武装力量和日寇作殊死果敢的决斗，因此，在当时吸引了许多先进的工人、农民、爱国青年和学生们参加。尤其是哈尔滨的工人、学生更为踊跃，他们一批一批的冒着种种的危险和敌人周旋，自动地去参加到东北抗联里去。例如：哈尔滨电业局的工人，一中、二中、工大、商船专门、医专等等的学生，很多很多曾发挥了这样勇敢的爱国精神。我直到如今还记得，和我多年在一起苦斗而在战斗中光荣牺牲了的张兰生同志（也就是哈尔滨电业局在 1933 年度反日大罢工中的工人领袖），和壮烈战死了的抗联第五军的师长王光裕（就是二中的学生），工大的孟兆麟同商船学校的傅天飞等，他们都是率先为着捍卫祖国而光荣的殉难了。哈尔滨以往所产的爱国志士，在东北人民十四年抗日苦斗中，不是懦弱的，不是畏缩的，是曾具有其光辉的作用的。

抗联与群众有着密切的联系，时时刻刻是为了防卫民众的利益，而向日本侵略者开战。因此，他们深得广大群众的拥护和同情。他们于十四年中，足迹遍布了长白山系的大小兴安岭山地，黑龙江省的平原，松花江，牡丹江的两岸。他们在这些地方，曾经洒遍了赤红的热血。直到现在，各地还是埋着壮士的枯骨，蒙古风吹来，仍然能嗅着十几年来为祖国而牺牲的人们的血腥味。他们没有外来的援助，他们与国内已经完全隔绝，单独的孤军血战，艰苦卓绝的斗争直到现在。无数的民族英雄，矢志忠贞于自己的中华祖国，并为了自己可爱的祖国，自愿去贡献出自己最后的生命。

东北抗日联军，是中国共产党在东北的支部所发动、所组织、所领导的。因为它有中国共产党人在其中作为骨干，所以才能坚持了这么久远的时间，不断做这举国皆知的英勇斗争。这个斗争给日寇在东北十四年统治中以相当的隐痛，也曾给予中国的抗战的当时以巨大的影响。在关内的报纸上，时常可以读到有关于东北义勇军的活动所给予日寇以创伤的消息。

在原来，九一八事变的当时，中国共产党在东北的组织，还是一个较小的组织，党员的数量并不多，政治上的影响也很弱。但党员虽不多，然其党员都很有计划的和适当的散布或配合在各地乡村、城市的知识分子和工农各阶层中，坚持进行他们抗日救国的宣传和组织的工作，誓与那东北受难的同胞共生、共死、共受艰苦。在几次的大震动中、敌人们的大肃清中，并没有使他们感到恐怖而逃亡，他们仍然在群众的深处做秘密的工作。

当时的东北人民在抗日斗争中，所最要求的和最切要的，只是坚决的和正确的领导，所以东北共产党根据了中共中央的指示和东北人民抗日战线上的切要，乃在东北执行了抗日民族的统一战线，于是也就义不容辞地担负起来了这一部分的领导责任。在这以后，在东北，中国共产党人所领导下的反日游击队，就成了东北抗日游击运动中的主力。这些队伍，他们的意志最坚决，纪律最良好，同时作战也最英勇，而与群众的关系也更密切，所以他们获得了一般群众的拥护，所以也就成为全东北抗日游击队的核心和骨干。因此东北三省的抗日队伍，都团结在一起，在各地不眠不休地抗击日寇。

东北抗日游击运动在日寇正面打击之下，那个环境是异常恶劣而又困难的。各个武装队伍，没有共产党人在其中做骨干的部队，尤其是抗联第八、第九两军（谢文东部、李华堂部）等，均纷纷瓦解、溃散或投敌；只有共产党人在其中为骨干的抗联其他七个军（后来改编为三个路军）誓死抗战到底。他们受尽了人间所未有的痛苦、辛酸、伤疾、冻饿而死亡很多，但是他们宁死不屈，他们在北满原野上、长白山的峰峦中，眺望着祖国的山河，满怀着匡复祖国的信念，而为祖国的同胞献出最后的一滴鲜血。他们永远保存着大中华儿女的不屈精神，相信着胜利总会有一天到来。他们偶然读到了关内报纸上记载“海可枯，石可烂，决不忘掉了东北义勇军的同志们和打到鸭绿江边去”而泪珠盈眶，这更加坚实了他们的信念，鼓舞了他们最后的勇气。他们深知，我们中国能得到胜利，东北终究会解放，他们必定会再回到祖国的怀抱中去。这样在东北坚持了十四年，他们终于争得了中华民族的光荣。

——选自冯仲云：《东北抗日联军十四年苦斗简史》，青年出版社，1946 年，第 8—14 页。

2. 东北抗联领导干部会议追记（王效明追忆）

1941 年 1 月底至 2 月中旬，在东北边境地区由共产国际代表主持召开了东北抗日联军领导干部会议。我有幸参加了这次会议，目睹了会议的全部情况，现追忆如下：

我是 1940 年 9 月底接到东北抗日联军第二路军总指挥、吉林省委书记周保中同志书面通知的。通知中写道：近期在 A 地召开东北抗联领导干部会议；据苏军代表讲，中共中央代表也要出席会议；你把手头工作尽量抓紧一些，率部队赶快前往出席会议。当时，我任二路军副参谋长、二支队政委兼队长（二支队为东北抗联七军改编），刚指挥部队打完了下河沿的战斗。接到通知后，我高兴的心情无法用语言来表达。因为，自 1937 年起，由于日本侵略者的军事包围和封锁，东北抗联已与党中央失掉联系。几年来，我们是在失去党中央的直接领导下坚持奋战的，好像是一个失去母亲的孤儿。在那艰难的岁月里，有多少个不眠之夜，我们都是在对党中央、毛主席的思念中度过的；又有多少次的梦乡，我们是从回到党中央怀抱的喜庆中惊醒的。这次党中央将派代表来参加会议，我们能亲耳聆听党中央的声音，怎么能不使人兴奋哪！我迅速地把下河沿战斗中缴获的十二挺轻机枪、四挺重机枪、二千万发子弹等十八辆马车的战利品做了处理，即于 10 月初，带着一支二百七十人的队伍登上了征途。

东北抗联的斗争在 1940 年已经非常艰苦了。日本侵略者聚集了几十万的兵力，对东北抗联进行了长期的持续的“大讨伐”，大小兴安岭、牡丹江和乌苏里江广大区域到处有敌人的“讨伐”部队。特别是下河沿之战，敌人遭到严重打击后，又动员了七个伪军旅和一万多名日军到处设兵防守，采取由宝清、富锦、同江、饶河分进合击的战术，并配备了十多架飞机、坦克，集中地把我们二支队活动的地区层层包围起来。我们为摆脱敌人，不得不走荒无人烟的原始森林，而且多是夜间利用密林，隐蔽地穿越敌人的空隙摸索前进。尽管如此，仍时常遭到敌人的追击阻截。10 月下旬的一天早晨，我们来到蛤蟆通河上游的托腰布。经过一夜的行军，同志们都感到很疲乏，刚要宿营，枪声划破了寂静的山林，是敌人分两路来夹击我们了。我指挥部队迅速占领了有利的地形，以大树作依托，分两路组织还击。战斗整整打了一天，打退了敌人七次冲锋，打死打伤日本侵略者三百多人。后来，我们边打边撤，撤退时战士们巧妙地搞了“手榴弹雷”阻击敌人追击，终于摆脱了缠咬的敌人。随后，我们又在秃顶子山和小沭河，遇到了敌人的追击和阻截，均在重创敌军后冲出重围。在这期间，为摆脱敌人的追击，我们有时忍着饥饿和劳累连续行军几天几夜。虽然条件是艰苦的，但同志们情绪高涨，尽快找到党中央的心情使我们克服了难以想象的困难。经过一个多月的长途跋涉和艰苦奋战，11 月中旬，我们到达了开会地点。由于参加会议的代表未到齐，及对会议文件的准备工作出现分歧意见，所以我在那里待了近两个月。1941 年 1 月底才开会。

会议分预备会和正式会两个阶段，实际上主要是在预备会上讨论问题。预备会一开始，到会的同志就对东北游击战争的前途问题展开了激烈的争论。少数同志认为，东北抗日游击战争的前途到此为止了；中共东北党组织和东北抗联应按地区分属苏联远东军的各军分区，不再保存自己的组织系统。并建议选举苏联人当总司令。

这种主张在会议一开始竟占了上风。他们的理由是，东北抗联的斗争太艰苦了，已到了无法再坚持下去的地步。确实，当时东北抗日游击战争的形势是严峻的。抗联部队遇到了中外战争史上罕见的艰苦困难。广大抗联将士整年累月宿营在深山密林之中，往往十几天以至几十天吃不到一粒粮食。有的同志在零下三、四十度的严寒中还穿着单衣。同时，又几乎天天与“讨伐”的日伪军遭遇。在艰难困苦之中，部队人员锐减，抗联许多重要领导干部，如杨靖宇、魏拯民、童长荣、陈翰章、李延平、王汝起等同志都牺牲了！

困难是很多的，挫折也是严重的，但是否因此就不需要保存我东北党组织和抗联组织呢？是否就放弃斗争呢？回答自然是否定的。所以当几位同志的发言一结束，便遭到了到会的其他同志的反对。周保中同志在发言中明确表示反对这种取消主义的错误意见。他说：“东北抗日游击战争虽然遭到严重挫折，处于低潮，但日本侵略者与中华民族的矛盾并未解决。东北抗日斗争的基本条件和群众基础并未根本丧失，抗日斗争是有前途的。日本侵略者消灭不了我们，即使我们牺牲了，也应战死在抗日救国的战场上，绝不能失去中华民族的英雄气概和中国共产党员的坚贞气节。因此，无论条件和环境多么艰苦和困难，我们绝不能取消东北党组织和抗日联军，而应该坚定抗战到底的决心，坚持抗联的旗帜，坚持斗争直到最后胜利……”

苏联远东第二红旗军是支持少数同志的意见的。因此，他们对周保中同志的发言非常恼火，没有想到自己援助的中国军队中竟有人不听从他们的意见。一名苏联内务部代表，是个中校，公然多次打断周保中的发言，并几次站起身来，瞪大眼睛，拍着桌子，威胁周保中说：“就凭你们这点人还想打日本？！打日本是我们苏联人的事……，你们现在坚持不下去了，只有编为我们的部队，接受我们的领导才不会被日本人打死。”他在叫喊中还不时地用手指着周保中的鼻子，态度粗暴。

在强大的压力之下，周保中同志并没有屈服，他坚信把东北党组织和抗联部队解散，变为苏联远东军的侦察部队是不符合共产国际的原则的，也是违反共产国际七大决定的。于是，他气愤地说：“是否取消中共东北党组织和东北抗联部队是我们的内政，需由中共中央决定，你们不要横加干涉。”同时，他还指出：东北党和抗联组织在失去中共中央领导的特殊条件下，按照中共中央驻共产国际代表团留下的关系，与苏联远东第二红旗军建立了联系。苏联远东军给了抗联许多帮助，这对东北抗日斗争的影响是大的。但是这种帮助必须尊重中国共产党现阶段的政治路线，保持中国共产党的组织系统，适应东北抗日游击战争的要求进行，而不应该抛开中国共产党的组织系统，将中国东北民族解放斗争的战场任意划分为几个区域。因为这只是图谋片面的工作利益，而没有注意到国际无产阶级的斗争全局。

周保中同志还强烈要求将这一问题提交共产国际执行委员会讨论决定。“周保中同志的意见我支持。”抗联一、二路军和吉东、南满省委的代表们相继发言，阐述了他们与周保中同志相同的意见。

经过会上会下的激烈争论，鉴于与会的绝大多数同志反对取消主义的主张，那位负责同志和苏联远东第二红旗军的意见没有被通过。会议宣布暂时休会。

会议停开了半个多月，会议情况被反映到共产国际执行委员会。在共产国际和斯大林同志的决定下，肯定了周保中等绝大多数同志的意见，否定了取消中共东北党组织和抗联组织的错误意见。后来，那位中校向周保中同志承认了错误，再三表示自己的观点和态度都不对，希望得到谅解。周保中同志说：“人哪还没有缺点，认识到错误并决心改正不是很好嘛！过去的事就叫它过去了，今后我们更紧密地团结起来，共同对付日本侵略者。”

在否决了“取消主义”的错误之后，召开了正式会议。正式会议是以宴会的方式进行的。会上传达了共产国际执委会的意见。原持“取消主义”意见的同志也都改变了看法。这时，大家的意见比较一致了。会议的气氛是和谐的。大家频频举杯共庆党内在马克思列宁主义和无产阶级国际主义原则基础上的大团结。同志们用党内团结一致的精神，认真分析了东北抗日游击战争的形势，确定了下一步继续斗争的方针和策略，并通过了关于反对“取消主义”、关于统一组织等决议。

会议之后，很快由周保中、张寿篯、崔石泉同志组成三人小组，统一指挥东北党和抗联组织。翌年，根据共产国际的决定，在“八一”建军节那天成立了中共东北委员会，由周保中等十三位同志组成；并将抗联主力部队改编为东北抗日联军教导旅（又称国际旅）。至此，统一了自 1936 年中共满洲省委撤销后一直处于分散状态的东北党组织；统一了 1931 年“九一八”事变后未曾统一过的东北抗联组织。

东北抗联领导干部会议已经过去四十多年了，但这次会议的情形却时常浮现在我的面前。东北抗联领导干部会议以其重大意义将载入史册。

——选自《革命回忆录增刊（一）》，人民出版社，1983 年，第 87—93 页。

3. 东北抗联时期老交通员的斗争故事

日本帝国主义侵占我东三省后，为了长期霸占我东北领土，除派军队对抗日武装进行“围剿”外，还建立了一套毒辣的“连坐法”和“保甲制度”，利用地痞流氓、汉奸走狗、警宪密探，无孔不入地残酷镇压一切爱国抗日进步力量。在敌人的血腥统治下，当时中共满洲省委为了加强对上下级党组织的联系，加强对抗日武装队伍和抗日群众团体的组织领导，便建立起党的秘密交通。

党的交通工作称为“内交”。当时，满洲省委设立交通局，各特委设立交通处，各中心县委设立交通部。其任务是传递党的指示文件和情报，并负责护送干部。在东北抗日根据地的通信工作中，涌现出了许多英雄人物，创造了许多可歌可泣的事迹。

（1）就是刀山也要上

李陞同志是满洲省委一个出色的老交通员。他原籍山东德州，在二十几岁的时候，因生活贫苦，只身下了“关东”，曾在天帽山金矿做过苦工。李陞五十多岁时被把头骗去俄国修筑铁路。十月革命时，他曾和苏联红军一起与白匪军作过战，后来因与队伍失散才顺着黑龙江边跑了回来。之后，他在黑河跑了多年邮政车。

“九一八”事变后，有一次他被汉奸于琛澂的军队抓去运军火，由伪军押车，一路上他不堪伪军的凌辱，在车开行到江边时，他打死伪军，把军火推到江里，便赶车跑掉。因此，鬼子和汉奸烧了他的房子，杀死了他的老伴和两个儿子。于是，李陞就毅然投奔到革命队伍中来，参加了中国共产党，当了交通员。

1934 年秋初，中共满洲省委有一份重要文件要送到汤原游击队去。党组织把这个任务交给李陞去完成。当时，汤原出了叛徒，敌人封锁、戒备森严，使我游击队递送文件冒有很大危险。组织上把这一任务交给了李陞，李陞毫无惧色，软钉截铁地说：“就是刀山也要上，有我在就有文件在，即使发生不幸，敌人也甭想得到它！”

李陞在出发前化了装，打扮成一个小地主模样。出发时随身带着两个糖铁桶和两瓶虎骨酒，文件就藏在糖桶里。他好久没去汤原，现在汤原又出了叛徒，从前的熟人又不知现在怎样，所以不能贸然前去。于是，他在哈尔滨码头结交了一个年轻的汤原商人，一路同行。有了这样一个“朋友”，就多了一条路，能在他所在的商号落一下脚，总比住店安全。李陞对这个小商人说，他儿子是佳木斯“聚源东”的二掌柜，他在乡下有地，这次是去看儿子，顺便到汤原办事的。这个小商人一听，信以为真，觉得李陞有钱有势，便对他倍献殷勤，上船之前，为李陞代买船票，在船上对他热情照顾，并邀请李陞下船之后到他所在的柜上歇脚。

船到汤原码头，岸上的特务、警察仔细地搜查下船的人。李陞和小商人也准备下船。忽然，李陞看到一个熟人，这个人穿上了黄色的便衣，一双小眼睛盯着每一个下船的人。李陞从这个熟人的穿着打扮，从他的神态，断定是叛徒出现了。就在这千钧一发的时刻，李陞计上心来，当机立断，立即以忘掉东西为名要回后舱去。小商人也要跟着回去。李陞说：“你先下船，到商号向掌柜交代一声，我随后就到，免得贸然前去，造成不便。”李陞把装有文件的糖铁桶以及虎骨酒交给了小商人，说：“你把这些东西先拿到柜上去，少时我到柜上去取。”

李陞刚一下船，就被叛徒盯上了。叛徒一口咬定他就是李老头，是共产党的交通员。警察一拥而上，把李陞搜查了一番，但是什么也没搜查到。警察把李陞带到码头派出所去。警察官对他进行审讯。李陞一口咬定是叛徒看错了人。他说他是外县的一个地主，儿子是佳木斯一个大商号的二掌柜，他是看儿子去的。他说他与商界很多人都认识，还认识汤原一个商号的小商人。正说着，小商人为找李陞而到派出所来了。小商人证实了李陞的口供。这时，叛徒还咬住李陞不放。警察官对李陞看不出破绽，怕得罪商界朋友，打了叛徒一个耳光，说：“瞎了你的狗眼！”又向李陞笑嘻嘻地说：“先生，对不起，误会了！”李陞向叛徒瞅了一眼，又笑脸对警察官说：“没什么，没什么！”

李陞就这样脱离了险境，保全了文件，胜利完成了党交给的任务。李陞为传送党的文件，完成通信任务，曾几次被捕。他在狱中受过严刑拷打，尽管敌人往他鼻子里灌辣椒水和煤油，拔他苍白的胡须，用烧红的烙铁烙他的皮肉，但他不曾吐露党的半点机密，始终坚定不移，视死如归。他不仅千方百计完成通信任务，而且还用化装为父子、父女或翁媳的方法，护送过李兆麟、杨靖宇、魏拯民、冯仲云、赵一曼等我党的干部。在满洲省委，在东北抗日联军，在东北抗日根据地，大家都亲热地称李陞同志为“李陞老人”“抗联的父亲”，对他十分尊敬和爱戴。

（2）黄色手提箱

张忠伟同志是一个非常出色的党的地下交通员。他是山东牟平县人，早年侨居俄国，十月革命后，曾参加赤色游击队，同苏联人民共同战斗，反对白匪及帝国主义的武装干涉。张忠伟回国后即参加革命工作，加入中国共产党，长期担任满洲省委与中共中央之间的交通联络工作。

张忠伟进行党的地下工作是以经商为掩护的。他在哈尔滨市炮队街（现称通江街）开了一个“同德永”杂货铺，来掩护地下革命活动。为躲避警察、特务的搜捕，在 1931 年至 1936 年间，他曾先后迁居十多次。他以“行商”身份作掩护，进行满洲省委与中共中央的交通联络。一个黄色手提藤箱，就是他往返东北与上海党中央之间携带文件的工具。这只藤箱与普通的箱子不同，在箱子的藤面与里板中间有一夹层，把文件夹在里面，然后再用小钉子钉上。文件是用柔软的薄纸印的，可以装进不少。为瞒过敌人的注意，箱内装着一般日用品。多少年来，张忠伟提着这只藤箱，经过上海、大连、山海关等地层层的检查，都没有被敌人发现任何破绽。

张忠伟同志不仅是我党的一个优秀的地下交通员，而且还是党的一个优秀的宣传员。他的家曾是满洲省委的地下印刷所，由他印刷分发革命传单。传单的底稿有时由省委领导同志带到他家，有时通过“卖烧饼”的内线送来，夜间他就秘密印刷。

1937年东北党组织遭受破坏，张忠伟同志因叛徒告密而被日寇逮捕。被捕后，他坚贞不屈，最后惨遭日寇杀害。张忠伟同志虽然早已离开我们了，但是他那只手提藤箱现仍在东北烈士纪念馆永久陈列着。

（3）钢铁战士

“九一八”事变后，中共满洲省委按照中共中央的指示，通过共产党员的活动，把东北境内零散的、自发的抗日武装，整编为统一的、有党的坚强领导的东北抗日联军。到1937年，东北抗日联军已有数十万人。他们活动地区很广，东起乌苏里江，西到大辽河，南起长白山，北达兴安岭，到处打击敌人，使日寇腹背受敌，坐卧不宁。日寇为消灭其心腹大患，实行“集户并屯”、“保甲连坐”，乃至采取“三光政策”，对东北抗日联军疯狂地进行“围剿”，妄图一举消灭我抗日联军。面对这种形势，抗联采取化整为零、聚零为整的游击战术。为了斗争的需要，东北抗日联军加强了军事交通工作，担负军队之间、军队与党的领导机关及地方组织之间的通信联络。东北抗日联军的军事交通员在完成通信任务中，涌现出许多英雄人物。

1939年10月下旬的一天，抗联第六军十二团接到一封第六军军部转来的中共满洲省委给讷河党组织的指示信，这封信十分重要，必须尽快送到梁家窑交通站。

十二团党委接到这一紧急任务，立即选派机智勇敢的朱连长和冯万海两同志去传送。朱连长和冯万海这两个共产党员，对党交给的任务总是竭尽全力去完成。他们把信件用桦树皮包好，天未明就从通北东山出发。

公路上敌人封锁很严，他们只好穿过渺无人烟的大森林，绕道前往。10月的北大荒已是寒风飒飒，透骨刺人，又赶上雨雪交加，他们的衣服都湿透了，越发感到寒冷。出发后第二天早晨，到达讷莫尔河上游的河边，水深流急，过不去，他们便借助一根木头划水过河，上岸后，衣服直往下淌水，冻得他们浑身打哆嗦；但是，他们不顾寒冷和疲劳，仍然穿着湿透了的衣服继续前进。

当他们越过北黑铁路，到达朝阳山，离梁家窑还有一百多里的时候，风雪更大了，天也渐渐的黑了下来。这时他们的衣服已冻了一层薄冰，走路时刷刷作响。他们的两脚已感到肿胀，两腿疲劳麻木，行走起来非常困难。但是，他们仍然顽强坚持，继续前进，争分夺秒地去完成党交给的通信任务。

他俩行走了将近一夜，实在太疲劳了，便在一个多年不用的炭窑边坐下来休息一下，他们拣了些炭生火取暖。他们坐在炭火边上，由于过分疲劳，不知不觉都睡着了。炭火熄了，凉风阵阵吹来，朱连长逐渐苏醒过来，只觉得头昏脑涨，心跳胃堵，里外翻腾，支持不住。朱连长心里明白，这是中了炭烟毒了。他不顾自己的安危，急忙去照看冯万海同志。一看，冯万海的身体已被烧焦，只剩靠墙的头部没有烧着。在他想去拖冯万海的时候，觉得自己下半身钻心似地疼痛，这时他才发现自己的双脚也被严重烧伤。他拼命挣扎立起，强忍着满腔的悲痛，用灰土掩埋好冯万海同志的遗体。他擦干了眼泪，摸了摸揣在怀里的信件，背上冯万海同志留下的枪，又继续前进。但这时他的脚已经不能行动，他就匍匐爬行，曾几次痛昏过去。每当醒过来时，他就自言自语："我是共产党员，只要还有一口气，就一定要完成任务！"他使尽全身的力气一步一挪地慢慢向前爬着，实在爬不动的时候，就用身子往前滚。他的手掌和膝盖都蹭破了，血肉和衣服都已粘在一起。

朱连长已爬行了两天两夜，清晨，他在树林里忽然听到砍树的声音。他透过林间隙缝看去，发现原来是交通站的老梁正在那里砍树，他脸上顿时露出欣慰的笑容。他的身体已经难以支持了。他拼命地喊老梁的名字。老梁闻声跑了过来。这时朱连长已激动得热泪盈眶。老梁看到朱连长全身血肉模糊的情景，也伤心得流下了眼泪。朱连长用颤抖的手把信件从怀里掏出来，交给了老梁，用微弱的声音对老梁说："快！交给讷河党组织去！"说完，他渐渐地闭上了眼睛，与老梁永别了。老梁悲痛地抚摸烈士的遗体，喃喃自语地说："朱连长啊，冯万海！你们俩真不愧是人民的钢铁战士。"

（4）宁死不屈

孟昭林同志是抗联设在地方上的交通员。他用赶牛车作掩护，传送情报，作通信联络，并给抗联部队运送粮食、油盐、被服等物品。他常常是在夜间赶着牛车，绕过渺无人烟的荒野，把东西送到抗联密营中去。

有一次在执行任务时，孟昭林同志不幸被敌人逮捕了。在多次审讯中，日本鬼子对他灌辣椒水，钉指甲，上大挂等等，用尽了酷刑，折磨得他死去活来，但是他半点机密也不泄露。日本鬼子从监狱中把他提出来，作最后的审讯。鬼子狞笑着说："现在就要杀你，你怕不怕？再等五分钟，你若不说，让你死了死了的有！"孟昭林同志一声冷笑，挺身走到鬼子的汽车旁，对鬼子怒目而视，鬼子们一见很害怕，急忙把他拉到汽车上。汽车开进密林中。孟昭林同志宁死不屈，慷慨就义。

从1931年9月18日到1945年8月15日，日本宣布无条件投降止，在东北这块土地上的抗日武装斗争历时14年之久，极大地牵制了日本关东军出关作战，有力地配合了关内的抗战全局，也为保证苏联的远东地区安全与其避免东、西两线作战的不利局面作出了不可磨灭的历史贡献。这是中国抗日战争史上浓墨重彩的篇章，也是第二次世界大战远东战争史上的重要篇章。习近平总书记强调，“要把抗联的历史发掘好、研究好、宣传好”，“东北抗联精神、北大荒精神、大庆精神、铁人精神激励了几代人。今天，我们仍然要用这些精神来教育广大党员、干部，引导他们发扬优良传统，在全社会带头弘扬新风正气”。从1933年党领导的东北抗日游击队陆续改编为东北人民革命军开始，到1945年中国人民抗日战争胜利，东北抗联共牺牲师级以上指挥员100余人，其中军级干部30余人。东北抗联将士在战场上英勇杀敌，在监狱中坚贞不屈，在刑场上大义凛然，面对敌人的酷刑杀戮，他们毫不动摇，以大无畏精神创造了千古流芳的英雄壮举。

“一百年来，中国共产党团结带领中国人民，以‘为有牺牲多壮志，敢教日月换新天’的大无畏气概，书写了中华民族几千年历史上最恢宏的史诗。”

回望中国共产党波澜壮阔的百年征程，中国共产党团结带领中国人民，浴血奋战、百折不挠，一路披荆斩棘，付出巨大牺牲，跨过一道又一道沟坎，取得一个又一个辉煌胜利，依靠的正是“革命理想高于天”和“为有牺牲多壮志”的大无畏精神。敢于牺牲是中国共产党人的政治本色。中国共产党百年来走过的路，就是一条艰苦奋斗的路，一条布满荆棘的路，一条无数先烈用生命和鲜血染红的路。一百年来，共产主义远大理想激励了一代又一代共产党人英勇奋斗，成千上万的烈士为了这个理想献出了宝贵生命。他们中的许多人家道殷实，正值青春年华，却义无反顾地为了远大理想慷慨捐躯、舍生取义。他们深知自己追求的理想并不一定会在自己手中实现，但他们坚信，只要一代又一代人为之持续努力，一代又一代人为此作出牺牲，崇高的理想就一定能实现。面对家庭误解，面对利益诱惑，面对白色恐怖，在亲情、友情、爱情与国家民族大义之间，他们做出了毅然决然的人生选择。“敌人只能砍下我们的头颅，决不能动摇我们的信仰”，这视死如归、大义凛然的誓言生动表达了共产党人对远大理想的坚贞。

——选自邮电部邮电史编辑部：《难忘得战斗岁月 革命战争时期邮电回忆录》，人民邮电出版社，1982年，第91—101页。

四 延伸阅读

中国特色社会主义进入新时代，人民群众的日子越过越红火、生活越来越滋润，旧中国那些民不聊生、饥寒交迫的日子早已经成为历史，但同时也在慢慢地淡出人们的记忆。对于年轻人来说，身处蓬勃发展、日益强盛的中国，对“抛头颅洒热血”、“爬雪山过草地”缺少情感共鸣，很难真切理解自己的国家遭受外强欺辱是怎样的滋味，也很难想象看到新中国成立时国家满目疮痍、百废待兴又是怎样的心情。祖国强盛、人民富足，享受岁月静好当然可以，然而我们决不能忘记今天的强盛与富足是多么来之不易，决不能忘记那些曾经以及正在为今天的美好生活负重前行的英雄！

我们党的百年历史，是由一个又一个“红色地标”串联起来的。每一片红色土地，都见证了革命先辈艰难曲折、不屈不挠的求索历程，记录下中国共产党人为中国人民谋幸福、为中华民族谋复兴而舍生忘死、赴汤蹈火的伟大牺牲、伟大贡献。党的十八大以来，习近平总书记多次到访革命纪念地，瞻仰革命历史纪念场所，反复强调要铭记光辉历史，发扬红色传统，赓续红色血脉，确保红色江山永不变色。

习近平总书记指出：“新中国是无数革命先烈用鲜血和生命铸就的。要深刻认识红色政权来之不易，新中国来之不易，中国特色社会主义来之不易。”“一切伟大的事业都需要在承前启后、继往开来中推进。我们要发扬光荣传统、传承红色基因，不忘初心、继续前进，努力在坚持和发展中国特色社会主义伟大进程中创造无愧于时代、无愧于人民、无愧于先辈的业绩。”“回想过去的烽火岁月，金寨人民以大无畏的牺牲精神，为中国革命事业建立了彪炳史册的功勋，我们要沿着革命前辈的足迹继续前行，把红色江山世世代代传下去。”“过去一百年，中国共产党向人民、向历史交出了一份优异的答卷。现在，中国共产党团结带领中国人民又踏上了实现第二个百年奋斗目标新的赶考之路……实现伟大梦想就要顽强拼搏、不懈奋斗。今天，我们比历史上任何时期都更接近、更有信心和能力实现中华民族伟大复兴的目标，同时必须准备付出更为艰巨、更为艰苦的努力……新时代的中国青年要以实现中华民族伟大复兴为己任，增强做中国人的志气、骨气、底气，不负时代，不负韶华，不负党和人民的殷切期望！”

新老成昆铁路上的传承

新时代，有这样一群中国青年得到了习近平总书记的赞许。

2018 年 2 月 12 日，习近平总书记在打好精准脱贫攻坚战座谈会上讲道：“前不久，中铁隧道局集团参加成昆铁路扩能改造工程建设的 20 名青年党员给我来信。信中说，50 多年前，他们很多人的父亲或爷爷参加了成昆铁路难度最大的沙木拉打隧道建设，那一辈铁路建设者不畏艰险、不怕牺牲，以敢叫高山低头、河水让路的豪迈气概，把天堑变成了通途，创造了世界铁路建设史上的奇迹。今天，他们接过先辈的旗帜，承担了新成昆铁路全线最长、难度最高的小相岭隧道建设重任，决心传承好老成昆精神，不忘初心、砥砺前行，使铁路早日成为沿线人民脱贫致富的‘加速器’。他们的来信，让我感受到了青年一代对祖国和人民的担当和忠诚，读了很是欣慰。”

1. 人类三大奇迹之一

成昆铁路铸就了中国乃至世界铁路建设史上的一个神话。这是因为，成昆铁路沿线山势陡峭，深涧密布，沟壑纵横，地形和地质条件极为复杂，曾被多国专家断言为“修路禁区”。其设计难度之大、工程之艰巨、施工之复杂，均属前所未有。这段铁路的建造难度是当时普通铁路的4倍以上，开创了18项中国铁路之最、13项世界铁路之最。成昆铁路的成功修筑，不仅打破了国外专家的断言，而且为人类在险峻复杂的地理环境中建设高标准的铁路创造了典范。成昆铁路建成通车与美国阿波罗 11 号带回月球岩石、苏联第一颗人造地球卫星上天，被联合国并称为“二十世纪人类征服自然的三大奇迹”。

成昆铁路是国家和四川省三线建设的重点工程之一。该铁路北起四川成都，南达云南昆明，线路全长 1085.8 公里，总投资 33 亿元。早在 1952 年，国家就开始对成昆铁路进行线路勘测，提出了东、中、西 3 条线路的筑路方案，最后确定采用西线即今天成昆铁路的线路方案。1958 年 7 月，成昆铁路开始局部施工，主要是进行成都至峨眉段的施工和峨眉以南线路的布勘定测。随后因国民经济调整，成昆铁路处于时断时续的修筑状态。三线建设开始后，1964 年 8 月，中共中央、国务院决定成昆铁路要快修，川黔铁路、贵昆（黔滇）铁路要快上，并且把成昆、川黔、贵昆、襄渝等铁路干线的修筑，列为三线建设的重要项目。成昆铁路的修筑，随即以南北对进的形式，进入大规模的全面施工的阶段。

成昆铁路纵贯四川、云南两省，铁路出川西平原后，逆大渡河、牛日河而上，经过当年红军长征走过的地区，穿小相岭，经大凉山，沿安宁河，跨金沙江，溯龙川江登上滇中高原，终于滇池湖滨。铁路通过地区的地质构造极为复杂，所经山区河谷，如牛日河、安宁河、金沙江等的大部分河段，都是大断裂形成的断层谷，新构造运动活跃而强烈，有约 200 公里的地段位于 8、9 度地震区，加以沿线气候多变，雨量充沛，致使岩层破碎、山体不稳，各种不良地质现象广泛发育。有分布较广的软弱地层，如成都黏土、昔格达组、龙街层等；大的崩坍、滑坡、泥石流等曾使金沙江、龙川江堵河断流。在勘测设计阶段虽已避开了许多不良地质地段，但采用线仍有滑坡、泥石流、崩坍落石、岩堆等达千余处。此外，尚有岩溶、流砂、岩爆、有害气体等。水文地质条件也很复杂，尤其在含盐、芒硝、石膏地层中的地下水，有强烈的硫酸盐性侵蚀。因而有“地质博物馆”之称。

成昆铁路的线路走向比选，是从线路意义上考虑，不因艰险地形和复杂地质条件而舍弃合理的方案，在具体问题上则慎重对待，周密调查，力求符合自然条件。其中，越岭方案是山区铁路选线的重要组成部分，而越岭垭口位置、隧道长度和标高的选定，又是越岭方案中的重点。成昆铁路共有 4 处越岭：北段翻越峨眉山余脉的百家岭和小相岭余脉的沙木拉达；南段翻越滇中高原地区的大雀堡、小鸡街。这 4 处分水岭，以沙木拉达海拔最高，越岭隧道最长。

2. 老成昆铁路建成

1964 年 9 月，铁道兵第八师第二十二团（当年打隧道最强的队伍），从华北到西南，投入三线建设，编为中铁二局第五工程处，承担起了 6379 米的沙木拉打隧道建设任务。沙木拉打隧道，也叫沙马拉达隧道，位于中国四川省喜德县境内，在成昆铁路的红峰车站和沙马拉达车站之间，是穿越大凉山西部支脉小相岭的单线铁路隧道，是成昆铁路全线最长的隧道，也是当时全国最长的隧道，还是老成昆铁路的最高点。由于这座隧道穿过向斜构造，地层为白垩系紫红色砂质泥岩、粉砂岩和砂页岩，并有石膏脉填充。而且存在地表沟谷密布，地下水蕴藏量大，石质较软、易风化，断层构造裂隙发育等问题。当时，中国工业技术落后，现代化的机械设备极度缺乏，很多都是靠人挑肩扛，施工难度非常大，修建隧道可谓一项不可能完成的任务。

那时几乎没有什么机械化设备，隧道施工全靠建设者们用大锤、钢钎一点点凿孔爆破。每天 24 小时施工，一天下来也只能掘进不到一米。除了条件艰苦，当年的建设者们还要随时面对极大的危险。沙木拉打隧道所在的山谷，被外国地质学家称为“死亡禁区”，在这里暗河、断层、泥石流随处可见，塌方更是时常发生。老成昆铁路建设者张宝图说：“沙马拉达隧道当年发生最大的一次事故塌方，我也埋在下面了，脸上缝了几针，腿上缝了十几针，牺牲了 6 个同志。”“千山万水任调遣，英雄面前无难关。一不怕苦、二不怕死，没有吃苦奉献的精神，没有开拓进取的精神，不可能完成。”

1968 年 8 月，沙木拉打隧道修建工地发生特大泥石流，87 名职工壮烈牺牲，中共中央、国务院、中央军委发去慰问电表示慰问悼念。隧道从 1959 年开始动工，经过“三上三下”的反复，到 1966 年才勉强完工，历时 7 年。为了凿穿这座大山，从山的肚子里抠出一条铁路来，有 136 名筑路者献出了年轻的宝贵生命。隧道每掘进 500 米，就要倒下一名生龙活虎的年轻人；平均每年有 20 条生命，被掩埋在这座隧道里。

在外国专家一片质疑声中，沙木拉打隧道主体工程仅花了两年时间就修建完工。1970

年7月1日，成昆铁路竣工通车，曾经的“修路禁区”被打破。凉山人民欢欣鼓舞，“通车那一天先听到的是火车的汽笛声，远远地响过来，以我小孩子的高度也能望见傍着红土山的切面移动的火车，接着它消失了片刻，因为有一个小弯要拐，再出现时它过桥，一座凌空而起的桥，有十几根水泥柱，很长。那桥到我高中毕业时一直有一个班的军人守卫着它，通称守桥部队，夜里经过那附近，时不时会被探照灯雪亮地扫上一下两下。过完桥，火车差不多就到我们跟前了。它的迫近感至今犹在，好像我仍在面对它高大发黑的厢体后仰再后仰……这是从北，由成都而来；自南，由昆明而来，一样在云贵高原穿梭盘绕，也一样要穿过很多的洞子，我坐过一回那边来的火车，知道。无论从南还是向北，还有大小铁路桥需要通过，我们凉山人因此至今时不时地还在感叹：工人老大哥真硬气！逢山打洞遇水架桥”。

在成昆铁路的建设工地，汇集了数万铁道兵指战员，第二铁路工程局的工程技术人员和铁路工人，成千上万的民工。他们长年累月奋战，同各种困难抗争、搏斗，在铁路沿线洒下了珍贵的血和汗，留下了许多可歌可泣的感人事迹。正是他们的无私奉献，才保证了铁路工程建设在如此困难的条件和恶劣的自然环境下，没有受到太多的阻碍，而最终得以顺利畅通。“我们战士们表现出来的，应该是中华民族精神的一个传承。因为成昆铁路原本设计并不是走这个线路的，现在不是有贵昆铁路。最早是从那里走的，从内江往金沙江那边走，好修。但是因为这边有个攀枝花，有个攀枝花钢铁基地。当时为了这个大三线建设，对付美帝、苏修嘛，他们决定在那里搞个建设。在这么困难的条件，下面修的时候靠谁修啊？靠工人阶级，靠解放军！没有解放军和工人阶级那样的顽强拼搏，那样的斗志，是很难完成的。所以当时的口号就是，‘风枪一杆，天下何处是难关’嘛，就是靠这个无坚不摧的。”

据原铁道兵报社副社长陈远谋回忆：1965年3月20日，彭德怀要到铁道兵部队看工地，当时施工的部队是铁道兵第14师48团，团长叫姜培敏，后来是铁道兵指挥部的副指挥。部队在峨眉到金口河这段施工。23日，彭德怀一行上午到了团部，团长政委向他汇报情况，他听了以后，表扬铁道兵这支好部队，承担工程进度快，质量很好，战士们很辛苦，铁道兵特别能干。简单午饭吃过以后，本来应该休息一下。团长说：“彭老总，您是不是休息休息？”“不休息了，咱们上工地去看看。”就上了一个叫海满隧道的工地，当时这个隧道石质不好，经常会塌方。但他带个藤帽穿上水鞋，踩着泥水进隧道去仔细地看。他讲这个隧道石质不好，你们要特别爱护战士，一定要把这个支撑搞好，不要让石头掉下来把战士砸伤，一定要做到安全施工，圆满完成任务。从隧道出来以后，看到旁边山上有个坟墓，他就问这个墓是谁的墓。当时负责陪同他的段副师长说这是我们一个牺牲战士的墓。彭德怀自己爬上了山，看了这个墓。那个墓当时只立了个木牌子，光写了名字和部队。他告诉副师长这不行，他们是为了成昆铁路牺牲的，你们这样做是对不起这些为成昆铁路建设光荣牺牲的战士们的，你们要让人民永远记住他们，要让人们知道他们是为祖国的富强和人民的幸福而英勇献身的。你们对这个烈士要立个碑，要刻石碑，要把他的籍贯、他的出生年月，另外他所在的部队、什么时候牺牲的都写得清清楚楚，就要来纪念他。要让人民能看到这碑来常常悼念他，然后让他的亲人或者他的战友来找到他。彭德怀讲了这番话，后来每个工地都有陵园，每个牺牲的烈士都刻碑。

在建设成昆铁路的过程中，几十万筑路大军勇于奉献，不畏艰险，敢打敢拼，不怕牺牲，克服气候恶劣多变、环境异常艰苦、物资供应极度乏等诸多困难，以无比高昂的士气投身到铁路建设中，留下了许多可歌可泣的英雄故事。为他们著书立碑，既是为了纪念，也是为了传承。

在成昆铁路施工过程中，艰巨的任务是在地质复杂的崇山峻岭中开凿隧道，架设桥梁。尤其是在大凉山上，铁路在山腹里时东时西，纵横交错。所经路段岩层变化很大，有硬如钢铁的铁坚石，有一炸即塌的“烂洞子”，有温度高达摄氏40度的“火焰山”，还有山泉暴涌的“水帘洞”。广大施工人员冒着高温掘进，克服连续塌方涌水和设备简陋等诸多困难，不断刷新掘进纪录。不少人光荣负伤，甚至献出了宝贵的生命。如1965年9月3日夜，大桥湾隧道中部发生了大塌方，正在施工的铁道兵十师四十七团二十二连战士徐文科，被落的巨石压住了下半身，伤势十分严重。当战友们跑去营救他时，洞顶又发出巨响，更大的落石即将来临，徐文科却用镇定自如的声音对赶来营救的战友们说：“这里太危险，你们赶快离开……我为修成昆铁路而死，死得光荣。”像徐文科这样临死不惧、光荣牺牲的人各个施工单位都有不少。

原民兵营营长孙承鸿这样回忆：1970年9月26日，由大湾子站至新江站施工中，午后我参加抬运电杆上山，由于坡度大，地势相当复杂，捆电杆的铁链被撞坏，电杆脱链向下滑滚，眼看电杆再下滚中磕碰就要受损失。这危急时刻，我不顾安危扑向滑滚的电杆，双手顶着杆子，抬杆的民兵见势不好纷纷跑离险境，此时电杆已滚压在我双脚上，我扑在电杆上挣扎着想脱离危险，不幸双脚被电杆压往，未能脱险，我被电杆推动向后倒翻180度，杆子滚到了肚子上推动身子向下滑，我鼓着气，杆子已滚到胸部，得！得！得作响，我的胸骨坏了。听到医生任忠大喊：“快救孙营长！快救孙营长！”此时我想到保护头部最要紧，立即头脸向右侧偏，杆子全从身上滚滑下山了。在杆子的推滚下，身子又倒翻了180度。鼓着的气也被杆子全压跑了，用尽很大劲才吸回气，此时，我已昏倒在地上。医生任忠及几个民兵跑来打开我衣扣检查，见到左胸部肌肉凸起一片。几分钟后在任忠的叫喊下才苏醒过来，他告诉我：“胸部受伤了，幸好头部及手脚完好。”当即给我打了急救针，紧急送入元谋县医院。因工作路线长，干部缺少、照顾不周，所以在大湾子隧道发生运电杆的轨道车被撞，宜就民兵连张平被撞死。电总二队领导要我参与做善后工作，我挣扎着回电总二队，然后赶往大湾子，做宜就民兵连的思想工作。我们把张平尸体运回宜就，向其母亲和家人做思想安慰工作，进行抚恤。安埋好战友后，我又立即赶回民兵营，对各连民兵作了安全教育和严格要求："工作要积极认真负责，不准出现任何大小事故，一定保证完成任务后安全回到家里。"电总二队的一位工人在平地向下送电杆时，不幸有只脚从小脚踝上部折断脱离身体。我在元谋站得知后怕民兵营出问题，带着病体赶到平地，又到拉乍、逾资、金江站检查工作。在支援成昆铁路电气化建设中，民兵们吃大苦、耐大劳，出色地完成了任务。在离开工地回县城时，受到中央电总二队领导的赞扬。

因修建成昆铁路需要解决的科学难题实在太多，华罗庚等一批科学家亲临成昆铁路考察和指导。一天，华罗庚来到隧道施工掌子面上，看见战士们头上戴着安全帽，下面却是赤身裸体在打着风镐，腰间还缠着一根水管，任水流顺着后腰冲刷自己的臀部。数学家好奇地询问，战士们怎么会有这样的装束？年轻的战士们羞红了脸却没好意思回答，一旁的值班员只得向华罗庚如实汇报。由于一直饮用山沟里的脏水，战士们长期腹泻不止，可为了落实毛主席"成昆铁路要快修"的指示，抢会战进度，保证按时凿通隧道，他们拖着虚弱的身体带病上岗。为了不因拉肚子蹲厕所离岗耽误作业，他们就想出了这个土办法。他们一边拉着肚子，一边打着风镐。华罗庚听着听着就滴下了热泪。伟大的科学家颤抖着声音说："我这个数学家可以算出世界上最难的数学题，可我永远也算不出成昆铁路建设者对党、对祖国、对人民的无限忠诚！"

"千山万水转战急，工地建在云里边。大渡河水浪里行，悬崖绝壁等闲看。穿云破雾身矫健，险峰之间荡秋千。"这首反映老一辈建设者参加成昆线建设的赞歌传唱至今，反映了当时修建成昆线所面临的前所未有的艰险，歌颂了前辈们不怕流血、乐观向上的英勇气概。

在工程的建设过程中，广大工程技术人员依据所掌握的科学知识，充分发挥自己的聪明才智，创造和推广了 50 多项新技术，创造和革新重大设备 760 多件。广大筑路员工在解决各种困难的时候，也并不是一味苦干、蛮干，而是尽可能地利用新科学技术，使人力、物力得到了合理的运用。整条线路在牵引动力、通信信号、行车调动指挥、桥隧土石方各项工程等方面都广泛采用了各种新技术、新设备、新材料、新结构、新工艺和新的施工方法。其中，包括建成 6 座具有先进水平的栓焊梁大桥，这种用高强度螺栓焊接的钢桥比通常用铆钉焊接的钢桥节省钢材 15%，还大大改善了工人的劳动条件。此外，还首次使用了中国自行设计制造的高效率新型架桥机和能铺设 25 米长钢轨的新型铺轨机。在隧道建设中，设计建成整体道床隧道 30 座，采用轨枕板隧道 7 座，并首次成功地利用喷支护作为永久支护。成昆铁路的建设，代表了中国当时在铁路桥梁建设及隧道建设所达到的先进水平，为以后的铁路建设积累了经验，推动了中国铁路和桥梁科学技术的发展。

3. 新成昆铁路动工

老成昆铁路全长1085.8公里，总耗资约36亿元，是全国第一条全线使用内燃机车牵引的一级干线。老成昆铁路的建成不仅解决了渡口地区（现攀枝花市）资源开发的运输问题，同时连接成都、昆明两大城市，使成都增加了一条对省外的重要通道，促进了成都经济的发展，同时也成为连接川、滇两省与西北、华北地区人员物资交流的重要纽带。

老一辈建设者不畏艰险、不怕牺牲，以敢叫高山低头、河水让路的豪迈气概，向世界宣告中国又完成了一项人间奇迹。如今，一群平均年龄30岁左右的青年，修建新成昆线，肩负强国使命，打响脱贫攻坚战。在这个每年有4个多月冰雪天气、150天以上狂风怒吼的地方，他们把青春奉献给了巍巍大凉山，展现出“英雄面前无难关”的担当。这些年轻的建设者，本可以选择城市，选择安逸舒适的生活，选择“小确幸”，可“如果大家都不逆行，这个国家会好吗？”他们向自己的内心发问。责任和使命让他们告别大城市，告别安逸，选择艰辛付出，选择奉献担当。从他们身上，我们看到强国时代青春的激情和力量。强国时代的青年，踩在了新时代的鼓点上。对祖国和人民的担当和忠诚，是新时代青年的选择，也是五千年来生生不息的中国精神的接续和传承。

东经102° 39′、北纬28° 48′，是小相岭隧道的地理坐标。这条横亘在成都平原和大凉山之间的隧道，为新成昆铁路的全线开通奠定了重要基础。隧道从山腹中穿过，全长近21.775公里，穿越10条断层和2条褶曲，为Ⅰ级高风险隧道，是新成昆铁路上最长、地质结构最复杂、施工难度最高的控制性工程，也是我国目前已修建贯通的第一长单洞双线山岭铁路隧道。实际上，50多年前，老成昆铁路设计者就提出过小相岭的越岭方案，碍于当时施工水平及设备配置等原因，设计停留在了纸上。50多年过去，纸上的设计成为现实，隧道越岭通过方案较原线路长度短了70多千米。隧道变长，里程变短，但随着岁月延续的，是建设者们接续奋斗、往西南交通空白处挺进的决心。

成都至西昌间线路有两处越岭。在初期选择线路走向时，首先对高程最大的大相岭和小相岭寻找线路穿越的合理垭口位置，作为控制线路方案的重点。结合政治经济据点、工业基地和地形、地质条件，通过技术经济全面比选，以沙木拉打越岭方案线路短、拔高小、两侧引线条件好等优点而被采用。该方案溯大渡河支流牛日河穿越沙木拉打垭口，沿孙水河、安宁河至西昌。沙木拉打分水岭是在深入调查、重点勘测的基础上，经大面积航测，证明是这一带的低薄垭口，垭口两侧有较长的顺向河谷利于引线，而且上游河床纵坡陡，选择越岭隧道长度的余地大，对线路拔高、长度和工程大小等可以充分比选。利用牛日河、孙水河两条顺向河谷引线，对北下乌斯河、南下泸沽分别克服1606米与627米的巨大高差较易解决，故该垭口是符合当时条件的较好越岭位置。1960年初成昆线改按复线设计，因普雄至联合乡间复线工程艰巨，考虑远期的分修线，在纵横各数十公里的地区内，研究过瓦吉木、小相岭和阳糯雪山等越岭隧道更长的方案。远期分修线以越岭隧道长19.5公里的小相岭方案在技术经济上的优越性较大，不仅可缩短线路68公里，而且拔起高度减少416米，线路坡度也减缓，因此乃托车站预留了远期接线的条件。

越岭方案确定之后，重点是选定合理的越岭隧道位置和长度，必须结合工期，统筹考虑。早在1952年草测时，线路设计用20‰双机坡度，选了小相岭越岭隧道长11公里与沙木拉打越岭隧道长880米作比较，从工期上考虑，采用了后者。若将后者两端洞口标高各提高约100米，隧道可缩短为5500米，但线路增长13.6公里，桥隧增多4.6公里。在工期许可下，增长隧道，压低标高显然有利。1958年初步设计时，坡度改用19‰，在原采用的隧道方案上又研究了标高不同的越岭隧道长为4800米、6235米，8300米三个方案。短隧道方案位置最高，展线长，工程大；长隧道方案昆明端洞口标高最低，引线短、工程小，但工期长。根据工期要求和当时施工水平，决定采用隧道长为6235米的方案（是当时全国最长的隧道）。初步设计鉴定时改为双机坡度13‰，为减缓洞内坡度，又降低了成都端洞口标高，隧道长度最后增至6379米。现在看来，越岭隧道两端展线过多，为改善线路和运营条件，宜增长越岭隧道。“我们修建的老成昆铁路，由于当时的生产条件有限，线路只能依山傍水，弯弯曲曲，速度和运力一直起不来。同时，这段线路又处于大小凉山地区，地质非常复杂，自然灾害频发，经常发生泥石流等自然灾害。一旦发生灾害，就造成行车中断。”

随着社会需求逐渐增长，新成昆铁路2007年正式开工。刘志刚是中铁二院成昆线隧道专业设计负责人，从2012年参与到新成昆铁路扩能改造项目上，已有10年光景。他初到小相岭时，这里还呈现出一片原始地貌，山高谷深，地势险峻。这条全长21.775公里的小相岭隧道位于凉山州越西县和喜德县境内，是新成昆铁路全线最长的隧道；而在其东南侧约25公里处有老成昆铁路第一长隧——沙木拉达隧道与其遥相呼应。半个世纪过去，2016年，又一批建设者重返大凉山，修建难度相当的小相岭隧道。它是打通新成昆铁路的“咽喉”，也是最难啃的骨头，被誉为“新时代的沙木拉打”。在中铁隧道局一线施工人员中，有20多人是当年沙木拉打隧道建设者的后代。这一代新人正延续着老一辈成昆铁路建设者的“老成昆”精神，顽强拼搏、奋力掘进，书写属于自己的时代新篇。

4.“小相岭”贯通：两代人的传承

为了提高铁路质量，让隧道尽可能里程长、比例高，增建的成昆铁路复线线路方向与老成昆线基本一致，优化了部分路段，截弯取直，采用大半径曲线、长隧、高桥等设计方案，线路避开了许多不良地质路段，更加安全的同时，总里程缩短了 236 公里。其中，光是小相岭隧道就让里程缩短了 70 余公里，这对技术施工提出了更高的要求。由于线路途经的川西高原多为高山峡谷，平均海拔超过 2000 米，最高甚至达到 4000 米，因此只能通过长大隧道“截弯取直”。属于一级高风险隧道的小相岭隧道位于施工作业最难的路段——峨眉到冕宁的峨冕段，这条线路上超过 70% 都是高危险隧道。

小相岭隧道位于四川凉山州喜德县，全长 21.775 公里，是新成昆铁路全线最长的隧道。小相岭隧道所处的地方是横断山的高山区域被称为“地质博物馆”，地质条件复杂，施工环境恶劣，是成昆铁路全线最难啃的硬骨头之一。从勘探、设计到挖掘，整个隧道施工用了 6 年多时间。为更好助力小相岭隧道建设，在选线方案上，中铁二院在小相岭隧道越岭方案中进行了大量的技术、经济比选，并结合区域内环境敏感点、经济据点的分布情况和区域地质条件，研究了多种越岭方案，最终综合多种因素确定采用目前的小相岭隧道方案。

新一代建设者继续发扬老一辈不怕困难的精神，依托当今中国先进的基建技术和设备，针对每个难题，科学制定精准方案，逐一攻克了隧道建设中的各种困难和挑战。2016 年，一群中铁青年扎根此处，接过“老成昆铁路”前辈们的旗帜，计划用 6 年打通这条隧道，为当地百姓修好“致富路”。“遇到困难，我们的党员先锋队冲在最前面！”小相岭隧道项目部党支部书记刘乾说，党员先锋队由项目部的 15 名党员组成，专门攻坚克难。前几天喜德县冕山镇下暴雨，项目部的水池被冲毁，吃水得从几公里外的镇上拉来。刘乾带领一支党员小分队，到处寻找水源，终于在今天下午打好一口水井，大家晚饭时吃上了井里的干净水。隧道前年建设遇到突涌水，最大涌水量 49 万方 / 天，党员先锋队率先上，进洞抢运设备；这段时间隧道掘进遇到大变形，支护的钢架被压弯变形，扭曲得像麻花，也是党员先锋队想办法，拿出解决方案……”工程部技术负责人庞庆龙说，虽然建设很难，但能建设这样的世纪工程，又深感自豪，再难也要想办法克服。“我爸修老成昆，我修新成昆，这也是一种传承。”50 多岁的老党员林伟是一名“成昆二代”，他动情地说，50 多年前，自己的父辈建设老成昆线，面临的困难更多、条件更艰苦，继承前辈的精神，自己一定要打通新成昆“咽喉”。

据刘乾介绍，自 2016 年 6 月开工以来，隧道施工遭遇各类不同规模的岩爆、溜坍、突泥、涌水、初期支护变形等 90 余次，采取打设应力释放孔、帷幕注浆、超前大管棚、双层初期支护等特殊措施处理这些难题就耗时500多天。更为严峻的是，2018年10月隧道揭示喜德暗河系统，最大涌水量达52万方/天，累计涌水量已达2亿余万方，当量约15个西湖，在全国隧道施工中实属罕见。为此，成昆铁路公司成立“成贵公司铁路隧道建造技术创新工作室”，并与中铁二院、中铁隧道局、大西南监理公司共同组建“小相岭隧道联合党支部”，将党旗帜飘扬在工程一线，全力开展隧道技术攻关，全面推动隧道剩余工程施工。成昆铁路公司组织各参建单位，超强探测隧道前方状况，想法解决洞内涌水问题，加强隧道通风，并引进国内最先进的“全电脑三臂凿岩台车”和“湿喷机械手”等大型工装设备，极大地提升了施工工效，取得了小相岭隧道出口平导月进度达270米、正洞单工作面月进度达125米的可喜进度，为确保正洞工期节点目标的实现奠定了坚实的基础。

水害，是小相岭隧道建设最大的“拦路虎”。在小相岭隧道施工过程中，每逢涌水，勘察设计人员都要及时“出现场”把脉问诊，拿出治水之策。2020年10月31日，36号横通道出水，坑底面被水淹没约半米，汽车无法通行，刘志威坐在装载机的铲斗里行进了约6公里才到达出水点，进行现场水文地质踏勘，由于平导内坑底凹凸不平，行进期间还差点掉进水里。中铁隧道局九标项目部工程部长何亚涛说，施工期间遇到的大大小小岩溶管道共几十处，现场作业人员穿着雨衣和连体裤在瀑布下开挖作业，青年技术人员则在瀑布下进行严格的质量验收和现场技术指导。

建设中，不畏艰难、奋斗接力的成昆精神，熠熠闪光。昔日，成昆铁路建设者以“为有牺牲多壮志，敢教日月换新天”的气魄，完成了国外专家认为“不可能完成的任务”；成昆铁路复线建设者秉承“战山斗水、坚守奉献、创新争先”的精神，奋战一线，攻克难关。施工小相岭隧道的中铁隧道局数千名建设者当中，很多人的父辈、祖辈也曾奋战沙木拉达隧道——老成昆铁路第一长隧。

冬日的川西南，气候变化无常。王道勇和同事们正在台架上紧张地施工。工作地点正是位于凉山彝族自治州喜德县的小相岭隧道。王道勇说，身份同样是隧道建设者的父亲王建成曾经也工作在附近。距离小相岭隧道约30公里外，是成昆铁路沙木拉打隧道的位置。50年前，承担沙木拉打隧道施工任务的是父亲王建成所在的中铁二局第五工程处。而中铁二局第五工程处，就是王道勇所在的中铁隧道集团一处有限公司的前身。50年，两代人在同一条铁路线上书写着“隧道传奇”。

“现在技术创新了，机械化程度也高了，省时省力。”同是“铁二代”的曾广文曾听父亲多次说起当年修建成昆铁路的艰辛。以前，隧道周边轮廓和炮孔位置不仅需要人工测量深度和角度，还需人工开凿。现在，全电脑三臂凿岩台车，一键启动，自动找点，高精度自动钻孔，开挖速度快。“以在隧道中打一个眼为例，以前22名工人需花4小时，现在通过台车 1 人操作，1 个半小时就可完成。”当年参与过老成昆铁路建设的陈善全老人到小相岭隧道施工现场参观，在看到项目环境优美的标准化驻地和先进的机械化设备时，老人动情地回忆说：“我们修建沙木拉达隧道时，真的是肩挑手推，钢钎大锤。现在的你们，比起我们当时幸福多了。”

作为成昆铁路项目经理部的总工程师，李兴瑷对施工技术的进步感受最深。由于现在隧道从开挖到交付都是一整套的机械化操作，隧道的修建跟开挖时间挂钩，“以前 6 公里的沙木拉打需要 6 年，现在 21 公里的小相岭隧道也是 6 年，这就是技术的创新。”在小相岭隧道施工现场，面对着智能化、便捷化的机械设备，几乎所有人都说，最能代表老成昆铁路的“沙木拉打”精神是一笔宝贵的财富，见证着老成昆铁路 50 余年的平稳运行，激励着新成昆建设者们继续以一颗“匠人之心”打造精品工程。

作为一名从小听家人讲老成昆故事的年轻人，90 后的李恒也加入了成昆铁路扩能工程的建设队伍。李恒说：“爷爷和外公当年是修建沙木拉打隧道的中隧人，而如今，越来越多像我一样的年轻人也主动选择了这里。”中铁十四局四公司孙圣瑞提道：“从小到大，我听过不少关于成昆铁路的传说，因为我的姥爷也曾参与过成昆铁路楚雄段的修建。四十多年前，成昆之间还没有一条像样的交通干线，面对这片从未被开拓过的未知的深山老林，连当时的苏联专家都对之无奈摇头。然而当年的铁道兵们用生命和热血为国家和人民铺就了这条奇迹之路。而今，中铁十二局面对隧道中的溶洞已不再畏惧，中铁十四局对于转体桥的架设已具备丰富经验。新的成昆铁路再次铺架，新的建设者们也将沿着老一辈开辟的线路把铁道兵的精神延续下去！”

中铁隧道局新成昆铁路项目部工程部副部长郑冬冬至今还记得，2016 年他和 400 多名同事第一次来到这里时的情景。郑冬冬说：“刚开始来只是说修隧道，说 20 多公里，没有想到这个地质会这么复杂。我们在监测水量的时候，人站在水里面可以把人冲走，站不好就给冲翻了，躺在那里，然后再起来。”郑冬冬的爷爷曾经是老成昆铁路的一名建设者，在 20 世纪 50 年代，他参与修建了老成昆铁路施工难度最大的沙马拉达隧道。2018 年 1 月 8 日，成昆铁路施工正在攻坚克难的关键阶段，郑冬冬和 20 多位年轻的建设者们给习近平总书记写了一封信，表达了青年一代不忘初心、不负重托，用脚踏实地的奋斗来为铁路事业作贡献的决心。2018 年 2 月，习近平总书记在四川考察脱贫攻坚，主持召开打好精准脱贫攻坚战座谈会时，他提到了这封信，并说道，来信让他感受到青年一代对祖国和人民的担当和忠诚，读了很欣慰。郑冬冬说：“总书记给了我们很大的鼓舞，其实我们也想过大都市的生活，可是，总要有一些人去做这个时代的逆行者，要跳出现在的舒适圈。”为了支持丈夫的工作，郑冬冬的妻子周海瑞也从城市来到了大凉山，在这里住了下来。郑冬冬的孩子也是在修建小相岭隧道期间出生的，他特意给孩子取了个和成昆铁路有关的名字。郑冬冬说："我儿子是在新成昆线建设中生的，就取名叫郑志成。意思是志在成昆，要修通新成昆铁路。"尽管在大山深处修铁路的生活很艰辛，但郑冬冬说，作为一个"铁三代"，他很喜欢这份工作和这种独特的人生体验，他也会支持自己的儿子做个"铁四代"。郑冬冬说："如果我儿子以后选择这个专业，我会支持他。但是我会告诉他，选择这个专业是要付出很多艰辛和艰苦的，但是付出的每一秒都是值得的。"

成昆铁路修建时期的故事，可以用惊天地泣鬼神来形容，崇山峻岭、深涧密布，头上青天一线，脚下万丈深渊，铁道兵只有住窝棚、直接从金沙江舀水做饭的条件，靠双手挖隧道、架高桥，他们用生命和意志在"筑路禁区"硬生生"刨"出来的一座世界铁路丰碑，并在此留下了修建成昆铁路"一公里一英魂"的故事。"为什么战旗美如画，英雄的鲜血染红了它。为什么大地春常在，英雄的生命在开花。"无惧牺牲的建设精神融入了建设者的基因里。实现中华民族伟大复兴，要有铁路人舍生忘死的英雄气概，也正是这股精神力量，激励着中国铁路人一代又一代接续奋斗。新时代，一大批"90后"青年党员在向前掘进的小相岭隧道深处，为新成昆线建设奉献青春。他们的故事，生动诠释了什么是成昆精神，回答了成昆精神该如何传承。从"为有牺牲多壮志，敢教日月换新天"，到"坚守实干、创新争先"，成昆精神在发展升华，被更多人传承弘扬，继续谱写着中华民族伟大复兴的壮丽凯歌。

《中共中央关于党的百年奋斗重大成就和历史经验的决议》指出："今天，我们比历史上任何时期都更接近、更有信心和能力实现中华民族伟大复兴的目标。""党和人民取得的一切成就，不是天上掉下来的，不是别人恩赐的，而是通过不断斗争取得的。""必须保持越是艰险越向前的英雄气概，敢于斗争、善于斗争，逢山开道、遇水架桥，做到难不住、压不垮，推动中国特色社会主义事业航船劈波斩浪、一往无前……要源源不断把各方面先进分子特别是优秀青年吸收到党内来，教育引导青年党员永远以党的旗帜为旗帜、以党的方向为方向、以党的意志为意志，赓续党的红色血脉，弘扬党的优良传统，在斗争中经风雨、见世面、壮筋骨、长才干。"

习近平总书记指出："'志不强者智不达，言不信者行不果。'我们党在内忧外患中诞生、在历经磨难中成长、在攻坚克难中壮大，锤炼了不畏强敌、不惧风险、敢于斗争、敢于胜利的风骨和品质。为了肩负历史重任，为了党和人民事业，无论敌人如何强大、道路如何艰险、挑战如何严峻，党总是绝不畏惧、绝不退缩，不怕牺牲、百折不挠。"历史发展是连续性和阶段性的统一，一个时期有一个时期的历史使命和任务，一代人有一代人的历史担当和责任。中国共产党已走过百年奋斗历程，新时代要"高举中国特色社会主义伟大旗帜，全面贯彻新时代中国特色社会主义思想，弘扬伟大建党精神，自信自强、守正创新，踔厉奋发、勇毅前行，为全面建设社会主义现代化国家、全面推进中华民族伟大复兴而团结奋斗。”

——选自习近平：《习近平谈治国理政》第三卷，外文出版社，2020 年，第 150-151 页；本书编写组：《习近平讲党史故事》，人民出版社，2021 年，第 336—337 页；中共成都市委党史研究室：《中国共产党成都历史　第 2 卷（1949—1978）》，中共党史出版社，2011 年，第 420—421 页；成昆铁路技术总结委员会：《成昆铁路线路、工程地质及路基（第 2 册）》，人民铁道出版社，1981 年，第 1、2、24 页。

五 课后习题

（一）名词解释

1. 东北抗日联军
2. 平型关大捷
3. 百团大战
4. 卢沟桥事变
5. 中印边境自卫反击战
6. 麦克马洪线
7. 珍宝岛自卫反击战
8. 抗美援朝

（二）单项选择题

1. 以杨靖宇、周保中等爱国将领为代表的东北抗联部队始终坚持（　　）的领导核心地位。

A. 中国共产党

B. 苏联

C. 人民群众

D. 共产国际

2. 抗日战争时期，八路军在华北地区发动的一次规模最大、持续时间最长的进攻战役是（　　）。

A. 台儿庄战役

B. 淞沪会战

C. 平型关大捷

D. 百团大战

3. 1937 年音乐家贺绿汀创作了一首脍炙人口的革命歌曲，歌词“在那高高的山岗上，有我们无数的好兄弟。没有吃，没有穿，自有那敌人送上前；没有枪，没有炮，敌人给我们造”，形象展现了（　）如何与（　）周旋的场面。

A. 新四军；国民党顽固派

B. 八路军；国民党顽固派

C. 游击队；日军

D. 国民党军；日军

4. 抗战时期，在山西境内，不属于中国军队抵抗日军侵略所发动的战役是（　）（2018 年山西省长治市武乡县事业单位《公共基础知识》笔试真题）。

A. 忻口战役

B. 上党战役

C. 平型关战役

D. 百团大战

5. 一般说来，游击战争是个战术问题。但是，在抗日战争中，游击战争具有战略地位，是因为它（　）。（2012 年全国硕士研究生入学统一考试思想政治理论试题）

A. 主要是在外线单独作战，而不是在内线配合正规军作战

B. 是抗日战争的主要作战方式，而不是次要作战方式

C. 是小规模的，而不是大规模的

D. 是进攻战，而不是防御战

6. 中国共产党在领导人民革命的过程中，积累了丰富的经验，锻造了有效的克敌制胜的武器。武装斗争就是中国共产党在中国革命中战胜敌人的重要法宝之一，其实质是（　）。（2018 年全国硕士研究生入学统一考试思想政治理论试题）

A. 工人阶级领导的农民战争

B. 资产阶段领导的反封建战争

C. 工农联合的反军阀战争

D. 无产阶级领导的反帝国主义战争

7. 习近平总书记在党的二十大报告中强调：“人心是最大的政治，统一战线是凝聚

人心、汇聚力量的强大法宝。”关于统一战线，有几种说法：①2022年是中国共产党明确提出统一战线政策100周年；②坚持中国共产党的领导是统一战线最根本、最核心的问题；③中国共产党先后建立了工农民主统一战线、国民革命联合战线、人民民主统一战线、抗日民族统一战线、新时期爱国统一战线；④党的十九届六中全会制定的第三个历史决议把“坚持统一战线”作为党百年奋斗10条历史经验之一。说法正确的是（　　）。（2018年全国硕士研究生入学统一考试思想政治理论试题。）

A. ①②③

B. ①③④

C. ①②④

D. ②③④

8. 2020年是中国人民志愿军抗美援朝出国作战70周年。以下战役发生在抗美援朝战争期间的是（　　）。[2021年广东公务员考试行测试题（县级）]

A. 辽沈战役

B. 百团大战

C. 上甘岭战役

D. 仁川登陆战

9. 抗美援朝战争的胜利使得新中国真正站稳了脚跟，可谓“打得一拳开、免得百拳来”。对于这一论断，下列理解最准确的是（　　）。[2020年江苏公务员考试《行测》试题（B卷）]

A. 抗美援朝战争粉碎了侵略者陈兵国门，进而将新中国扼杀在摇篮之中的图谋

B. 抗美援朝战争深刻塑造了第二次世界大战结束以后亚洲乃至世界的格局

C. 抗美援朝战争奠定了新中国在国际事务中的重要地位，彰显新中国的大国地位

D. 抗美援朝战争使人民军队取得了重要军事经验，极大促进了国防和军队现代化

10. “七一勋章”获得者都来自人民、植根人民，是立足本职、默默奉献的平凡英雄。他们的事迹可学可做，他们的精神可追可及，以下“七一勋章”获得者与其先进事迹表述对应正确的是（　　）。[2022年国家公务员考试行测试题（行政执法类）]

A. 张桂梅——坚持志愿服务十余载 群众心中的“活雷锋”

B. 王兰花——点亮贫困山区女孩梦想的“校长妈妈”

C. 孙景坤——公而忘私 永葆革命本色的战斗功臣

D. 李宏塔——为国守海寸步不让 带领群众共同致富

（三）简答题

1. 大生产运动的开展有什么意义？（2021 年内蒙古自治区公务员考试补录面试真题）

2. 简要概括中国共产党抗日民族统一战线的策略总方针及斗争策略。

（四）材料分析题

1. 结合材料回答问题（2021 年全国硕士研究生入学统一考试思想政治理论试题）

1950 年 6 月 25 日，朝鲜内战爆发。美国政府从其全球战略和冷战思维出发，做出武装干涉朝鲜内战的决定，并派遣第七舰队驶入台湾海峡。1950 年 10 月初，美军不顾中国政府一再警告，悍然越过三八线，把战火烧到中朝边境。侵朝美军飞机多次轰炸中国东北边境地区，给人民生命财产造成严重损失，我国安全面临严重威胁。值此危急关头，应朝鲜党和政府请求，中国党和政府以非凡气魄和胆略作出抗美援朝、保家卫国的历史性决策。1950 年 10 月 19 日，中国人民志愿军在彭德怀司令员兼政治委员率领下进入朝鲜战场。

抗美援朝战争，是在交战双方力量极其悬殊条件下进行的一场现代化战争。当时，中美两国国力相差巨大。在这样极不对称、极为艰难的情况下，中国人民志愿军同朝鲜军民密切配合，首战两水洞、激战云山城、会战清川江、鏖战长津湖等，连续进行 5 次战役，此后又构筑起铜墙铁壁般的纵深防御阵地，实施多次进攻战役，粉碎“绞杀战”、抵御“细菌战”、血战上甘岭，创造了威武雄壮的战争伟业。全国各族人民由衷称赞志愿军将士为“最可爱的人”！经过艰苦卓绝的战斗，中朝军队打败了武装到牙齿的对手，打破了美军不可战胜的神话，迫使不可一世的侵略者于 1953 年 7 月 27 日在停战协定上签字。

在抗美援朝战争期间，党中央统揽全局，实施有力的战争动员和正确的战争指导，采取边打、边稳、边建的方针，开展了波澜壮阔的抗美援朝运动，全国各族人民举国同心支撑起这场事关国家和民族前途命运的伟大抗争，最终用伟大胜利向世界宣告“西方侵略者几百年来只要在东方一个海岸上架起几尊大炮就可霸占一个国家的时代是一去不复返了”！

抗美援朝战争伟大胜利，是中国人民站起来后屹立于世界东方的宣言书，是中华民族走向伟大复兴的重要里程碑，对中国和世界都有着重大而深远的意义。

——摘自习近平《在纪念中国人民志愿军抗美援朝出国作战 70 周年大会上的讲话》

1. 党和政府作出抗美援朝、保家卫国的历史性决策需要“非凡的气魄和胆略”。请结合新中国成立初期的形势和党的任务加以说明。

2. 为什么说抗美援朝战争伟大胜利“对中国和世界都有着重大而深远的意义”？

2. 结合材料回答问题（2022 年全国硕士研究生入学统一考试思想政治理论试题）

材料一：

2021 年 6 月 29 日，中共中央将党内最高荣誉“七一勋章”追授黄文秀同志，黄文秀曾被追授“全国脱贫攻坚楷模”“全国优秀共产党员”“时代楷模”等荣誉称号。

黄文秀生在百色、长在百色，学成归来回到百色建设家乡，2018 年 3 月，她主动要求到条件更为艰苦的百坭村担任驻村第一书记。驻村期间，黄文秀带领村干部和群众，埋头苦干，学经验、找路子、筹资金，硬化通屯路，安装路灯，修建蓄水池，发展经济林木和砂糖橘种植业，百坭村贫困发生率从 22.8% 降至 2.71%，2019 年，百坭村实现整村脱贫。

在服务百坭村的日子里，黄文秀访遍全部贫困户，帮助村民发展扶贫产业，以真抓实干的作风赢得村民信任；她全身心扑在扶贫事业上，在城乡、村屯间穿梭，用真情奉献与群众打成一片，以使命担当兑现着“不获全胜，决不收兵”的驻村诺言。

作为一名党员干部，黄文秀始终扎根群众、心系群众。作为驻村第一书记，黄文秀还特别注重在脱贫攻坚中发挥基层党支部的战斗堡垒作用。黄文秀始终牢记当年在入党申请书中写下的誓言：“一个人要活得有意义，生存得有价值，就不能光为自己而活，要用自己的力量为他人、为国家、为民族、为社会做出贡献。”

2019 年 6 月，百坭村连降暴雨。因惦记百坭村的防汛抗洪工作，利用周末看望手术不久的父亲后，黄文秀冒雨连夜返回，不料途中遭遇山洪，年轻的生命定格在 30 岁。总书记在对黄文秀先进事迹的指示中强调，黄文秀同志“在脱贫攻坚第一线倾情投入、奉献自我，用美好青春诠释了共产党人的初心使命，谱写了新时代的青春之歌”。

“年轻人的态度就是乡村的未来”，黄文秀生前曾在驻村日记中这样写道。如今，她的先进事迹和优秀品质被广为传颂，激励着越来越多的青年扎根新农村，创造更美好的生活。

——摘编自《人民日报》，2021 年 6 月 18 日、7 月 2 日、7 月 27 日。

材料二：

一代人有一代人的长征，一代人有一代人的担当。每一代青年都有自己的际遇和机缘，都要在自己所处的时代条件下谋划人生、创造历史。“清澈的爱，只为中国”，这是年轻边防战士在皑皑雪山立下的铿锵誓言；“我们的征途是星辰大海”，这是年轻航天人探索宇宙抒发的豪情壮志："请党放心，强国有我"，这是年轻学子发自心底的庄严承诺。

青年向上，国家向前。在庆祝中国共产党成立100周年大会上，总书记深情寄语新时代的中国青年："要增强做中国人的志气、骨气、底气，不负时代，不负韶华，不负党和人民的殷切期望！"

——摘编自《人民日报》，2021年8月9日。

1. 黄文秀的先进事迹启示新时代青年应该有怎样的人生态度？

2. 一代人有一代人的担当，新时代中国青年应当承担什么样的历史重任？

（五）论述题

1. 在80多年前，中国共产党带领南泥湾的人民群众克服困难，用勤劳的双手，把荒无人烟的"烂泥湾"变成了陕北的"好江南"，谈谈你对南泥湾精神的理解和认识。（2009年中共中央党校党史与党建考研真题）

2. 中国共产党人为何能做到"不怕牺牲"？

第四专题

中国共产党的思想探索史

一 基本知识点

中国共产党在领导中国革命、建设、改革的进程中，坚持把马克思主义基本原理同中国具体实际相结合、同中华优秀传统文化相结合，坚持实践是检验真理的唯一标准，坚持一切从实际出发，及时回答中国之问、世界之问、人民之问、时代之问，不断推进马克思主义中国化时代化，产生了一系列重大思想理论成果，形成了一切从实际出发、理论联系实际、实事求是、在实践中检验真理和发展真理的思想路线。中国共产党不断推进思想理论创新的过程，就是不断赋予中国化的马克思主义鲜明的实践特色、民族特色、时代特色的过程。

（一）中国共产党治党的思想与理论

中国共产党从诞生之日起，就把马克思主义确立为自己的指导思想。长期以来，中国共产党始终重视思想建党、理论强党，坚持用马克思主义理论武装全党，始终把思想建设放在党的建设重要位置，这是中国共产党从实践中形成的深刻认识，是党的建设伟大工程实践的经验集成。

以毛泽东同志为主要代表的中国共产党人，立足中国革命斗争的实际，提出对党员进行教育，特别是要用无产阶级思想反对各种非无产阶级思想，“建设一个全国范围的、广大群众性的、思想上政治上组织上完全巩固的布尔什维克化的中国共产党”的任务，并将这一任务形象地称为一项“伟大的工程”[①]。从 1941 年开始到 1945 年，中国共产党重点开展了反对主观主义以整顿学风、反对宗派主义以整顿党风、反对党八股以整顿文风的整风运动，即“延安整风运动”。新中国成立后，中国共产党从全面执政的新形势出发，把加强党的建设作为巩固执政地位的重要任务。1956 年底社会主义基本制度确立后，学习毛泽东思想成为全党开展思想建设的重要内容。在国民经济调整过程中，党中央强调要一切从实际出发，大兴调查研究之风，以此检查和纠正工作中存在的共产风、浮夸风、瞎指挥风，等等。

进入改革开放和社会主义现代化建设新时期，党的建设的一项紧迫任务就是拨乱反正，肃清“左”倾错误思想的影响。1983 年通过的《中共中央关于整党的决定》，对党的思想、作风和组织建设问题进行全面整顿，清除歪风邪气对党员干部队伍的侵蚀，指导党的思想建设逐步恢复正常并走上健康轨道。以江泽民同志为核心的党的第三代中央领导集体和以胡锦涛同志为总书记的党中央，在推进党的建设新的伟大工程的进程中，围绕思想建党、

① 毛泽东：《毛泽东选集（第 2 卷）》，人民出版社，1991 年，第 602 页。

制度治党作出一系列重要论述，党的建设不断取得新成效。

党的十八大以来，习近平总书记围绕建设什么样的长期执政的马克思主义政党、怎样建设长期执政的马克思主义政党的重大时代课题，提出全面从严治党战略方针、坚持和加强党的全面领导、以党的自我革命引领社会革命、新时代党的建设总要求、新时代党的组织路线等一系列原创性的新理念新思想新战略，形成了习近平总书记关于党的建设的重要思想。

习近平总书记关于党的建设的重要思想的主要内容包括：坚持和加强党的全面领导，坚持以党的自我革命引领社会革命，坚持以党的政治建设统领党的建设各项工作，坚持江山就是人民、人民就是江山，坚持思想建党、理论强党，坚持严密党的组织体系，坚持造就忠诚干净担当的高素质干部队伍，坚持聚天下英才而用之，坚持持之以恒正风肃纪，坚持一体推进不敢腐、不能腐、不想腐，坚持完善党和国家监督体系，坚持制度治党、依规治党，坚持落实全面从严治党政治责任等。这一重要思想，深刻阐明党的建设的根本原则、科学布局、价值追求、重点任务，继承和发展马克思列宁主义、毛泽东思想、邓小平理论、“三个代表”重要思想、科学发展观中的党建理论，极大丰富和发展了马克思主义建党学说，谱写了马克思主义建党学说发展的新篇章，标志着我们党对马克思主义执政党建设规律的认识达到了新高度。

（二）中国共产党治国的思想与理论

作为马克思主义政党，中国共产党一经诞生就把为中国人民谋幸福、为中华民族谋复兴确立为自己的初心使命。100余年来，中国共产党团结带领全国各族人民改写了近代以后中华民族的屈辱历史，改变了近代以后中国人民的悲惨命运。没有共产党，就没有新中国，就没有中华民族伟大复兴，这是中国人民依据中国革命、建设、改革的历史经验得出的最基本、最重要的结论，是中国人民基于切身体会所确认的客观真理。

在新民主主义革命时期，中国共产党相继创建了中央革命根据地和湘鄂西、海陆丰、鄂豫皖、琼崖、闽浙赣、湘鄂赣、湘赣、左右江、川陕、陕甘、湘鄂川黔等根据地，开始了局部执政。在革命斗争中，以毛泽东同志为主要代表的中国共产党人，把马克思列宁主义基本原理同中国具体实际相结合，对经过艰苦探索、付出巨大牺牲积累的一系列独创性经验作了理论概括，开辟了农村包围城市、武装夺取政权的正确革命道路，创立了毛泽东思想，为夺取新民主主义革命胜利指明了正确方向。

在社会主义革命和建设时期，中国共产党领导建立和巩固了工人阶级领导的、以工农联盟为基础的人民民主专政的国家政权。经过“三大改造”，在1956年底，我国基本建立起社会主义制度。在这个时期，毛泽东同志提出把马克思列宁主义基本原理同中国具体实际进行“第二次结合”，以毛泽东同志为主要代表的中国共产党人，结合新的实际丰富和发展毛泽东思想，提出了关于社会主义建设的一系列重要思想，包括社会主义社会是一个很长的历史阶段，严格区分和正确处理敌我矛盾和人民内部矛盾，正确处理我国社会主义建设的十大关系，走出一条适合我国国情的工业化道路，尊重价值规律，在党与民主党派的关系上实行“长期共存、互相监督”的方针，在科学文化工作中实行“百花齐放、百家争鸣”的方针等。这些独创性理论成果至今仍有重要指导意义。

在改革开放和社会主义现代化建设新时期，以邓小平同志为主要代表的中国共产党人，团结带领全党全国各族人民，深刻总结新中国成立以来正反两方面经验，围绕什么是社会主义、怎样建设社会主义这一根本问题，借鉴世界社会主义历史经验，创立了邓小平理论，解放思想，实事求是，作出把党和国家工作中心转移到经济建设上来、实行改革开放的历史性决策，深刻揭示社会主义本质，确立社会主义初级阶段基本路线，明确提出走自己的路、建设中国特色社会主义，科学回答了建设中国特色社会主义的一系列基本问题，制定了到二十一世纪中叶分三步走、基本实现社会主义现代化的发展战略，成功开创了中国特色社会主义。党的十三届四中全会以后，以江泽民同志为主要代表的中国共产党人，团结带领全党全国各族人民，坚持党的基本理论、基本路线，加深了对什么是社会主义、怎样建设社会主义和建设什么样的党、怎样建设党的认识，形成了“三个代表”重要思想。党的十六大以后，以胡锦涛同志为主要代表的中国共产党人，团结带领全党全国各族人民，在全面建设小康社会进程中推进实践创新、理论创新、制度创新，深刻认识和回答了新形势下实现什么样的发展、怎样发展等重大问题，形成了科学发展观。

党的十八大以来，中国特色社会主义进入新时代。以习近平同志为主要代表的中国共产党人，坚持把马克思主义基本原理同中国具体实际相结合、同中华优秀传统文化相结合，从新的实际出发，创立了习近平新时代中国特色社会主义思想，明确中国特色社会主义最本质的特征是中国共产党领导，中国特色社会主义制度的最大优势是中国共产党领导，中国共产党是最高政治领导力量，全党必须增强“四个意识”、坚定“四个自信”、做到“两个维护”；明确坚持和发展中国特色社会主义，总任务是实现社会主义现代化和中华民族伟大复兴，在全面建成小康社会的基础上，分两步走在本世纪中叶建成富强民主文明和谐美丽的社会主义现代化强国，以中国式现代化推进中华民族伟大复兴；明确新时代我国社会主要矛盾是人民日益增长的美好生活需要和不平衡不充分的发展之间的矛盾，必须坚持以人民为中心的发展思想，发展全过程人民民主，推动人的全面发展、全体人民共同富裕取得更为明显的实质性进展；明确中国特色社会主义事业总体布局是经济建设、政治建设、文化建设、社会建设、生态文明建设五位一体，战略布局是全面建设社会主义现代化国家、全面深化改革、全面依法治国、全面从严治党四个全面；明确全面深化改革总目标是完善和发展中国特色社会主义制度、推进国家治理体系和治理能力现代化；明确全面推进依法治国总目标是建设中国特色社会主义法治体系、建设社会主义法治国家；明确必须坚持和完善社会主义基本经济制度，使市场在资源配置中起决定性作用，更好发挥政府作用，把握新发展阶段，贯彻创新、协调、绿色、开放、共享的新发展理念，加快构建以国内大循环为主体、国内国际双循环相互促进的新发展格局，推动高质量发展，统筹发展和安全；明确党在新时代的强军目标是建设一支听党指挥、能打胜仗、作风优良的人民军队，把人民军队建设成为世界一流军队；明确中国特色大国外交要服务民族复兴、促进人类进步，推动建设新型国际关系，推动构建人类命运共同体；明确全面从严治党的战略方针，提出新时代党的建设总要求，全面推进党的政治建设、思想建设、组织建设、作风建设、纪律建设，把制度建设贯穿其中，深入推进反腐败斗争，落实管党治党政治责任，以伟大自我革命引领伟大社会革命。这些战略思想和创新理念，是党对中国特色社会主义建设规律认识深化和理论创新的重大成果。

习近平同志就新时代坚持和发展什么样的中国特色社会主义、怎样坚持和发展中国特色社会主义，建设什么样的社会主义现代化强国、怎样建设社会主义现代化强国，建设什么样的长期执政的马克思主义政党、怎样建设长期执政的马克思主义政党等重大时代课题，提出一系列原创性的治国理政新理念新思想新战略，是习近平新时代中国特色社会主义思想的主要创立者。习近平新时代中国特色社会主义思想是当代中国马克思主义、二十一世纪马克思主义，是中华文化和中国精神的时代精华，实现了马克思主义中国化新的飞跃。

（三）中国共产党外交工作的思想与理论

在社会主义革命和建设时期，中国共产党坚持独立自主的和平外交政策，倡导和坚持和平共处五项原则，反对帝国主义、霸权主义、殖民主义、种族主义。提出划分三个世界的战略，作出中国永远不称霸的庄严承诺，赢得国际社会特别是广大发展中国家尊重和赞誉。

在改革开放和社会主义现代化建设时期，中国共产党作出和平与发展是当今时代主题的战略判断，坚持维护世界和平、促进共同发展的外交政策宗旨，调整同主要大国的关系，发展同周边国家的睦邻友好关系，深化同广大发展中国家的友好合作，积极参与国际和地区事务，建立起全方位多层次的对外关系新格局。积极促进世界多极化和国际关系民主化，推动经济全球化朝着有利于共同繁荣的方向发展，旗帜鲜明反对霸权主义和强权政治，坚定维护广大发展中国家利益，推动建立公正合理的国际政治经济新秩序，促进世界持久和平、共同繁荣。

进入新时代，中国共产党把握新时代外交工作大局，紧扣服务民族复兴、促进人类进步这条主线，高举和平、发展、合作、共赢的旗帜，推进和完善全方位、多层次、立体化的外交布局，推动建设新型国际关系，推动构建人类命运共同体，弘扬和平、发展、公平、正义、民主、自由的全人类共同价值。按照亲诚惠容理念和与邻为善、以邻为伴的周边外交方针深化同周边国家关系，稳定周边战略依托，打造周边命运共同体。秉持正确义利观和真实亲诚理念加强同广大发展中国家团结合作。积极参与全球治理体系改革和建设，维护以联合国为核心的国际体系、以国际法为基础的国际秩序、以联合国宪章宗旨和原则为基础的国际关系基本准则，维护和践行真正的多边主义。建设性参与国际和地区热点问题政治解决，在气候变化、减贫、反恐、网络安全和维护地区安全等领域发挥积极作用。

二 重难点

（一）如何理解习近平新时代中国特色社会主义思想的主要内容？①

习近平总书记在党的二十大报告中指出，党的十八大以来，我们党勇于进行理论探索和创新，取得重大理论创新成果，集中体现为新时代中国特色社会主义思想；强调党的十九大、十九届六中全会提出的“十个明确”“十四个坚持”“十三个方面成就”概括了这一思想的主要内容，必须长期坚持并不断丰富发展。学懂弄通做实习近平新时代中国特色社会主义思想，首先应对其主要内容准确把握、理解到位。

第一，深入把握习近平新时代中国特色社会主义思想的核心观点。这一重要思想博大精深，涵盖改革发展稳定、内政外交国防、治党治国治军各领域各方面，党的十九大报告用“八个明确”概括了这一重要思想的核心内容，党的十九届六中全会决议在此基础上拓展为“十个明确”，并对具体内容进行了调整充实。这“十个明确”，是支撑习近平新时代中国特色社会主义思想这座理论大厦的主体部分，构成了这一重要思想的“四梁八柱”。把握住了“十个明确”，就掌握了这一重要思想的主要观点和基本精神。深入领会“十个明确”，还应与“十三个方面成就”结合起来、联系起来。“十三个方面成就”全景展示

① 本书编写组：《党的二十大报告学习辅导百问》，学习出版社，2022年，第22—24页。

了以习近平同志为核心的党中央治国理政理念、成就和经验，既是习近平新时代中国特色社会主义思想指导的结果，又以一系列重要原创性成果丰富发展了这一重要思想。深刻理解“十三个方面成就”，就能对习近平新时代中国特色社会主义思想有更加全面准确深入的把握。

第二，深入把握习近平新时代中国特色社会主义思想的行动纲领。这一重要思想不仅在理论上有着坚实的支撑，在实践上也有科学布局和顶层设计，这就是党的十九大报告提出的“十四个坚持”，包括坚持党对一切工作的领导、坚持以人民为中心、坚持全面深化改革、坚持新发展理念、坚持人民当家作主、坚持全面依法治国、坚持社会主义核心价值体系、坚持在发展中保障和改善民生、坚持人与自然和谐共生、坚持总体国家安全观、坚持党对人民军队的绝对领导、坚持“一国两制”和推进祖国统一、坚持推动构建人类命运共同体、坚持全面从严治党。“十四个坚持”是对新时代我们党治国理政重大方针原则的高度凝练和科学概括，对我们党不同时期形成的基本纲领、基本经验、基本要求作了整合发展，是习近平新时代中国特色社会主义思想的重要组成部分，是落实这一重要思想的实践要求，构成了新时代坚持和发展中国特色社会主义的基本方略。

第三，深入把握习近平新时代中国特色社会主义思想的科学体系。习近平新时代中国特色社会主义思想贯通着马克思主义哲学、政治经济学、科学社会主义，对新时代党和国家事业发展的一系列重大理论和实践问题进行了深邃思考和科学判断，深刻回答了新时代坚持和发展什么样的中国特色社会主义、怎样坚持和发展中国特色社会主义，建设什么样的社会主义现代化强国、怎样建设社会主义现代化强国，建设什么样的长期执政的马克思主义政党、怎样建设长期执政的马克思主义政党等重大时代课题，以全新的视野深化了对共产党执政规律、社会主义建设规律、人类社会发展规律的认识。“十个明确”“十四个坚持”“十三个方面成就”彼此呼应、相互贯通，明确了新时代坚持和发展中国特色社会主义的总目标、总任务、总体布局、战略布局和发展方向、发展方式、发展动力、战略步骤、外部条件、政治保证等基本问题，构成了系统全面、逻辑严密、内涵丰富、内在统一的科学理论体系。

（二）如何理解“中国共产党为什么能，中国特色社会主义为什么好，归根到底是马克思主义行，是中国化时代化的马克思主义行？”①

习近平总书记在党的二十大报告中指出：“实践告诉我们，中国共产党为什么能，中

① 本书编写组：《党的二十大报告学习辅导百问》，学习出版社，2022年，第20—22页。

国特色社会主义为什么好，归根到底是马克思主义行，是中国化时代化的马克思主义行。”这个重要论断，深刻阐明了科学理论对实践的重大指导意义，深刻揭示了“能”“行”“好”的内在逻辑，揭示了马克思主义中国化时代化的内在规律和历史必然。

“没有革命的理论，就不会有革命的运动。”中国共产党是高度重视理论指导的党。在近代中国最危急的时刻，中国共产党人找到了马克思主义，给苦苦探寻救亡图存出路的中国人民指明了前进方向、提供了全新选择。100多年来，正是在马克思主义这一科学理论指引下，中国共产党人在艰辛探索中找到了中国新民主主义革命的正确道路、社会主义革命和建设的正确道路，在改革开放新时期成功开创、坚持和拓展了中国特色社会主义道路，在中国这个古老的东方大国创造了人类历史上前所未有的发展奇迹。马克思主义的命运早已同中国共产党的命运、中国人民的命运、中华民族的命运紧紧连在一起，它的科学性和真理性在中国得到了充分检验，它的人民性和实践性在中国得到了充分贯彻，它的开放性和时代性在中国得到了充分彰显。历史雄辩地证明，马克思主义是“伟大的认识工具”，是强大的思想武器，是我们立党立国、兴党兴国的根本指导思想。拥有马克思主义科学理论指导是我们党坚定信仰信念、把握历史主动的根本所在。

中国共产党人既坚定地信仰马克思主义，又以科学的态度对待马克思主义，坚持不懈地推动马克思主义中国化时代化。恩格斯深刻指出，马克思的整个世界观不是教义，而是方法。它提供的不是现成的教条，而是进一步研究的出发点和供这种研究使用的方法。我们党在实践中深刻认识到，只有把马克思主义基本原理同中国具体实际相结合、同中华优秀传统文化相结合，坚持运用辩证唯物主义和历史唯物主义，才能正确回答时代和实践提出的重大问题，才能始终保持马克思主义的蓬勃生机和旺盛活力。100多年来，中国共产党坚持马克思主义基本原理，坚持实事求是，从中国实际出发，洞察时代大势，把握历史主动，进行艰辛探索，不断推进马克思主义中国化时代化，指导中国人民不断推进伟大社会革命。当代中国的伟大社会变革，不是简单延续我国历史文化的母版，不是简单套用马克思主义经典作家设想的模板，不是其他国家社会主义实践的再版，也不是国外现代化发展的翻版。我们的革命、建设、改革实践是在中国化时代化马克思主义的指导下推进的，我们的发展成就是在中国化时代化马克思主义的指导下取得的。

实践充分证明，历史和人民选择马克思主义是完全正确的，中国共产党把马克思主义写在自己的旗帜上是完全正确的，坚持马克思主义基本原理同中国具体实际相结合、同中华优秀传统文化相结合，不断推进马克思主义中国化时代化是完全正确的。100多年来，马克思主义深刻改变了中国，中国也极大丰富了马克思主义。实践没有止境，理论创新也没有止境。不断谱写马克思主义中国化时代化新篇章，是当代中国共产党人的庄严历史责任。我们要坚持用马克思主义观察时代、把握时代、引领时代，用鲜活丰富的当代中国实践来推动马克思主义发展，用宽广视野吸收人类创造的一切优秀文明成果，坚持在改革中守正出新、不断超越自己，在开放中博采众长、不断完善自己，不断深化对共产党执政规律、社会主义建设规律、人类社会发展规律的认识，不断开辟马克思主义中国化时代化新境界。

（三）如何理解坚持理论创新是我们党百年奋斗的历史经验？①

中国共产党第十九届六中全会审议通过的《中共中央关于党的百年奋斗重大成就和历史经验的决议》将“坚持理论创新”作为我们党百年奋斗的一条重要历史经验。

第一，马克思主义理论不是教条而是行动指南。恩格斯指出：“马克思的整个世界观不是教义，而是方法。它提供的不是现成的教条，而是进一步研究的出发点和供这种研究使用的方法。”马克思主义基本原理是科学真理，但马克思主义经典作家并没有穷尽真理，而是不断为寻求真理和发展真理开辟道路。我们党成立初期曾经深受教条主义、冒险主义、机会主义等错误思想之害，经过一次次失败、一次次挫折，曾经幼年的党才逐渐成熟起来，直到在党的六届六中全会上达成马克思主义中国化的共识。毛泽东同志明确指出：“使马克思主义在中国具体化，使之在其每一表现中带着必须有的中国的特性，即是说，按照中国的特点去应用它，成为全党亟待了解并亟须解决的问题。”马克思主义提出的共产主义、社会主义理想，同中华文化重民本、尚和合、求大同的理念相契合，同中华民族近代以来的救亡图存愿望和伟大复兴梦想相呼应，同中国人民日用而不觉的价值观念相融通，因此，马克思主义在中国落地生根并随着时代发展而开花结果，成为我们立党立国、兴党强国的根本指导思想，成为党和人民认识世界、把握规律、追求真理、改造世界的强大思想武器。历史证明，马克思主义理论必须随着实践发展而发展，必须中国化才能落地生根、本土化才能深入人心。

第二，党的百年奋斗史是一部不断推进马克思主义中国化的历史。党之所以能够领导人民在一次次求索、一次次挫折、一次次开拓中完成中国其他各种政治力量不可能完成的艰巨任务，根本在于坚持解放思想、实事求是、与时俱进、求真务实，坚持把马克思主义基本原理同中国具体实际相结合、同中华优秀传统文化相结合，坚持实践是检验真理的唯一标准，坚持一切从实际出发，及时回答时代之问、人民之问，不断推进马克思主义中国化时代化。100 年来，党先后创立毛泽东思想、邓小平理论，形成“三个代表”重要思想、科学发展观，创立习近平新时代中国特色社会主义思想，指导中国人民不断推进伟大社会

① 本书编写组:《党的十九届六中全会〈决议〉学习辅导百问》，党建读物出版社、学习出版社，2021 年，第 202—204 页。

革命，不断开辟马克思主义发展新境界。党高度重视思想建党、理论强党，坚持用马克思主义中国化最新成果武装全党、教育人民，制定正确的路线方针政策，组织开展党内学习教育和社会宣传教育，建设具有强大凝聚力和引领力的社会主义意识形态，增强党员和群众的信仰信念信心，巩固全党全国各族人民团结奋斗的共同思想基础，凝聚起实现中华民族伟大复兴的强大精神力量。

第三，实践没有止境，理论创新也没有止境。习近平总书记指出："当代中国的伟大社会变革，不是简单延续我国历史文化的母版，不是简单套用马克思主义经典作家设想的模板，不是其他国家社会主义实践的再版，也不是国外现代化发展的翻版。"①社会主义并没有定于一尊、一成不变的套路，只有把科学社会主义基本原则同本国具体实际、历史文化传统、时代要求紧密结合起来，在实践中不断探索总结，才能把蓝图变为美好现实。在党的百年奋斗历程中，马克思主义中国化时代化既一脉相承又与时俱进，为党和人民事业发展提供了科学理论指导，成功开辟出新民主主义革命道路、社会主义革命和建设道路、中国特色社会主义道路。中国共产党为什么能，中国特色社会主义为什么好，归根到底是因为马克思主义行。马克思主义深刻改变了中国，中国也极大丰富和发展了马克思主义。习近平新时代中国特色社会主义思想是当代中国马克思主义、21 世纪马克思主义，是新时代坚持和发展中国特色社会主义的科学指南。只要我们勇于结合新的实践不断推进理论创新、善于用新的理论指导新的实践，就一定能够让马克思主义在中国大地上展现出更强大、更有说服力的真理力量。

三 党史故事

（一）古田会议

编者注：中国共产党人自 1927 年独立领导武装斗争之后，就努力建设一支新型的人民军队，毛泽东率先进行了艰难的探索。毛泽东率部由文家市转兵上井冈山途中，在三湾进行改编，决定在部队内部实行民主制度，建立士兵委员会，实行政治民主、经济公开、官兵平等，消除旧军队的雇佣关系，还提出了"支部建在连上"的原则，这是毛泽东确定的党对军队绝对领导的开始。但改编几天后，部队匆匆奔向井冈山，没有来得及形成正式的纲领和文件。

1929 年 1 月，红四军主力在毛泽东、朱德等率领下从井冈山突围，到赣南、闽西一带开展游击战争。3 月中旬，红四军夺取了闽西长汀县城；随后，又相继攻占龙岩、永定

① 习近平：《习近平谈治国理政（第二卷）》，外文出版社，2017 年，第 344 页。

县城，部队由下井冈山时的3000余人发展到6000多人。随着红军的扩大和新根据地的开辟，存在于红四军党内和军内的一些不良倾向逐渐暴露出来。当时红军的主要成分是农民和小资产阶级，部分干部出身于旧军队，部队在战斗中又吸收了不少国民党军队的俘虏，而战斗频繁的环境也加剧了开展思想政治工作的困难，致使旧军队的作风大量地反映到红军中来。单纯军事观点、流寇思想、军阀主义残余、极端民主化、非组织观点、绝对平均主义、主观主义、个人主义、盲动主义残余等错误倾向抬头。

《古田会议：制定党和红军建设的伟大纲领》（节选）①

1. 毛泽东离开红四军领导岗位，陈毅赴沪汇报起草中央“九月来信”

红四军在转战赣南闽西时，刚从苏联回国的刘安恭由中共中央派到红四军工作，担任临时军委书记兼军政治部主任。他对毛泽东从实际出发的一些正确主张任意指责，这又直接促发了红四军党内关于建军原则的一场争论。

1929年5月底，毛泽东在福建永定县主持召开中共红四军前委会议，领导干部就党对军队领导的问题发生争论，焦点又是红四军内是否仍要设立军委。6月19日红四军第三次打下福建龙岩城后，下旬在此地由陈毅主持召开了红四军党的第七次代表大会。在红四军担任前委书记的毛泽东提出，应当加强党对军队的领导和思想政治工作，却未被参加会议的多数人接受。会议把毛泽东提出的“集权制领导原则”视为“形成家长制度的倾向”，并给予毛泽东党内“严重警告”处分。这次大会改选了红四军党的前敌委员会，毛泽东没有当选，陈毅被选为前委书记。会后，毛泽东离开了红四军到闽西协助指导地方工作，这是他在历史上第一次离开军队。7月以后，毛泽东因疟疾病倒，转移到上杭、永定山区养病。

毛泽东离开红四军之后，部队中党的工作和政治工作削弱，平均主义、极端民主化等错误思潮益发泛滥。朱德、陈毅对此深感忧虑，想着力整顿，陈毅还前去上海向中央汇报。8月29日，中共中央政治局开会专门听取了陈毅关于红四军情况的报告，接着又决定由周恩来、李立三和陈毅一起组成一个委员会，共同研究解决红四军中存在的问题及今后的行动方向。担任中央军事部长的周恩来联系整个红军建设经验，针对红四军的问题作了详细指示，并委托陈毅根据他谈话的内容和中央军事会议的精神，代中央起草一封给红四军前委的指示信。陈毅根据周恩来多次谈话的意见，以及自己对一些问题的理解，为中央起草了一封被称为“九月来信”的指示信。这封信成为一个对红四军乃至全国红军建设具有重要指导意义的文件。这封信中分析了当时的国际国内形势，肯定了毛泽东关于“工农武装割据”的思想和建军问题的正确主张，指出了红四军存在的各种不正确倾向及其发生的

① 章百家：《中国共产党100年100事（上）》，中共党史出版社，2021年，第74—80页。

原因和纠正的办法。信中指出，前委要维护朱德、毛泽东“在群众中的信仰”，毛泽东仍为前委书记。

起草了中央“九月来信”后，周恩来考虑到陈毅在前一段同毛泽东相处时出现的问题，询问他是否愿意去鄂豫皖根据地工作。陈毅表示自己还想回红四军，请回毛泽东继续担任领导，体现了一切以党的利益为重的精神和坦荡的胸襟。

陈毅返回红四军之前，在朱德主持下，红四军于9月下旬在福建上杭县城太忠庙召开了第八次党代表大会。由于毛泽东和陈毅都没有出席大会，会前又没有充分准备，大会经过反复争论思想仍达不成统一。会议期间，前委要求本不想前来的毛泽东到会。正在生病之中的毛泽东坐担架到达上杭县城，会议已经开完。大家见他病得厉害，便安排继续休养。

毛泽东此次病情很重，红四军前委在给中共中央的报告中称：“毛同志久病，现虽起床，尚不能行走”。国民党方面根据风闻造谣说，毛泽东已死于肺结核病。共产国际领导人在莫斯科听到这一误传，于1930年初在《国际新闻通讯》上发表讣告称：“中国共产党的奠基者，中国游击队的创立者和中国红军的缔造者之一的毛泽东同志，因长期患肺结核而在福建前线逝世。”“这是中国共产党、中国红军和中国革命事业的重大损失。”这个“讣告”虽系根据误传而来，却说明毛泽东在中国革命和中国共产党中的重要地位不仅为国内而且已为共产国际所承认。后来共产国际虽然支持王明等人，仍很重视毛泽东的作用，并在毛泽东担任党的最高领袖后即表示支持，恰恰在于对他创造了辉煌革命业绩这一事实的尊重。

10月22日，陈毅从上海回来后，传达了中央指示精神。朱德表示完全赞同，欢迎毛泽东回前委工作。11月26日，毛泽东遵照中央指示重新担任红四军前委书记。他还向朱德、陈毅等表示接受中共中央的“九月来信”，包括对他工作方式的批评。当时陈毅诚恳地作了自我批评，并介绍了他上海之行的情况。毛泽东也说前一段因为身体不好，情绪不佳，说了些伤感情的话，这样就与陈毅、朱德消除了相互间的矛盾和隔阂。不久前指责毛泽东的红四军政治部主任刘安恭，此时又在战斗中牺牲，红四军高级领导达到了思想上的统一。

2. 毛泽东深入部队调查研究，起草了古田会议决议

毛泽东返回红四军后，于11月28日主持召开中共红四军前委扩大会议，决定部队进行整训，还规定12月份的工作主要是召开红四军党的第九次代表大会，纠正党内各种错误倾向。

为了开好这次大会，毛泽东召开了许多类型的座谈会，并且找了一些干部、战士谈话，深入调查部队存在的各种问题，和大家共同研究这些问题产生的根源和解决的办法。毛泽

东白天搞调查研究，晚上整理材料写文章，他房间里的灯光经常彻夜不灭。根据中央“九月来信”的精神，毛泽东起草了长达3万字的红四军第九次党代会八个决议案，为大会完成了准备工作。

毛泽东起草的决议，充分体现了他在部队中深入调查研究的结果。例如，他所写的“红军中用肉刑的效果”一节中，就列举肉刑的危害说：

“各部队中凡打人最厉害的，士兵怨恨和逃跑的就越多。最显著的例子，如三纵队第八支队部某官长爱打人，结果不仅传令兵、伙夫差不多跑完了，军需、上士及副官都跑了。九支队第二十五大队曾经有一时期来了个最喜打人的大队长，群众送给他的名字叫做铁匠，结果士兵感觉没有出路，充满了怨恨空气，这个大队长调走了，士兵才得到解放。”

在列举种种事实后，毛泽东又提出了“肉刑的来源和废止它的理由”，指出：“红军第四军产生于封建剥削制度尚未肃清的中国，它的主要成分，又多是从封建军阀军队里头转变过来的，一般封建的制度、思想和习惯，仍然很浓厚地存在于一般官长士兵之中，由是打人的习惯和非打不怕的习惯，还是与封建军阀军队里头的习惯一样。虽然老早就提出了官长不打士兵的口号和规定士兵会有申诉他们的苦痛的权利，但简直没有什么效力，其结果造成官兵间的悬隔，低落了士兵以至官长的情绪，逃跑的数目日多，军中充满了怨恨的空气，甚至发现自杀事件，这是与红军的斗争任务完全背驰的现象，如不赶快纠正，危险不可胜言。”

毛泽东起草的决议案中，又首先明确了红军政治工作的地位、任务和基本原则，强调指出：红军的政治机关与军事机关要在前委指导之下平等的执行工作任务，把红军的政治工作机关隶属于军事工作机关，以及所谓“司令部对外”的提法是错误的。不断纠正红军中的各种非无产阶级思想，保证红军坚决执行党的路线和政策，是政治工作的根本任务。为加强部队的建设，增强内部团结，提高部队的战斗力，除要设法改善红军的物质生活条件并做到相对的平均外，必须加强教育，从思想上纠正个人主义和绝对平均主义。在官兵关系上，红军官兵之间，只有职务的区分，没有阶级的分别。在军民关系上，重申了军民一致的原则，强调红军必须坚决执行党的政策，尊重地方政府和人民群众。发动地方党和政权机关及人民群众对红军的批评，把红军置于地方党和群众的监督之下，以改善军民关系，增强军民团结。同时要求正确执行俘虏政策，优待俘虏，医治敌方伤兵，明确规定不准没收俘虏身上的财物，要以极大的热情欢迎俘虏兵，反对给俘虏兵以任何言语上或行动上的侮辱，并指出这是瓦解敌军的极有效的方法。

3. 古田会议顺利召开，人民军队建设从此有了纲领性文件

1929年12月28日至29日，红四军党的第九次代表大会在上杭县古田的曙光小学隆重召开，出席这次大会的代表共120多人。陈毅在会上传达了中央指示信精神，毛泽东和朱德分别在会上作了政治报告和军事报告。代表们热烈讨论了中央指示信和会议的各种报告，一致通过了《中国共产党红军第四军第九次代表大会决议案》（通称“古田会议决议案”）。

古田会议及其通过的决议，其核心精神是强调红军必须绝对服从党的领导，批评了单纯军事观点和极端民主化等错误倾向，明确规定了红军“是一个执行阶级的政治任务的武装集团”，而不是单纯的军事组织；确立了“党指挥枪，而不是枪指挥党”的无产阶级建军原则：确立了思想政治工作在人民军队建设中的重要地位和作用，规定了人民军队政治工作的原则和方法，从而为人民军队的建设指明了方向。

根据中央指示，红四军党的第九次代表大会重新选举了红四军前委委员11人，候补委员3人，选举毛泽东任前委书记。

古田会议结束后，红四军内立即开展了传达贯彻会议决议的活动，把决议当作党课教材，视为红军法规，要求全体干部和党员遵守。红四军首先组织干部逐条地学习了大会的决议，党委和各支部都按照决议逐条地全面地检查了本部队、本支部存在的问题。许多干部、战士都自动地检查了自己，批评了不重视党的领导、不愿做群众工作、打骂士兵、破坏俘虏政策、破坏群众纪律以及吃喝嫖赌等不良倾向。

古田会议决议的学习，在中国共产党的历史上成为一次群众性的整风运动。经过学习，干部、战士的思想觉悟显著提高，红军部队呈现出一片新气象。古田会议决议的精神不仅在红四军中贯彻实行，经过周恩来为首的中共中央军事部介绍，后来各地红军也都先后照此实行，从而使红军进一步肃清了旧军队的影响，奠定了人民军队建设的基础。

从三湾改编、井冈山斗争至古田会议，人民军队建设的一系列原则由雏形逐步发展到基本成型，特别是毛泽东亲自起草的古田会议决议将建军原则理论化和系统化，从而使军队的成长发展有了正式的纲领。古田会议决议确立的建军基本原则，是中国共产党在农村环境和红军以农民小资产阶级为主要成分的特定条件下，建设无产阶级新型人民军队的基本原则。此后几十年来，人民解放军党的工作和政治工作在此基础上有了很大的发展和创造，但基本的原则还是这个决议的原则。直至1980年，黄克诚仍高度评价了毛泽东这一时期在建军道路上进行开拓的伟大意义，并对此回忆道：“毛主席当时在政治上、军事上创造了一套路线、方针和政策，现在看来似乎很简单，但那时大家都没有经验，能搞出这

么一套正确的东西就非常困难呀！那时的党中央，包括六大以前和六大以后，就没能搞出这一套。毛主席当时是比我们确实要高明好多倍。”

（二）周恩来在亚非会议全体会议上的发言

1955年4月18日至24日，亚非会议在印度尼西亚的万隆举行。这是历史上第一次由亚非国家自行发起召开、讨论重大问题的国际会议，标志着亚非国家作为世界重要的政治力量开始登上国际舞台。与会的绝大多数代表在发言中谴责了殖民主义、种族主义，表示未来希望促进亚非团结合作的愿望。但是，在一些西方国家的授意下，会上有人疯狂攻击共产主义为“新殖民主义”，指责中国利用华侨对邻国搞“颠覆”活动，致使会议有陷入歧途的危险。为了挫败殖民主义者的图谋、保证大会的顺利进行，周恩来当即决定将发言稿改用书面形式散发，另外针对形势做了18分钟的补充发言。发言结束后，会场再次响起热烈的掌声和欢呼声，周恩来代表中国政府阐述的我国处理国际关系的和平共处五项原则获得与会代表的热烈欢迎，引导会议绕过暗礁回到正确的轨道上来。

——章百家：《中国共产党100年100事（上）》，中共党史出版社，2021年，第74—80页。

《在亚非会议全体会议上的发言》①

主席，各位代表：

我的主要发言现在印发给大家了。在听到了许多代表团团长的一些发言之后，我愿补充说几句话。

中国代表团是来求团结而不是来吵架的。我们共产党人从不讳言我们相信共产主义和认为社会主义制度是好的。但是，在这个会议上用不着来宣传个人的思想意识和各国的政治制度，虽然这种不同在我们中间显然是存在的。

中国代表团是来求同而不是来立异的。在我们中间有无求同的基础呢？有的。那就是亚非绝大多数国家和人民自近代以来都曾经受过、并且现在仍在受着殖民主义所造成的灾难和痛苦。这是我们大家都承认的。从解除殖民主义痛苦和灾难中找共同基础，我们就很容易互相了解和尊重、互相同情和支持，而不是互相疑虑和恐惧、互相排斥和对立。这就是为什么我们同意五国总理茂物会议所宣布的关于亚非会议的四项目的，而不另提建议。

本来，对于美国一手造成的台湾地区的紧张局势，我们很可以在这里提出如同苏联所提出的召开国际会议谋求解决的议案，请求会议加以讨论。中国人民解放自己领土台湾和

---

① 《在亚非会议全体会议上的发言》（1955年4月19日），《周恩来选集（下）》，人民出版社，1984年，第153—157页。

沿海岛屿的要求是正义的，这完全是内政和行使自己的主权，并得到许多国家的支持。我们也很可以提议会议讨论承认和恢复中华人民共和国在联合国的合法地位问题。去年，科伦坡五国总理会议，还有亚非其他国家，都曾经支持中华人民共和国在联合国的地位。而且，中国在联合国所受的不公正待遇，也可以在这里提出批评。但是，我们并没有这样做。因为这样一来，就很容易使我们的会议陷入对这些问题的争论而得不到解决。

我们的会议应该求同而存异。同时，会议应将这些共同愿望和要求肯定下来。这是我们中间的主要问题。我们并不要求各人放弃自己的见解，因为这是实际存在的反映。但是不应该使它妨碍我们在主要问题上达成共同的协议。我们还应在共同的基础上来互相了解和重视彼此的不同见解。

现在，我首先谈不同的思想意识和社会制度问题。我们应该承认，在亚非国家中是存在有不同的思想意识和社会制度的，但这并不妨碍我们求同和团结。第二次大战后，亚非两洲兴起了许多独立国家，一类是共产党领导的国家，一类是民族主义者领导的国家。前一类国家并不多。但是某些人所不喜欢的，就是六万万中国人民选择了中国共产党领导的、属于社会主义体系的政治制度，而不再为帝国主义所统治了。后一类国家很多，像印度、缅甸、印度尼西亚和亚非许多国家都是。我们这两类国家都是从殖民主义的统治下独立起来的，并且还在继续为完全独立而奋斗。我们有什么理由不可以互相了解和尊重、互相同情和支持呢？五项原则完全可以成为在我们中间建立友好合作和亲善睦邻关系的基础。我们亚非国家，中国也在内，不论在经济上或文化上都很落后。我们亚非会议既然不要排斥任何人，为什么我们自己反倒不能互相了解、不能友好合作呢？

次之，我要谈有无宗教信仰自由的问题。宗教信仰自由是近代国家所共同承认的原则。我们共产党人是无神论者，但是我们尊重有宗教信仰的人。我们希望有宗教信仰的人也应该尊重无宗教信仰的人。中国是有宗教信仰自由的国家，它不仅有七百万共产党员，并且还有以千万计的回教徒和佛教徒，以百万计的基督教徒和天主教徒。中国代表团中就有虔诚的伊斯兰教的阿訇。这些情况并不妨碍中国内部的团结，为什么在亚非国家的大家庭中不能将有宗教信仰的和没有宗教信仰的人团结在一起呢？挑起宗教纷争的时代应该过去了，因为从挑起那种纷争中得到利益的并不是我们中间的人。

第三，我要谈所谓颠覆活动的问题。中国人民为反对殖民主义所进行的斗争超过一百年。中国共产党领导的民族、民主的革命斗争也经历了近三十年的艰难困苦的过程，才终于达到了成功。中国人民在帝国主义、封建主义和蒋介石统治下所受的苦难是数也数不尽的，最后才选择了这个国家制度和现在的政府。中国革命是依靠中国人民的努力取得胜利的，决不是从外输入的，这一点连不喜欢中国革命胜利的人也不能否认。中国古话说：“己所不欲，勿施于人。”我们反对外来干涉，为什么我们会去干涉别人的内政呢？有人说，中国在国外有一千多万华侨，可能利用他们的双重国籍来进行颠覆活动。但是，华侨的双重国籍问题是旧中国遗留下来的，蒋介石至今还在利用极少数的华侨进行对所在国的破坏活动。新中国的人民政府却准备与有关各国政府解决华侨的双重国籍问题。又有人说，在中国境内有傣族自治区威胁了别人。中国境内有几十种少数民族共四千多万人，其中傣族和相同系统的壮族将近千万人。他们既然存在，我们就必须给他们自治权利。好像缅甸有掸族自治邦一样，在中国境内各个少数民族都有他们的自治区。中国少数民族在中国境内实行自治权利，如何能说威胁邻邦呢？我们现在准备在坚守五项原则的基础上与亚非各国，乃至世界各国，首先是我们的邻邦，建立正常关系。现在的问题不是我们去颠覆别人的政府，倒是有人在中国的周围建立进行颠覆中国政府的据点。比如在缅甸边境就存在着蒋介石集团的残余武装分子，对中缅两国进行破坏。因为中缅友好，我们一直尊重缅甸的主权，信任缅甸政府去解决这个问题。

中国人民选择和拥护自己的政府，中国有宗教信仰自由，中国绝无颠覆邻邦政府的意图。相反的，中国正在受着美国政府公言不讳地进行颠覆活动的害处。大家如果不信，可亲自或派人到中国去看。我们是容许不知真相的人怀疑的。中国俗语说：“百闻不如一见。”我们欢迎所有到会的各国代表到中国去参观，你们什么时候去都可以。我们没有竹幕，倒是别人要在我们之间施放烟幕。

十六万万亚非人民期待着我们的会议成功。全世界愿意和平的国家和人民期待着我们的会议能为扩大和平区域和建立集体和平有所贡献。让我们亚非国家团结起来，为亚非会议的成功努力吧！

——选自周恩来：《周恩来选集（下）》，人民出版社，1984 年，第 153—157 页。

（三）“建设有中国特色的社会主义”命题的提出

独立自主地探索一条中国自己的社会主义建设道路，是 1956 年由毛泽东首先提出来的。基于对照搬照抄苏联模式的反思以及苏共二十大后全党思想的解放，1956 年 4 月 4 日，毛泽东在讨论赫鲁晓夫秘密报告的政治局扩大会议上提出：“民主革命时期，我们吃了大亏之后才成功地实现了这种结合，取得了新民主主义革命的胜利。现在是社会主义革命和建设时期，我们要进行第二次结合，找出在中国怎样建设社会主义的道路”①。在此背景下，以毛泽东同志为核心的党中央立足中国国情，在 1956 年党的八大召开前后的一年多时间里，就中国社会主义建设中的一系列重大理论和认识问题进行了全方位思考，取得了《论

① 《毛泽东年谱（1949—1976）（第二卷）》，中央文献出版社，2013 年，第 557 页。

十大关系》《关于正确处理人民内部矛盾的问题》等一系列成果。但是，党的八大召开以后不久，由于国际国内多种因素的共同作用，党在中国社会主义建设的指导思想上出现了“左”的错误，探索开始遭受严重挫折。十一届三中全会的召开，重新恢复和确立了党实事求是的思想路线，作出了工作重点转移的重大战略决策，标志着中国社会主义建设进入一个新的时期。

《走自己的路：“中国特色社会主义”命题的提出》（节选）

1. 以“解放思想”为起点打开“搞建设的新路”

1982 年 9 月，邓小平陪同朝鲜劳动党总书记金日成乘专列赴四川访问。途中，在同金日成单独会谈时，邓小平说：“从十一届三中全会到十二大，我们打开了一条一心一意搞建设的新路。”这条“新路”，是在反思“文化大革命”的沉痛教训，开展真理标准问题大讨论，冲破“两个凡是”藩篱基础上实现的。

“文化大革命”给党、国家和人民造成了重大损失。经济上，仅 1974—1976 年间，全国工业总产值就损失 1000 亿元，一些地区和部门，工厂停工停产，农村田园荒芜，整个国民经济濒临崩溃的边缘。按照正常年份百元投资的应增效益推算，“文化大革命”十年内乱使中国国民收入损失 5000 亿元，这相当于新中国成立后 30 年全部基本建设投资的 80%，相当于全国 40 万个工交企业的全部固定资产的总和。“文化大革命”10 年间，有 5 年经济增长不超过 4%，其中 3 年负增长：1967 年增长－5.7%，1968 年增长－4.1%，1976 年增长－1.6%。1957 年以后 20 年“左”的错误，导致 20 年停滞，把中国与西方发达资本主义国家本已很大的经济科技差距进一步拉大了。而中国周边原来发展水平相当的一些国家和地区，如韩国、新加坡以及中国台湾等则在此期间实现经济的快速腾飞。

粉碎“四人帮”、结束“文化大革命”以后，严峻的国内形势和国际竞争压力，要求人们不得不对“什么是社会主义”、如何体现和发挥社会主义的优越性进行深刻反思和总结。邓小平复出伊始，1977 年 12 月，在会见澳大利亚共产党（马列）主席希尔和夫人乔伊斯时就尖锐地提出：“怎样才能体现列宁讲的社会主义的优越性，什么叫优越性？不劳动、不读书叫优越性吗？人民生活水平不是改善而是后退叫优越性吗？如果这叫社会主义优越性，这样的社会主义我们也可以不要。”1978 年 3 月，在国务院第一次全体会议时，他说：“什么叫社会主义？它比资本主义好在哪里？每个人平均六百几十斤粮食，好多人饭都不够吃，28 年只搞了 2300 万吨钢，能叫社会主义优越性吗？”1978 年 9 月，在东北三省视察期间，他又说：“我们要想一想，我们给人民究竟做了多少事情呢？”“我们太穷了，太落后了，老实说对不起人民。”“社会主义要表现出它的优越性，哪能像现在这样，搞了 20 多年还这么穷，那要社会主义干什么？”这一连串的“问号”，令人警醒、发人深思，要求人们认真思考究竟“什么是社会主义、怎样建设社会主义”。重新探索中国自己的社会主义建设道路的任务就这样提出来了。

但是，“文化大革命”的结束，只是使中国获得了有利的发展契机。要根本消除长期形成的关于社会主义的种种“左”的错误认识，是很不容易的。“两个凡是”方针的提出，就给当时稍稍有了一点独立思考空间的人们的头上套上了新的精神枷锁，成为阻碍中国社会前进的严重羁绊。要重新探索中国自己的社会主义建设的正确道路，首先必须破除个人迷信，开展一场思想解放运动。真理标准大讨论就是适应这样的形势开展起来的。真理标准问题大讨论对当代中国社会和中国共产党产生的影响是深刻而久远的，它的最大贡献是重新恢复了党的解放思想、实事求是的思想路线，把人们从个人迷信、“两个凡是”的禁锢中解放出来，开启了当代思想解放的先河，奠定了党重新认识和探索“什么是社会主义、怎样建设社会主义”的思想前提。在思想解放基础上，1978 年 12 月 13 日，邓小平在 36 天中央工作会议上发表了题为《解放思想，实事求是，团结一致向前看》的讲话，讲话是开辟新时期新道路的宣言书，实际上成为随后召开的中共十一届三中全会的主报告。邓小平在讲话中明确提出并论述了探索中国自己的社会主义建设道路的指导思想，这就是：“解放思想，开动脑筋，实事求是，团结一致向前看”，“正确地改革同生产力迅速发展不相适应的生产关系和上层建筑，根据我国的实际情况，确定实现四个现代化的具体道路、方针、方法和措施”。

中共十一届三中全会就是根据这样的指导思想，作出一系列重大决策，开始了中国从“以阶级斗争为纲”到以经济建设为中心、从僵化半僵化到全面改革、从封闭半封闭到对外开放的历史性转变，并在推动这个伟大历史转变中，“从中国的特点出发”，逐步走出了“一条中国式的现代化道路”。

2.“建设有中国特色的社会主义”命题的提出

基于对中华人民共和国成立以来正反两方面的经验、特别是对“文化大革命”教训的总结，经过中共十一届三中全会后两年多新的探索，1981 年 6 月中共十一届六中全会宣布，“我们党已经逐步确立了一条适合我国情况的社会主义现代化建设的正确道路”。全会通过的《关于建国以来党的若干历史问题的决议》第一次对这条道路的“主要点”从十个方面作了系统概括。

一是社会主义改造基本完成以后，我国所要解决的主要矛盾是人民日益增长的物质文化需要同落后的社会生产之间的矛盾。党和国家工作的重点必须转移到以经济建设为中心的社会主义现代化建设上来，大大发展社会生产力，并在这个基础上逐步改善人民的物质文化生活。党的各项工作都必须服从和服务于经济建设这个中心。二是社会主义经济建设必须从实际出发，量力而行，积极奋斗，有步骤分阶段地实现现代化的目标。三是社会主义生产关系的变革和完善必须适应生产力的状况，有利于生产的发展。社会主义生产关系的发展并不存在一套固定的模式，要根据我国生产力发展的要求，在每一个阶段上创造出与之相适应和便于继续前进的生产关系的具体形式。四是在剥削阶级作为阶级消灭以后，阶级斗争已经不是主要矛盾。五是逐步建设高度民主的社会主义政治制度，是社会主义革命的根本任务之一。必须根据民主集中制的原则加强各级国家机关的建设，使各级人民代表大会及其常设机构成为有权威的人民权力机关，在基层政权和基层社会生活中逐步实现人民的直接民主，必须巩固人民民主专政，完善国家的宪法和法律并使之成为任何人都必须遵守的不可侵犯的力量，使社会主义法制成为维护人民权利，保障生产秩序、工作秩序、生活秩序，制裁犯罪行为，打击阶级敌人破坏活动的强大武器。决不能让类似“文化大革命”的混乱局面在任何范围内重演。六是社会主义必须有高度的精神文明。要坚决扫除长期间存在而在“文化大革命”期间登峰造极的那种轻视教育科学文化和歧视知识分子的完全错误的观念，努力提高教育科学文化在现代化建设中的地位和作用，明确肯定知识分子同工人、农民一样是社会主义事业的依靠力量，没有文化和知识分子是不可能建设社会主义的。七是改善和发展社会主义的民族关系，加强民族团结。要继续贯彻执行宗教信仰自由的政策。要求宗教不得干预政治和干预教育。八是必须加强现代化的国防建设。国防建设要同国家的经济建设相适应。把人民解放军逐步建设成为一支强大的现代化的革命军队。九是在对外关系上，必须继续坚持反对帝国主义、霸权主义、殖民主义和种族主义，维护世界和平。在和平共处五项原则的基础上，积极发展同世界各国的关系和经济文化往来。十是加强执政党的党风建设，把中国共产党建设成为具有健全的民主集中制的党。

《关于建国以来党的若干历史问题的决议》虽然还没有用“中国特色社会主义”这个概念来指称这条新道路，但这条新道路所包含的基本内容已经同中共十一届三中全会前党对社会主义的传统认识有了根本不同，已经是具有了显著的中国特色、为实践所初步证明了的“适合我国情况的社会主义现代化建设的正确道路”。

正是在此基础上，1982 年 9 月，邓小平在中共十二大开幕词中鲜明地提出：“我们的现代化建设，必须从中国的实际出发……把马克思列宁主义的普遍真理同我国的具体实际结合起来，走自己的道路，建设有中国特色的社会主义，这就是我们总结长期历史经验得出的基本结论。”

四 延伸阅读

（一）古田全军政治工作会议

《切实加强和改进新形势下我军政治工作》是习近平同志在全军政治工作会议上讲话的一部分。在我党我军历史上有两次著名的古田会议：1929年的古田会议，立起了思想建党、政治建军的根本原则；2014年的古田全军政治工作会议，立起了新时代政治建军方略。2014年10月31日，习近平主席出席全军政治工作会议，并发表重要讲话，会议的主要任务是贯彻整风精神，研究解决新的历史条件下党从思想上政治上建设军队的重大问题。

《切实加强和改进新形势下我军政治工作》（节选）

当前，国内外形势发生深刻复杂变化，面对意识形态领域尖锐复杂的斗争特别是“颜色革命”的现实危险，面对艰巨繁重的军事斗争准备任务，面对深化国防和军队改革这场考试，我军政治工作只能加强不能削弱，只能前进不能停滞，只能积极作为不能被动应对。

党的方向就是我军政治工作的方向，党和军队新形势下的中心任务决定我军政治工作的任务。军队政治工作的时代主题是，紧紧围绕实现中华民族伟大复兴的中国梦，为实现党在新形势下的强军目标提供坚强政治保证。全军必须坚持以马克思列宁主义、毛泽东思想、邓小平理论、“三个代表”重要思想、科学发展观为指导，贯彻党中央关于全面推进依法治国和从严治党的部署要求，贯彻依法治军、从严治军方针，紧紧围绕我军政治工作的时代主题，加强和改进新形势下我军政治工作，充分发挥政治工作对强军兴军的生命线作用。

“秉纲而目自张，执本而末自从。”当前，最紧要的是把四个带根本性的东西立起来。

一是要把理想信念在全军牢固立起来。“为将之道，当先治心。”崇高的理想、坚定的信念，是革命军人的灵魂，是克敌制胜、拒腐防变的决定性因素。要把坚定官兵理想信念作为固本培元、凝魂聚气的战略工程，采取有力措施，抓紧抓实抓出成效。

立理想信念的过程是立人的过程。要适应强军目标要求，把握新形势下铸魂育人的特点和规律，着力培养有灵魂、有本事、有血性、有品德的新一代革命军人。有灵魂就是要信念坚定、听党指挥，有本事就是要素质过硬、能打胜仗，有血性就是要英勇顽强、不怕牺牲，有品德就是要情趣高尚、品行端正。要加强党的科学理论武装，弘扬和践行社会主义核心价值观，持续培育当代革命军人核心价值观，提振当代革命军人精气神，把理想信念的火种、红色传统的基因一代代传下去。

我一直认为，抓理想信念，最关键的是要抓好高级干部。我们面临的很大的一个问题是基层官兵对一些领导干部特别是高级干部产生了不信任感。从一定意义上讲，信仰危机折射的是信任危机，根子在上面。官兵信不信，很重要的是看领导干部信不信、做得怎么样。我们在座这些同志肩上的责任重啊！全军官兵都看着我们。我们在座的人真正信仰马克思主义，真正爱党爱国爱人民爱军队，在大是大非面前旗帜鲜明，在风浪考验面前无所畏惧，在各种诱惑面前立场坚定，知行合一、笃志躬行、勇于担当、率先垂范，全军理想信念教育就会大有成效。

二是要把党性原则在全军牢固立起来。坚持党性原则是共产党人的根本政治品格，是政治工作的根本要求。政治工作必须坚持党的原则第一、党的事业第一、人民利益第一，在党言党、在党忧党、在党为党，把爱党、忧党、兴党、护党落实到工作各个环节。

批评和自我批评是坚持党性原则、解决党内矛盾和问题的有力武器。这次党的群众路线教育实践活动的一个重要成果就是恢复和发扬了批评和自我批评的优良传统。都不敢批评，都不愿自我批评，问题就会越积越多，矛盾就会越拖越深，最后病入膏肓就成了不治之症。要把好的做法固化下来，开展积极健康的思想斗争，推动形成是非功过分明、团结向上的风气，增强党内生活的政治性、原则性、战斗性，坚决反对好人主义和庸俗化倾向。

“令行禁止，王者之师。”“明制度于前，重威刑于后。”坚持党性原则，关键是立规矩、讲规矩、守规矩。哪些事能做、哪些事不能做，哪些事该这样做、哪些事该那样做，都要规定得明明白白。要提高制度执行力，让制度、纪律成为带电的“高压线”，使查处违纪违法问题制度化、经常化，使党员、干部心有所畏、言有所戒、行有所止。

我在党的十八届四中全会上专门强调要遵守政治纪律和政治规矩，并列举了七种主要问题表现。军队守纪律首要的是遵守政治纪律，守规矩首要的是遵守政治规矩，并且标准要更高、要求要更严。任何人不得越过政治纪律、政治规矩的红线，越过了就是大忌，就要付出代价。

立党性原则是每个党员、干部的责任。领导干部要坚持真理、坚持原则，敢于同形形色色违反党性原则的人和事作斗争。各级要支持和保护那些敢讲真话、敢于同不良现象作斗争的党员、干部，让潜规则失灵，营造风清气正的政治生态。

三是要把战斗力标准在全军牢固立起来。我军根本职能是打仗，战斗力标准是军队建设唯一的根本的标准。政治工作必须保障战斗力标准在军队建设各个领域、各项工作中贯彻落实。要聚焦能打仗、打胜仗，健全完善党委工作和领导干部考核评价体系，形成有利于提高战斗力的舆论导向、工作导向、用人导向、政策导向，以刚性措施推动战斗力标准硬起来、实起来。

对我军来说，政治工作本身对战斗力形成和发挥起着十分重要的作用。那种把战斗力标准等同于军事标准、把战斗力建设同政治工作分割开来、对立起来的观点是错误的。政治工作，要强化围绕中心、服务大局的意识，走出自我设计、自我循环、自我检验的怪圈，按照打赢信息化局部战争要求，探索政治工作服务保证战斗力建设的作用机理，把政治工作贯穿到战斗力建设各个环节，融入到军事斗争准备全过程。要紧跟深化改革进程，有针对性地做好思想政治工作，引导官兵坚定信念、强化责任、听令而行，坚决拥护改革、积极支持改革、自觉投身改革，确保改革任务顺利推进。

四是要把政治工作威信在全军牢固立起来。实事求是地说，由于存在的种种问题，我军政治工作的威信受到了伤害，有的伤得还不轻，正所谓“为威不强还自亡，立法不明还自伤”。现在，紧迫的任务是要把政治工作的威信树立起来，回到言行一致、以身作则、以上率下等这样一些基本原则上来。

过去，我们做政治工作主要靠模范带头，红军时期政治工作是党代表做的，党代表威信很高。罗荣桓同志曾经回忆说：“在行军的时候，党代表走在后边，替士兵背枪和士兵共甘苦。士兵对党代表是很拥护的。如果下个命令，没有党代表的署名，士兵对这个命令就要怀疑的。”政治干部的表率作用本身就是最好的政治工作，这就叫行胜于言！

现在，形势发展变化了，做政治工作方法手段多了，但模范带头并没有过时。官兵不是看你怎么说，而是看你怎么做。树立政治工作威信就从模范带头抓起，从领导带头抓起，通过总结好典型、激浊扬清，善用好干部、惩处败类，引导各级干部特别是政治干部把真理力量和人格力量统一起来，坚持求真务实，坚持公道正派。在这方面，军委要为全军带好头。

——《切实加强和改进新形势下我军政治工作》，《十八大以来重要文献选读（中册）》中央文献出版社，2016 年，第 193—197 页。

（二）“两个结合”命题的提出

2021 年 7 月 1 日，习近平总书记在庆祝中国共产党成立 100 周年大会上发表重要讲话，提出“坚持把马克思主义基本原理同中国具体实际相结合、同中华优秀传统文化相结合”的重要思想。“两个结合”的提出，不仅是中国共产党对推进马克思主义中国化时代化的深刻历史总结和重大探索成果，为坚持和发展马克思主义作出了重大原创性贡献，更是中国共产党团结带领全国各族人民在探索中国特色社会主义道路中得出的规律性的认识，是我们取得成功的最大法宝。

《在庆祝中国共产党成立100周年大会上的讲话》（节选）

同志们、朋友们！

初心易得，始终难守。以史为鉴，可以知兴替。我们要用历史映照现实、远观未来，从中国共产党的百年奋斗中看清楚过去我们为什么能够成功、弄明白未来我们怎样才能继续成功，从而在新的征程上更加坚定、更加自觉地牢记初心使命、开创美好未来。

——以史为鉴、开创未来，必须坚持中国共产党坚强领导。办好中国的事情，关键在党。中华民族近代以来180多年的历史、中国共产党成立以来100年的历史、中华人民共和国成立以来70多年的历史都充分证明，没有中国共产党，就没有新中国，就没有中华民族伟大复兴。历史和人民选择了中国共产党。中国共产党领导是中国特色社会主义最本质的特征，是中国特色社会主义制度的最大优势，是党和国家的根本所在、命脉所在，是全国各族人民的利益所系、命运所系。

新的征程上，我们必须坚持党的全面领导，不断完善党的领导，增强“四个意识”、坚定“四个自信”、做到“两个维护”，牢记“国之大者”，不断提高党科学执政、民主执政、依法执政水平，充分发挥党总揽全局、协调各方的领导核心作用！

——以史为鉴、开创未来，必须团结带领中国人民不断为美好生活而奋斗。江山就是人民、人民就是江山，打江山、守江山，守的是人民的心。中国共产党根基在人民、血脉在人民、力量在人民。中国共产党始终代表最广大人民根本利益，与人民休戚与共、生死相依，没有任何自己特殊的利益，从来不代表任何利益集团、任何权势团体、任何特权阶层的利益。任何想把中国共产党同中国人民分割开来、对立起来的企图，都是绝不会得逞的！9500多万中国共产党人不答应！14亿多中国人民也不答应！

新的征程上，我们必须紧紧依靠人民创造历史，坚持全心全意为人民服务的根本宗旨，站稳人民立场，贯彻党的群众路线，尊重人民首创精神，践行以人民为中心的发展思想，发展全过程人民民主，维护社会公平正义，着力解决发展不平衡不充分问题和人民群众急难愁盼问题推动人的全面发展、全体人民共同富裕取得更为明显的实质性进展！

——以史为鉴、开创未来，必须继续推进马克思主义中国化。马克思主义是我们立党立国的根本指导思想，是我们党的灵魂和旗帜。中国共产党坚持马克思主义基本原理，坚持实事求是，从中国实际出发，洞察时代大势，把握历史主动，进行艰辛探索，不断推进马克思主义中国化时代化，指导中国人民不断推进伟大社会革命。中国共产党为什么能，中国特色社会主义为什么好，归根到底是因为马克思主义行！

新的征程上，我们必须坚持马克思列宁主义、毛泽东思想、邓小平理论、“三个代表”重要思想、科学发展观，全面贯彻新时代中国特色社会主义思想，坚持把马克思主义基本原理同中国具体实际相结合、同中华优秀传统文化相结合，用马克思主义观察时代、把握时代、引领时代，继续发展当代中国马克思主义、21世纪马克思主义！

——以史为鉴、开创未来，必须坚持和发展中国特色社会主义。走自己的路，是党的全部理论和实践立足点，更是党百年奋斗得出的历史结论。中国特色社会主义是党和人民历经千辛万苦、付出巨大代价取得的根本成就，是实现中华民族伟大复兴的正确道路。我们坚持和发展中国特色社会主义，推动物质文明、政治文明、精神文明、社会文明、生态文明协调发展，创造了中国式现代化新道路，创造了人类文明新形态。

新的征程上，我们必须坚持党的基本理论、基本路线、基本方略，统筹推进“五位一体”总体布局、协调推进“四个全面”战略布局，全面深化改革开放，立足新发展阶段，完整、准确、全面贯彻新发展理念，构建新发展格局，推动高质量发展，推进科技自立自强，保证人民当家作主，坚持依法治国，坚持社会主义核心价值体系，坚持在发展中保障和改善民生，坚持人与自然和谐共生，协同推进人民富裕、国家强盛、中国美丽。

中华民族拥有在5000多年历史演进中形成的灿烂文明，中国共产党拥有百年奋斗实践和70多年执政兴国经验，我们积极学习借鉴人类文明的一切有益成果，欢迎一切有益的建议和善意的批评，但我们绝不接受“教师爷”般颐指气使的说教！中国共产党和中国人民将在自己选择的道路上昂首阔步走下去，把中国发展进步的命运牢牢掌握在自己手中！

——以史为鉴、开创未来，必须加快国防和军队现代化。强国必须强军，军强才能国安。坚持党指挥枪、建设自己的人民军队，是党在血与火的斗争中得出的颠扑不破的真理。人民军队为党和人民建立了不朽功勋，是保卫红色江山、维护民族尊严的坚强柱石，也是维护地区和世界和平的强大力量。

新的征程上，我们必须全面贯彻新时代党的强军思想，贯彻新时代军事战略方针，坚持党对人民军队的绝对领导，坚持走中国特色强军之路，全面推进政治建军、改革强军、科技强军、人才强军、依法治军，把人民军队建设成为世界一流军队，以更强大的能力、更可靠的手段捍卫国家主权、安全、发展利益！

——以史为鉴、开创未来，必须不断推动构建人类命运共同体。和平、和睦、和谐是中华民族5000多年来一直追求和传承的理念，中华民族的血液中没有侵略他人、称王称霸的基因。中国共产党关注人类前途命运，同世界上一切进步力量携手前进，中国始终是世界和平的建设者、全球发展的贡献者、国际秩序的维护者！

新的征程上，我们必须高举和平、发展、合作、共赢旗帜，奉行独立自主的和平外交政策，坚持走和平发展道路，推动建设新型国际关系，推动构建人类命运共同体，推动共建“一带一路”高质量发展，以中国的新发展为世界提供新机遇。中国共产党将继续同一切爱好和平的国家和人民一道，弘扬和平、发展、公平、正义、民主、自由的全人类共同价值，坚持合作、不搞对抗，坚持开放、不搞封闭，坚持互利共赢、不搞零和博弈，反对霸权主义和强权政治，推动历史车轮向着光明的目标前进！

中国人民是崇尚正义、不畏强暴的人民，中华民族是具有强烈民族自豪感和自信心的民族。中国人民从来没有欺负、压迫、奴役过其他国家人民，过去没有，现在没有，将来也不会有。同时，中国人民也绝不允许任何外来势力欺负、压迫、奴役我们，谁妄想这样干，必将在 14 亿多中国人民用血肉筑成的钢铁长城面前碰得头破血流！

——以史为鉴、开创未来，必须进行具有许多新的历史特点的伟大斗争。敢于斗争、敢于胜利，是中国共产党不可战胜的强大精神力量。实现伟大梦想就要顽强拼搏、不懈奋斗。今天我们比历史上任何时期都更接近、更有信心和能力实现中华民族伟大复兴的目标，同时必须准备付出更为艰巨、更为艰苦的努力。

新的征程上，我们必须增强忧患意识、始终居安思危，贯彻总体国家安全观，统筹发展和安全，统筹中华民族伟大复兴战略全局和世界百年未有之大变局，深刻认识我国社会主要矛盾变化带来的新特征新要求，深刻认识错综复杂的国际环境带来的新矛盾新挑战，敢于斗争，善于斗争，逢山开道、遇水架桥，勇于战胜一切风险挑战！

——以史为鉴、开创未来，必须加强中华儿女大团结。在百年奋斗历程中，中国共产党始终把统一战线摆在重要位置，不断巩固和发展最广泛的统一战线，团结一切可以团结的力量、调动一切可以调动的积极因素，最大限度凝聚起共同奋斗的力量。爱国统一战线是中国共产党团结海内外全体中华儿女实现中华民族伟大复兴的重要法宝。

新的征程上，我们必须坚持大团结大联合，坚持一致性和多样性统一，加强思想政治引领，广泛凝聚共识，广聚天下英才，努力寻求最大公约数、画出最大同心圆，形成海内外全体中华儿女心往一处想、劲往一处使的生动局面，汇聚起实现民族复兴的磅礴力量！

——以史为鉴、开创未来，必须不断推进党的建设新的伟大工程。勇于自我革命是中国共产党区别于其他政党的显著标志。我们党历经千锤百炼而朝气蓬勃，一个很重要的原因就是我们始终坚持党要管党、全面从严治党，不断应对好自身在各个历史时期面临的风险考验，确保我们党在世界形势深刻变化的历史进程中始终走在时代前列，在应对国内外各种风险挑战的历史进程中始终成为全国人民的主心骨！

新的征程上，我们要牢记打铁必须自身硬的道理，增强全面从严治党永远在路上的政治自觉，以党的政治建设为统领，继续推进新时代党的建设新的伟大工程，不断严密党的组织体系，着力建设德才兼备的高素质干部队伍，坚定不移推进党风廉政建设和反腐败斗争，坚决清除一切损害党的先进性和纯洁性的因素，清除一切侵蚀党的健康肌体的病毒，确保党不变质、不变色、不变味，确保党在新时代坚持和发展中国特色社会主义的历史进程中始终成为坚强领导核心！

——选自习近平：《在庆祝中国共产党成立100周年大会上的讲话》，人民出版社，2021年，第10—20页。

五 课后习题

（一）名词解释

1. 党的六届六中全会
2. 整风运动
3. 真理标准问题大讨论
4. 南方谈话
5. 中国式现代化
6. 习近平新时代中国特色社会主义思想

（二）单项选择题

1. 陈独秀的右倾投降主义和王明“左”倾冒险主义都给中国革命带来了严重危害，这两次错误路线产生的根源在于（　　）。

A. 共产国际错误指导

B. 党的主要领导人的个人专断和家长作风

C. 党处于幼年时期，理论思想尚不成熟

D. 国民党分化破坏活动

2. 1929年12月下旬，红四军党的第九次代表大会在福建上杭县古田村召开，会议总结了红军创立以来的经验，通过了著名的古田会议决议。决议的中心思想是（　　）（2015年考研真题）。

A. 中国共产党必须服从共产国际的领导

B. 武装斗争是中国革命的主要形式

C. 用无产阶级思想进行军队和党的建设

D. 在农村根据地广泛开展土地革命

3. 毛泽东明确提出“马克思主义的中国化”命题是在（　　）。

A. 中共六届六中全会

B. 中共六届七中全会

C. 中共七大

D. 中共七届二中全会

4. 20 世纪 40 年代前期，为了提高广大党员的思想理论水平，增强党的凝聚力和战斗力，中国共产党在全党范围内开展了一场整风运动。这场整风运动最主要的任务是(　　)。（2018 年考研真题）

A. 反对主观主义以整顿学风

B. 反对宗派主义以整顿党风

C. 反对党八股以整顿文风

D. 反对享乐主义以整顿作风

5. 1956 年 4 月，毛泽东提出把马克思列宁主义基本原理同中国具体实际进行“第二次结合”，其目的是（　　）。（2023 年考研真题）

A. 加强中国共产党的自身建设

B. 为社会主义改造创造条件

C. 找出在中国怎样建设社会主义的道路

D. 全面建设社会主义现代化强国

6. 1978 年关于真理标准问题的讨论，是为了解决中国共产党的（　　）。

A. 组织路线问题

B. 思想路线问题

C. 政治路线问题

D. 社会主义初级阶段的基本路线问题

7. 邓小平提出“走自己的路，建设有中国特色的社会主义”是在（　　）。

A. 中共十一大

B. 中共十一届三中全会

C. 中共十一届六中全会

D. 中共十二大

8. 党的（　　）决定党的建设方向和效果，是党的建设的“灵魂”和“根基”。

A. 思想建设

B. 组织建设

C. 政治建设

D. 制度建设

9.（　），是我们党最鲜明的品格，是熔铸在中国共产党人血脉里的政治基因。

A. 勇于探索创新

B. 勇于自我革命

C. 敢于斗争

D. 敢于批评与自我批评

10. 新发展阶段的发展，必须完整、准确、全面贯彻（　）的新发展理念，实现高质量发展。

A. 创造、协调、生态、开放、共享

B. 创新、协调、绿色、开放、共享

C. 创新、统筹、绿色、开放、共享

D. 创新、统筹、生态、开放、共享

（三）简答

1. 简述中国特色社会主义道路形成发展的历史进程。

2. 如何认识习近平新时代中国特色社会主义思想的历史地位？

（四）材料分析

1. 结合材料回答问题（2016 年考研真题）

材料一：

1944 年正值李自成领导的农民起义军进入北京推翻明王朝 300 周年，郭沫若毅然放下正在进行的先秦思想史研究，撰写《甲申三百年祭》。在这篇文章中，郭沫若深刻总结了李自成农民起义成功建立起大顺朝但旋即失败的历史教训。从 3 月 19 日起，这篇长文在重庆《新华日报》全文连载。文章发表后，引起社会各界的广泛关注。仅隔 20 天，毛泽东就在《学习和时局》的报告中指出："我党历史上曾经有过几次表现了大的骄傲，都是吃了亏的……近日我们印了郭沫若论李自成的文章，也是叫同志们引以鉴戒，不要重犯胜利时骄傲的错误。"11 月 21 日，毛泽东复信郭沫若："你的《甲申三百年祭》，我们把它当作整风文件看待。小胜即骄傲，大胜更骄傲，一次又一次吃亏，如何避免此种毛病，实在值得注意。"

——摘编自郭沫若纪念馆、中国郭沫若研究会、四川郭沫若研究学会合编：《甲申三百年祭风雨六十年》，人民出版社，2005 年。

材料二：

1949 年 3 月 23 日，毛泽东率中共中央机关离开西柏坡前往北平（北京）。临行前，他对周围的人说："同志们，我们就要进北平了。我们进北平，可不是李自成进北平，他们进了北平就变了。我们共产党人进北平，是要继续革命，建设社会主义，直到实现共产主义。"他兴奋地对周恩来说。"今天是进京'赶考'嘛。"周恩来说："我们应当都能考试及格，不要退回来。"毛泽东说："退回去就失败了。我们决不当李自成，我们都希望考个好成绩。"

——摘编自金冲及主编：《毛泽东传 (1893—1949)》，中央文献出版社，1993 年。

材料三：

2013 年 7 月 11 日至 12 日，习近平总书记来到革命圣地西柏坡，在同县乡村干部和群众座谈时指出：当年党中央离开西柏坡时，毛泽东同志说是"进京赶考"。"六十多年过去了，我们取得了巨大进步。中国人民站起来了，富起来了，但我们面临的挑战和问题依然严峻复杂，应该说，党面临的'赶考'远未结束。我们党要带领人民实现全面建成小康社会的奋斗目标，不断坚持和发展中国特色社会主义．就是这场考试的继续。所有领导干部和全体党员要继续把人民对我们党的'考试'，把我们党正在经受和将要经受各种考验的'考试'考好，努力交出优异的答卷。"

——摘编自中共中央文献研究室编：《习近平关于实现中华民族伟大复兴的中国梦论述摘编》，中央文献出版社，2013 年。

1. 1949 年春，为什么毛泽东把离开西柏坡前往北平比作"赶考"？

2. 如何理解习近平所说的"党面临的'赶考'远未结束"？

2. 结合材料回答问题

材料一：

在世界百年未有之大变局中，人类发展进入具有里程碑意义的时刻。2022 年 11 月 15 日，在二十国集团领导人第十七次峰会开幕的当天，联合国宣布世界人口达到了 80 亿，联合国秘书长古特雷斯在其发表的题为《80 亿人口，一个人类》署名文章中表示，人类发展抵达这一里程碑的时刻，是庆祝多样性和进步的时刻。他同时指出，人类大家庭在日益壮大的同时，不平等问题也愈发严重，世界正逐渐走向分裂：粮食、能源危机对发展中经济体打击最大，这也是人类思考对地球负起共同责任的时刻。

习近平总书记在党的二十大报告中指出，当前，世界之变、时代之变、历史之变正以前所未有的方式展开，人类社会面临前所未有的挑战。世界又一次站在历史的十字路口，何去何从取决于各国人民的抉择。

——摘编自《人民日报》，2022 年 10 月 17 日；新华网，2022 年 11 月 16 日。

材料二：

当前世界经济面临衰退风险，发展中国家首当其冲。作为全球 80 亿人口的重要组成部分，中国始终把自身发展置于人类发展的坐标系中，始终想着广大发展中国家的难处，照顾广大发展中国家关切，维护世界和平、促进共同发展。

作为在全球范围内以发展促民生典范的共建“一带一路”倡议，截至 2021 年年底，中国在 24 个沿线国家建设 79 家境外经贸合作区，累计投资 430 亿美元，为当地创造 34.6 万个就业岗位。据世界银行研究报告评估，共建“一带一路”将使相关国家 760 万人摆脱极端贫困、3200 万人摆脱中度贫困，并将使参与国贸易增长 2.8% 至 9.7%、全球贸易增长 1.7% 至 6.2%、全球收入增加 0.7% 至 2.9%。

中国提出的全球发展倡议，得到联合国等国际组织和众多国家响应，目前已有 100 多个国家表示支持，60 余国加入“全球发展倡议之友小组”，为动荡变革的世界注入稳定性和正能量。

针对人类发展面临的前所未有之挑战，习近平主席在二十国集团领导人峰会上发表的重要讲话中强调，各国要树立人类命运共同体意识，让团结代替分裂、合作代替对抗、包容代替排他。这为“世界怎么了，我们怎么办”的时代课题提供了中国答案

——摘编自《光明日报》，2022 年 6 月 11 日；新华网，2022 年 9 月 14 日、11 月 22 日。

1. 为什么说“世界又一次站在历史的十字路口”？

2. 中国在帮助发展中国家共同发展方面所做的巨大贡献，体现出怎样的外交理念与大国担当？

（五）论述题

1. 怎样认识我们党的历史“就是一部不断推进理论创新、进行理论创造的历史”？

2. 如何理解习近平新时代中国特色社会主义思想是当代中国马克思主义、21 世纪马克思主义？

第五专题

中国共产党的为民造福史

一 基本知识点

（一）浴血奋战，造福人民

由于西方列强入侵以及国内封建统治的故步自封、不求进取、腐败横行，中国逐渐变为半殖民地半封建社会。在这一阶段，山河破碎、生灵涂炭，中国人民遭受了前所未有的苦难。但是，面对困难，中国人民没有屈服，而是挺起脊梁、奋起抗争，目的就是实现中华民族光辉的未来、中华文明的复兴。中国人民以百折不挠的精神，进行了一场场气壮山河的斗争，谱写了一曲曲可歌可泣的史诗。

中国旧民主主义革命之所以失败，是因为没有一个能够唤起最广大人民群众的坚强领导力量。“十月革命一声炮响，给我们送来了马克思列宁主义。”[①]1921 年 7 月，中国共产党的成立，标志着中国历史上一个新时期的到来，“从此，中国人民开始从精神上由被动转为主动，中华民族开始艰难地但不可逆转地走向伟大复兴”[②]。

中国共产党在成立初期，“由于没有经验，缺乏深刻的革命认识，还不善于将马克思列宁主义的理论和中国革命的实践相结合”[③]。在遭遇大革命失败等一系列挫折后，中国共产党开始认识到掌握革命武装的重要性。南昌起义，中国共产党独立创建了一支听党指挥的人民军队。八七会议后，毛泽东领导秋收起义的工农革命军通过“三湾改编”，将党的支部建在连上，开始创建井冈山革命根据地。古田会议决议首次明确了我党我军历史上“思想建党、政治建军”的政治方针，强调用无产阶级思想进行军队和党的建设。“星星之火，可以燎原”，毛泽东在革命实践中提出关于建立农村根据地、以乡村为中心夺取城市政权、党的领导与武装斗争等方面的正确主张，形成了农村包围城市、武装夺取政权的“新”道路理论，为中国革命胜利指明了正确方向。在土地改革方面，党在不同时期实施不同的土地政策，争取了农村最大多数人的支持，稳固了党在农村中的基础。

抗日战争中，中国共产党实行正确的抗日民族统一战线政策，坚持全面抗战路线，提出和实施持久战的战略总方针和一整套人民战争的战略战术，开辟广大敌后战场和抗日根据地，领导八路军、新四军英勇作战，成为全民族抗战的中流砥柱，直到取得中国人民抗日战争的最后胜利。

解放战争时期，中国共产党又建立了人民民主统一战线。1948 年，中国共产党发布

① 毛泽东：《论人民民主专政》，《毛泽东选集（第四卷）》，人民出版社，1991 年，第 1360 页。
② 习近平：《在党史学习教育动员大会上的讲话》，载《求是》，2021 年第 7 期。
③ 毛泽东：《〈共产党人〉发刊词》，《毛泽东选集（第二卷）》，人民出版社，1991 年，第 611 页。

纪念“五一”劳动节的口号，得到了民主党派、无党派民主人士的热烈响应，他们纷纷奔赴解放区，与中国共产党共商建国大计。这标志着中国的民主政治建设和政党制度建设揭开了新的一页，为创建新中国提供了思想舆论和政治准备。

1949年新中国成立，中国人民从此把命运牢牢掌握在自己手中，成为国家、社会和自己命运的主人。从上海到井冈山，从瑞金到延安，从西柏坡到北京，党成功开辟了以农村包围城市、武装夺取政权的革命道路，经过北伐战争、土地革命战争、抗日战争、解放战争，进行了28年浴血奋战，打败日本侵略者，推翻国民党反动统治，完成新民主主义革命，彻底结束了旧中国半殖民地半封建社会的历史，彻底结束了旧中国一盘散沙的局面，彻底废除了列强强加给中国的不平等条约和在中国的一切特权。从此，在党的领导下，中国人民翻身做主人，开启了创造幸福生活的新纪元。

（二）众志成城，抗击疫情

1. 新中国成立前中国共产党领导的抗疫斗争

（1）抗击传染病

土地革命时期，苏维埃中央政府积极领导医疗卫生事业的建设和卫生防疫运动。苏维埃中央强调：“苏维埃政府是工农自己的政府，他要注意解决工农群众一切切身的痛苦问题，污秽和疾病就是他们要解决的一个大问题。”① 中央号召“全苏区各处地方政府，各地群众团体，领导全体群众一齐起来，向着污秽和疾病，向着对于污秽和疾病的顽固守旧邋遢的思想习惯，做顽强的坚决的斗争”②。党和政府通过卫生标语、传单、讲演、戏剧、竞赛各种方法宣传卫生运动。这些决议和训令增加了苏区民众和红军指战员的卫生防疫知识，推进了苏区的卫生防疫工作。

（2）开展卫生运动

苏维埃政府号召大家一齐起来，向着污秽和疾病作顽强的坚决的斗争。采取了许多群众喜闻乐见的宣传方式，如组织宣传队、举办短训班、集会表演、张贴标语、出墙报、办夜校、办识字班、化妆演讲等，对军民进行卫生防疫教育；出版发行《健康》《红色卫生》

---

① 《卫生运动纲要》，高恩显、高良、陈锦石：《新中国预防医学历史资料选编：一（第二次国内革命战争时期 一九二七年八月——一九三七年六月）》，人民军医出版社，1986年，第70页。

② 《卫生运动纲要》，高恩显、高良、陈锦石：《新中国预防医学历史资料选编：一（第二次国内革命战争时期 一九二七年八月——一九三七年六月）》，人民军医出版社，1986年，第71页。

《卫生讲话》等报刊，在《红色中华》《红星》等重要报纸开辟卫生专栏，刊载大量疾病防治科普文章；创作的《卫生歌》通俗易懂，迅速在苏区传唱。广大群众积极担当卫生防疫宣传员，定期开展卫生知识竞赛，清扫公共场所卫生，利用春节、清明、端午、重阳等传统节日开展卫生大扫除。经常举行卫生晚会和卫生游艺会，表演卫生娱乐节目。随着防疫知识的广泛宣传，各区、乡、村订立了卫生公约，使卫生防疫运动群众化、制度化、常态化，有效防止了疾病蔓延。

抗战爆发后，中共中央和中央军委即指示各抗日根据地加强卫生宣传，组织军民开展广泛的群众性卫生运动，以改善环境、移风易俗、保障健康、减少疾病。

2. 新中国成立后中国共产党领导人民取得的抗疫防疫斗争的胜利

（1）消灭血吸虫病

1956 年 2 月，毛泽东在最高国务会议上发出了“全党动员，全民动员，消灭血吸虫病”的号召，一场规模宏大的灭螺运动拉开了帷幕。1956 年，余江人民将水利建设与灭螺结合起来，开展了轰轰烈烈的灭螺工作。到 1958 年，余江县的面貌焕然一新，余江县也成为疫区中最先消灭血吸虫病的县。听到这个消息，毛泽东主席和全国人民一样，心情激动不已，欣然写下《送瘟神》二首。

（2）消灭疟疾

疟疾是一种古老的传染病，根据世界卫生组织发布的数据，每年有上百万人死于蚊虫叮咬，其中大部分是由于感染疟疾所致，因此疟疾也被认为是全世界最严重的传染疾病之一。1969 年 1 月，屠呦呦以北京中药研究所中年科研工作者的身份，利用早期的艰难攻关，从本草研究入手，最终提取第 191 号青蒿乙醚作为药物样品。1972 年底，经过一次次地反复试验，北京中药研究所再次报告了令人振奋的结果。屠呦呦和她的团队从青蒿提取物中成功分离出三种结晶成分，并找到了一个对鼠疟抑制率高达 100% 的有效单体，定名青蒿Ⅱ号结晶。1981 年 10 月，青蒿素正式通过国际认证。中国用短短几十年，从过去的疟疾高发国，成为实现消除疟疾目标的国家，在世界公共卫生领域取得巨大进展。2015 年，凭借对人类健康的突出贡献，最早分离出青蒿有效抗疟成分青蒿素的屠呦呦获得诺贝尔生理学或医学奖。

（3）消灭天花

1950 年 1 月至 8 月，中国境内天花患者仍然有 44 211 例，分布在全国广泛的地域，这一年，因天花而死亡的有7765人。1950年10月，为了在新中国彻底消灭给人类带来极大危害的天花，中央人民政府政务院颁布了由周恩来总理签发的《关于发动秋季种痘运动的指示》，于是全国迅速掀起了普遍种痘的高潮。

1952年，新中国成立后的第三年，全国各地接种疫苗达五亿多人次，有效地控制了天花的泛滥和蔓延。1961年6月，中国最后一名天花病人胡小发痊愈出院，新生的人民政府只用了11年时间，就消灭了这个困扰了人类数千年的瘟疫，比世界卫生组织宣布全球消灭天花的时间整整提前了16年。

新中国成立以后，以“组织起来”为特征的“人民战争”模式被广泛应用于卫生防疫事业。尽管之前人们在党领导下的革命运动中受到教育、启蒙、洗礼，但受两千多年封建专制文化的浸染，当时的人们普遍缺少自主意识。因此，政府主导型的社会动员成为新中国早期开展卫生防疫工作的基本模式，依托从中央到地方严密的组织体系和科研工作者的攻坚克难，防疫工作取得了重大胜利。1949—1957年，全国人口预期寿命从35岁增加到57岁。

（4）抗击“非典”

2003年广东等地发生“非典”疫情。2月，中国绝大部分省市自治区及世界多地陆续出现“非典”疫情。最终，抗击“非典”扩大为一场全球性的防疫运动。

以胡锦涛为总书记的党中央做出了一系列应急部署。2月11日，胡锦涛对“非典”疫情作出批示：“广东、广西都已发现不明原因的肺炎病例，并影响波及海南，需从疾病防治、药品保障、媒体舆论引导等方面采取综合措施。”国务院立即成立了以副总理吴仪为组长的领导小组指导工作。2003年5月14日，胡锦涛又对治理“非典”疫情作出决策，要正确把握和处理好防治“非典”和推动经济发展的关系，一手抓防治“非典”这件大事，一手抓经济建设这个中心不动摇。历时5个月奋战，通过分类指导、集中救治、加强疫情监控、报告等措施，非典疫情得到有效控制。但是，“非典”危机也暴露出我国应对突发疫情的诸多问题和缺陷，如对该类事件的严重性认识不足，早期预警、通报与应对机制不健全，应急物资储备体系薄弱，卫生执法监督工作缺位等。危机亦是转机和生机。“非典”过后，党中央、国务院更加重视疾病预防控制体系的建设工作，提出疾病预防控制体系建设目标，将疾病预防控制工作作为保护人民健康、促进社会和谐的重要内容。

（5）抗击新冠疫情

进入新时代以来，我国综合实力稳步提升，卫生防疫事业进入发展的成熟期。人民对美好生活的向往，就是中国共产党人的奋斗目标。“美好生活”内含人们对健康的更高追求。以习近平同志为核心的党中央践行以人民为中心的发展理念，提出“健康中国”战略。

2020年伊始，新冠疫情突然暴发。这次疫情是新中国成立以来我国遭遇的传播速度最快、感染范围最广、防控难度最大的一次重大突发公共卫生事件，也是百年来全球发生的最严重的传染病大流行。新冠疫情发生后，党中央将疫情防控作为头等大事来抓。习近平总书记亲自指挥、亲自部署，坚持把人民生命安全和身体健康放在第一位，提出坚定信心、同舟共济、科学防治、精准施策的总要求。抗疫三年，以习近平同志为核心的党中央始终坚持人民至上、人民利益至上，统筹疫情防控和经济社会发展取得重大积极成果，最大限度地保护了人民生命安全和身体健康，最大限度地减少了疫情对经济社会发展的影响。

（三）疫情防控与中国共产党的政治优势

1. 政治制度优势

战争年代和执政初期，党的领导人对于防控疫病就高度重视，将其作为体现党执政能力的一项重要工作，强调“我们的党是必须领导一切的”，“卫生工作是关系着全国人民生老病死的大事，是一个大的政治问题，党必须要把它管好”。[①]

2020年新冠疫情暴发后，习近平总书记亲自指挥、亲自部署，统揽全局、果断决策，为打赢疫情防控的人民战争、总体战、阻击战提供了有力保证。

2. 政治理念优势

战争年代和执政之初，中国共产党就强调“卫生工作对于发展生产、巩固国防、增进人民健康，极关重要”，要求“各级党委务必加强对这方面的领导”。在抗击新冠疫情中，中国共产党所坚守的“生命至上”的原则及其执行的成效，同一些国家有选择地医治感染者形成鲜明对比，使14亿中国人民真正体会到中国共产党的伟大以及作为中国人的幸运和幸福，从而真心实意地拥护党，愿意凝聚在党的周围，服从党的领导，成为迅速战胜疫情并使经济社会有序恢复正常运行的关键所在。

3. 政治动员优势

战争年代和执政初期，中国共产党在防控极其困难和资源极度缺乏的情况下，依靠强大的政治动员力，广泛动员社会各阶层参与防控疫情的斗争，从而在全国掀起轰轰烈烈的爱国卫生运动。2020年新冠疫情发生后，在中国共产党的强大动员下，中国人民万众一心、

① 曹桂荣：《卫生部史实考证》，人民卫生出版社，1998年。

众志成城，打了一场漂亮的歼灭战，取得抗疫的重大战略成果。抗疫斗争检验了中国共产党的政治动员力，同时以铁的事实证明，中国历史上没有哪一个政党能像中国共产党这样具有如此强大的政治动员力。

（四）消除贫穷，共同富裕

1. 历史背景

小康是中华民族的千年梦想和夙愿。100 年来，中国共产党团结带领中国人民顽强拼搏，几代人一以贯之、接续奋斗，从“小康之家”到“小康社会”，从“总体小康”到“全面小康”，从“全面建设”到“全面建成”，小康目标不断实现，小康梦想成为现实。

打赢脱贫攻坚战，是全面建成小康社会的底线任务。越到冲刺阶段，越要全力以赴啃硬骨头、持续用力攻坚拔寨。以习近平同志为核心的党中央，坚持以人民为中心的发展理念，把脱贫攻坚摆到治国理政重要位置，提升到事关全面建成小康社会、实现第一个百年奋斗目标的政治高度。

2. 主要内容

（1）初心与使命

1949 年新中国成立之时，毛泽东领导的中国共产党怀抱着“进京赶考”的心态，律己公廉，执事谨慎，昼夜孜孜，如临渊谷。2013 年，习近平总书记在河北省调研时说：“当年党中央离开西柏坡时，毛泽东同志说是‘进京赶考’。60 多年过去了，我们取得了巨大进步，中国人民站起来了，富起来了，但我们面临的挑战和问题依然严峻复杂，应该说，党面临的‘赶考’远未结束。”①

（2）改革探路

十一届三中全会是新中国成立以来党的历史上具有深远意义的伟大转折。这次全会结束了粉碎“四人帮”后徘徊不前的局面，开始了全面的拨乱反正，形成了以邓小平为核心的党的中央领导集体，揭开了社会主义改革开放的序幕。以这次全会为起点，中国进入了改革开放和社会主义现代化建设的历史新时期。

1980 年，邓小平发表《关于农村政策的谈话》，肯定了包产到户这种形式，指出它

① 李斌：《习近平：党面临的“赶考”远未结束——再访西柏坡侧记》，载《人民日报》，2013 年 7 月 14 日。

不会影响我们的社会主义性质。在中央的支持下，以包产到户、包干到户为主要形式的家庭联产承包经营责任制，在全国各地逐渐推广。从 1979 年到 1983 年，农业总产值每年平均增长近 8%，农民收入明显增加。农村的改革成为中国改革的突破口。

1978 年中央决定对外开放，利用外资加快发展。进入 1979 年，对外开放的步伐开始加快，中央决定在广东、福建两省实行特殊政策，建立深圳、珠海、汕头、厦门四个经济特区，对外开放找到了突破口。

80 年代末、90 年代初，国际国内形势处于急剧变化之中，中国同时面临着严峻的挑战和良好的发展机遇。在此背景下，1992 年邓小平先后视察了武昌、深圳、珠海、上海等地，并发表了重要谈话。邓小平“南方谈话”明确地回答了改革开放以来经常困扰和束缚人们思想的许多重大认识问题，他强调：革命是解放生产力，改革也是解放生产力。不坚持社会主义，不改革开放，不发展经济，不改善人民生活，只能是死路一条。基本路线要管 100 年，动摇不得。改革开放胆子要大一些，敢于试验。看准了的，就大胆地试，大胆地闯。同时他提出判断的标准，应该主要看是否有利于社会主义生产力的发展，是否有利于社会主义国家综合国力的增强，是否有利于人民生活水平的提高。

（3）脱贫攻坚

2018 年，习近平总书记强调，要清醒认识和把握打赢脱贫攻坚战面临任务的艰巨性，清醒认识把握实践中存在的突出问题和解决这些问题的紧迫性，不放松、不停顿、不懈怠，把提高脱贫质量放在首位，聚焦深度贫困地区，扎实推进各项工作。6 月，党中央、国务院印发《关于打赢脱贫攻坚战三年行动的指导意见》，要求以更有力地行动、更扎实的工作，集中力量攻克贫困的难中之难、坚中之坚。2021 年 2 月 25 日，全国脱贫攻坚总结表彰大会在京隆重举行，习近平庄严宣告：我国脱贫攻坚战取得了全面胜利。经过全党全国各族人民共同努力，在迎来中国共产党成立 100 周年的重要时刻，我国脱贫攻坚战取得了全面胜利，现行标准下 9899 万农村贫困人口全部脱贫，832 个贫困县全部摘帽，12.8 万个贫困村全部出列，区域性整体贫困得到解决，完成了消除绝对贫困的艰巨任务，创造了又一个彪炳史册的人间奇迹！

（4）历史意义

在中国特色社会主义新时代，9899 万农村贫困人口宣告脱贫、832 个国家级贫困县宣布摘帽，决战脱贫攻坚取得全面胜利，中华民族前所未有地迎来了从站起来、富起来到强起来的伟大飞跃。消除绝对贫困、全面建成小康社会不是终点，而是新的起点。在全面建设社会主义国家新征程上，我们要始终把人民放在心中最高位置、把人民对美好生活的向往作为奋斗目标，推动改革发展成果更多更公平惠及全体人民，推动共同富裕取得更为明显的实质性进展，让全体人民共同富裕起来，实现人民的共同期盼。煌煌为民志，熠熠奋进路。中国共产党百年来所付出的一切努力、进行的一切斗争、作出的一切牺牲，都是为了人民幸福！实践充分证明，中国共产党打江山、守江山，守的是人民的心，为的就是人民幸福！

二 重难点

（一）人民立场是中国共产党的根本政治立场

中国共产党走过的百年历程充分证明，坚持人民立场、始终保持党同人民群众的血肉联系是党战胜一切艰难险阻、取得不断胜利的根本保证。习近平总书记在纪念长征胜利80周年大会上的讲话中指出："中国共产党之所以能够发展壮大，中国特色社会主义之所以能够不断前进，正是因为依靠了人民。中国共产党之所以能够得到人民拥护，中国特色社会主义之所以能够得到人民支持，也正是因为造福了人民。"

坚持人民立场、代表人民利益，是我们党领导人民取得各项巨大成就的力量源泉。党在领导中国革命、建设和改革的伟大实践中，不论所处的历史方位、所担负的历史任务发生怎样的变化，但坚持人民立场这一根本原则始终没有变。无论是新民主主义革命时期、社会主义改造时期、社会主义建设时期，还是改革开放和社会主义现代化建设新的历史时期，中国共产党都始终坚持了人民立场，始终把人民作为革命、建设和改革的主体，充分调动了人民群众的积极性和创造性，使党的事业、国家的事业与人民群众自己的事业有机统一在一起。没有人民，也就没有我们党在不同历史时期的成功。

（二）为什么说"为民造福是立党为公、执政为民的本质要求"？

第一，这是中国共产党性质宗旨和人民性权力观的本质体现。中国共产党是以马克思主义为指导思想建立起来的先进政党，党的根本宗旨是全心全意为人民服务。马克思主义唯物史观认为，人民是历史的创造者，是决定党和国家前途命运的根本力量。正因如此，习近平总书记指出："人民是创造历史的动力，我们共产党人任何时候都不要忘记这个历史唯物主义最基本的道理。""学习马克思，就要学习和实践马克思主义关于坚守人民立场的思想。人民性是马克思主义最鲜明的品格。"忘记了人民，脱离了人民，我们党就会成为无源之水、无本之木，就会一事无成。

第二，这是中国共产党立于不败之地的强大根基。中国共产党的执政理念从本质上来说，就是为人民执政、依靠人民执政。在新中国 70 多年的执政历史中，中国共产党经受住了执政、改革开放、市场经济、外部环境的种种考验，始终坚守全心全意为人民服务的根本宗旨，始终将马克思主义唯物史观和人民性创造性地转化为开展各项具体工作、推进党和国家事业发展的指导原则，始终坚持人民利益高于一切，把人民拥护不拥护、赞成不赞成、高兴不高兴、答应不答应作为衡量一切工作得失的根本标准。正是因为把人民放在心中最高位置，我们党才始终赢得人民群众的衷心拥护、充分信赖和坚定支持，不断夺取社会主义革命和建设、改革开放和社会主义现代化建设、中国特色社会主义新时代的新胜利。

第三，这是中国共产党做到不忘初心、牢记使命的必然要求。江山就是人民，人民就是江山。中国共产党领导人民打江山、守江山，守的是人民的心。自 1921 年成立以来，我们党始终把为中国人民谋幸福、为中华民族谋复兴作为自己的初心使命，始终坚持共产主义理想和社会主义信念，团结带领全国各族人民为争取民族独立、人民解放和实现国家富强、人民幸福而不懈奋斗。党的初心使命，决定了党员干部必须锚定人民公仆的角色定位，以造福人民为最大政绩，切实做到权为民所用、情为民所系、利为民所谋。

（三）如何理解中国式现代化是全体人民共同富裕的现代化？

共同富裕是中华民族千百年来的美好期盼，是中国共产党矢志不渝的奋斗目标。我们党对推动共同富裕一以贯之。毛泽东在社会主义革命和建设时期指出，“而这个富，是共同的富，这个强，是共同的强，大家都有份”。进入改革开放和社会主义现代化建设新时期，邓小平指出：“社会主义最大的优越性就是共同富裕，这是体现社会主义本质的一个东西。”“社会主义的本质，是解放生产力，发展生产力，消灭剥削，消除两极分化，最终达到共同富裕。”进入中国特色社会主义新时代，习近平总书记强调：“共同富裕是社会主义的本质要求，是人民群众的共同期盼。我们推动经济社会发展，归根结底是要实现全体人民共同富裕。”“国之称富者，在乎丰民。”党的十八大以来，以习近平同志为核心的党中央把握新发展阶段新变化，把逐步实现全体人民共同富裕摆在更加突出的位置，对共同富裕作出全面擘画、系统设计，明确了时间表、路线图，取得新成效。

现在，已经到了扎实推动共同富裕的历史阶段。实现共同富裕的目标，首先要通过全国人民共同奋斗把“蛋糕”做大做好，然后通过合理的制度安排正确处理增长和分配的关系，把“蛋糕”切好分好。必须更加自觉贯彻以人民为中心的发展思想，顺应人民对美好生活的向往，奋力推进高质量发展，自觉主动解决地区差距、城乡差距、收入分配差距等问题，突出保障和改善民生，完善分配制度，规范平台企业健康发展，防止垄断和资本无序扩张，解决好人民群众急难愁盼问题，推动全体人民共同富裕取得更为明显的实质性进展。

中国式现代化承载着实现全体人民共同富裕的光荣使命，是中国共产党、中国人民、中华民族独创的，以自身的实践打破了对西方式现代化的迷信，超越了线性发展的逻辑，超越了资本主导的逻辑，超越了“国强必霸”的逻辑，是一条人间正道。同时也必须认识到，共同富裕是一个长期的历史过程，不可能一蹴而就，对其长期性、艰巨性、复杂性要有充分估计，坚持尽力而为、量力而行，坚持循序渐进，保持战略耐心，脚踏实地、久久为功，持续推进，不断取得成效。

三 党史故事

（一）苏区时期的卫生运动[①]

人类自诞生之日起便不断与瘟疫作斗争，这个亘古难题在中央苏区时期也显得比较突出，各种传染病、地方病一度四处肆虐。为此，中央苏区确立政府主导、预防为主、免费治疗、全民参与、群防群治等工作方针，掀起了一场轰轰烈烈的卫生运动，有效解决了苏区军民“生病害疮”的问题，其间积累的宝贵经验至今仍有着积极的启示。

1. 苏区疾疫频发的总体情况

在中央苏区，疾病尤以 1931 年至 1932 年最为严重，呈现出集中暴发之势，且波及的范围很广。《江西省苏维埃政府工作报告》（1932 年 11 月）介绍了全省的疫情：公略县近期因瘟疫死亡 1167 人，安远县沙含区发生痢疾死亡十余人，宁都县数月患痢疾达 1300 余人（固村闵原东山坝等区死亡 100 余人），兴国县 6、7 月间发生瘟疫死亡 40 余人。疟疾、痢疾、下肢溃疡、疥疮，在当时被称为四大常见病；霍乱、赤痢、伤寒、天花、发疹、猩红热、白喉、鼠疫、流行性脑脊髓膜炎 9 种疾病，也被界定为须重点预防的传染病。

中央苏区时期大规模疫情频发的主要原因包括：其一，赣南、闽西地处亚热带，山高林密、闷热潮湿，容易滋生细菌，历来是各种疾病的高发地区；其二，当地的经济文化较为落后，交通闭塞，老百姓封建迷信思想严重，卫生意识淡薄；其三，国民党频繁军事“围剿”，造成战场尸体得不到有效处理，随便掩埋甚至抛露或者任其腐烂，全面经济封锁又导致苏区缺医少药；其四，部队的医疗条件差，对伤病员不够重视，导致一些战士因伤病感染得不到及时治疗而病情加重、残废甚至牺牲。

2. 开展全苏区的卫生防疫运动

1932 年初，赣西南的富田发生了鼠疫，闽西地区又天花横行，为遏制病情传播并迅速消灭疫情，1 月 12 日由毛泽东主持召开中华苏维埃共和国临时中央政府人民委员会四次常会，紧急讨论防疫问题，决议指出，“为保障工农群众的健康和预防瘟疫发生起见，决定举行全苏区防疫卫生运动”。

1 月 13 日，临时中央政府副主席项英在《红色中华》发表社论，指出瘟疫是“我们应该严重注意的问题，应该立即解决的问题”，号召“各级政府各红军应当领导群众去做防疫的卫生运动！各群众团体要领导群众积极参加这一运动”。① 该文犹如一声号角，拉开了大规模卫生运动的序幕。运动也推广到全国其他苏区，成为中共领导医疗卫生事业的伟大创举。截至 1934 年 3 月底，中央苏区的卫生防疫运动共举行过三次，每次持续一个月。

运动贯彻了“预防为主”的方针，构建多角度、多层次防治网络，以改善苏区卫生条件、促进人民身体健康为根本宗旨。通过“天天做，月月做，年年做，家家做，村村做，乡乡做，个个圩场个个城市做”，取得了显著成效。有资料显示，“苏区的发病率大幅度下降，有些地区甚至减少了百分之九十；红军部队中的痢疾、疟疾、下腿溃疡等发病率也大幅下降，疥疮基本消灭，其他各种疾病也随之减少”。部队的战斗力得到提高，民众对身体健康的基本诉求得到满足，党群军民关系更加密切。

3. 苏区应对疫情的主要经验

中央苏区对待防疫既尊重客观规律，又积极调动多方力量，上下一心，众志成城，因地制宜，科学防治。主要包括以下做法经验。

一是党和苏维埃政府高度重视。设立专门的防控机构。建立了从城市到乡村，从中央到地方，从机关到部队的各级卫生防疫机构，即卫生运动委员会和卫生小组。1934 年 3 月成立了中央防疫委员会，成为中央苏区疫病防控的中央领导机构。设立工农医院、药业合作社、公共看病所、诊疗所等医疗救治机构，创办各类医务学校，为防疫提供重要的物质和人才支持。

苏区党政领导高度重视且身体力行。如毛泽东在二苏大会的报告中提道：“许多人生

① 项英：《大家起来做防疫的卫生运动》，载《红色中华》第 5 期，中国井冈山干部管理学院、中央档案馆编：《红色中华》全编（整理本），江西人民出版社，2016 年，第 43—44 页。

疮害病，想个什么办法呢？”他还在瑞金沙洲坝村带头开凿水井，解决附近居民的饮水问题，著名的“红井”故事也流传开来。

二是用形式多样的方式宣传和发动群众。《卫生运动纲要》号召大家一齐起来，向着污秽和疾病作顽强的坚决的斗争。采取了许多喜闻乐见的宣传方式，如组织宣传队、举办短训班、集会表演、张贴标语、出墙报、办夜校、办识字班、化妆演讲等，对军民进行卫生防疫教育；出版发行《健康》《红色卫生》《卫生讲话》等报刊，在《红色中华》《红星》等重要报纸开辟卫生专栏刊载大量疾病防治科普文章；创作的《卫生歌》通俗易懂，迅速在苏区传唱。

广大群众积极担当卫生防疫宣传员，定期开展卫生竞赛，清扫公共场所卫生，利用春节、清明、端午、重阳等传统节日开展卫生大扫除。经常举行卫生晚会和卫生游艺会，表演卫生娱乐节目。随着防疫知识的广泛宣传，各区、乡、村订立了卫生公约，使卫生防疫运动群众化、制度化、常态化，有效防止了疾病蔓延。

三是颁布了一系列卫生法令和政策，建立了防疫法规制度。由于历史条件所限，条文多以条例、纲要、简章、决议案、训令等形式出台，但其法律效力在当时等同于成文法。如《苏维埃区域暂行防疫条例》《卫生运动指导员工作纲要》《卫生运动纲要》《卫生决议案》《卫生法规》，内容涉及医疗机构设置、社会福利事业、优待伤病兵、卫生防疫运动、药品管理等，使苏区的防疫工作有法可依，有章可循，保证了卫生运动顺利开展。《卫生运动纲要》经过各级苏维埃政府的翻印，在苏区内广为散发，使党的卫生防疫方针政策家喻户晓，影响深远。

四是建立了较为科学有效的疫病防控机制。首先，接种预防。《防疫简则》要求无论男女1～20岁，在可能范围内，每年都应种牛痘一次以预防天花，注射防疫血清以预防霍乱、瘟疫。其次，疫情上报。《苏维埃区域暂行防疫条例》规定：防疫范围以区为单位，由区政府领导各乡群众团体执行，并应将防疫经过经常向上级报告，上级亦应经常去巡视防疫工作。一旦发现传染病应向上级及邻区报告，在报告中应写明症状、病名等项。再次，实施隔离。《苏维埃区域暂行防疫条例》规定：对传染病患者的被服及常用的器具等必须以火焚烧，对其尸体必须在远离住地五六里之外深埋7尺或火葬处理；对疫区周围五六里之范围内必须实行断绝交通；离疫区五六里之外的地方不能开大会、赶圩场，不能多人集合一处，以免传染。最后，防疫演习。1934年3月16日至23日举行防疫运动周。规定已发现疫病的地方划为疫区，这一周暂时停止举行群众大会和演剧，严防传染；凡经过中央防疫委员会检查确诊为传染病者，须将其送至隔离所治疗；在防疫期内，各地务必举行大扫除一次，洗通沟壑，封塞鼠洞，打扫内外驻地；掩埋死尸；开通或淘通吃水井。

——选自孙伟：《中央苏区怎样开展防疫》，《学习时报》，2020 年 3 月 13 日。

（二）新中国消灭疟疾①

今天，对于大多数中国人而言，疟疾已经很少被提及，甚至很多年轻人都不知疟疾为何物。但在新中国成立初期，中国饱受疟疾的侵害，全国每年疟疾发病人数曾高达 3000 万，疟疾居各种传染病之首。“稻谷黄，病满床”就是当时中国南方地区疟疾肆虐流行情况的真实写照。

20 世纪 60 年代，战火焦灼的越南战场，美越士兵在交火的同时，还面对着肆虐的疟疾，因疟疾造成的减员甚至超过战争的减员。美国为了解决这一难题，专门成立疟疾委员会，筛选了 21.4 万种化合物，但都没找到理想的抗疟药。越共总书记胡志明亲自来中国，向毛泽东主席发出了援助申请，希望中国施以援手找到对付抗药性疟疾的方法。毛泽东对越南领导人胡志明说：解决你们的问题，也是解决我们的问题。当时疟疾疫情的暴发已经是内忧外患，到了非解决不可的地步。毛泽东主席当即决定，兴举国之力研制抗疟新药援助越南，一个代号“523”的秘密科研项目悄然展开。

疟疾是一种古老的传染病，是由疟原虫引起的急性寄生虫感染，主要通过蚊虫传播。人患疟疾后会出现急剧高烧全身出汗，时冷时热，故中国人又称疟疾为“打摆子”，疟疾不仅种类繁多，而且容易重复感染，恶性疟更是容易致人死亡。根据世界卫生组织发布的数据显示，每年有上百万人死于蚊虫叮咬，其中大部分是由于感染疟疾所致，因此疟疾也被认为是全世界最严重的传染疾病之一。

1969 年 1 月，屠呦呦以北京中药研究所中年科研工作者的身份，承担了 523 项目的课题任务。她利用早期的艰难攻关，从本草研究入手，开始广泛收集整理历代医籍，查阅地方献方，仅用了三个月的时间，就收集了包括内服外用药在内的 2000 多个方药。在实验筛选了上百种中药提取物后，屠呦呦最终将目光锁定在了青蒿上。1971 年 10 月，屠呦呦带领课题组在经历了数百次失败后，最终确定第 191 号青蒿乙醚中性提取物作为药物样品。1972 年初，屠呦呦等三名科研人员申请成为青蒿乙醚中性提取物首批人体试验小白鼠，住进了北京东直门中医院，在医院一周的服药观察后，并未发现药物对人体有毒副作用。紧接着，又调整药物剂量试药后，证明药物是安全的。1972 年底，经过了一次次地反复试验，北京中药研究所再次报告了令人振奋的结果。屠呦呦和她的团队从青蒿提取物中成功分离出三种结晶成分，并找到了一个对鼠疟抑制率高达 100% 的有效单体，定名青蒿Ⅱ号结晶。

1974 年 11 月，在位于云南的耿马暴发了恶性疟疾，这种恶性疟疾也是疟疾中死亡率最高的。仅有 20 户人家的村子，半个月就因疟疾死亡了 8 人。此时身处疫区的李国桥医生，接到了青蒿素临床试验的紧急任务。第一位服用青蒿素治疗的患者是一个13岁的小男孩，他严重高烧呕吐，病情已经非常严重。但是这位患者在服用青蒿素后的第三天，高烧却依然没有改善。难道说青蒿素对于恶性疟疾起不到杀灭的作用？随后李国桥医生再次给患者做了血液检测，这次结果出人意料，患者血液中的疟原虫正在快速消失。通过对18例患者的临床观察，参与临床研究的李国桥医生认定，青蒿素是有效抗疟的特效药，完全能够治愈恶性疟疾。

1981年10月，由联合国计划开发署、世界卫生组织疟疾化疗科学组主持的青蒿素及其衍生物学术讨论会在北京召开，全世界从事疟疾研究的顶尖专家悉数到场。十年磨一剑，最终，在全国几十家科研机构、数百名科研人员齐心协力攻关下，中国出色地完成了“523”项目，研制出了抗疟新药——青蒿素。中国用短短几十年，从过去的疟疾高发国，成为了实现消除疟疾目标的国家，在世界公共卫生领域取得巨大进展。2015年凭借对人类健康的突出贡献，最早分离出青蒿有效抗疟成分青蒿素的屠呦呦获得诺贝尔生理学或医学奖。

——选自《屠呦呦传：中国首位获诺贝尔奖的女科学家》，人民出版社，2015年，第73—114页。

（三）精准扶贫的感人故事[1]

凉山是我国最大的集中连片深度贫困地区之一。党中央、国务院深切关怀凉山脱贫攻坚，习近平总书记深情牵挂凉山。2018年春节前夕，习近平总书记亲临大凉山彝区腹地视察，作出一系列重要指示。

2020年2月18日，四川省政府批准木里、盐源、甘洛、雷波4县退出贫困县序列。2020年11月17日，四川省人民政府批准普格、布拖、金阳、昭觉、喜德、越西、美姑7县退出贫困县序列。至此，凉山11个贫困县全部清零，与全国各族人民一道实现全面小康，阔步走在乡村振兴的光辉大道上。

1. 脱贫攻坚，久久功成

过去五年，凉山以“不破楼兰终不还”的“钉钉子精神”，以“但愿苍生俱饱暖”的“公仆精神”，以“精雕细琢精准下针”的“绣花精神”，啃下最难啃的骨头，攻克一座座贫困堡垒，兑现承诺完成减贫任务，点亮贫困户追求幸福的希望之光，为乡村振兴打下坚实的基础。

“翻身不忘毛主席，脱贫不忘习主席。”2020年4月11日，春光渐盛，看着自家屋外的山坡上青绿的花椒果冒出枝头、200多亩青花椒挂果丰硕时，感念于脱贫攻坚带来的巨变，西昌市阿七镇马桑村60多岁的村民潘伍迁，用红色粉笔在自家大门上写下这副对联。一笔一画、一字一句，字里行间满满都是感恩情。

2. 尽锐出战，千年梦圆

曾经，这里的贫困就像大山峡谷一样深不见底，压得一代代凉山人看不到希望。这五年，弹指一挥间，更是“敢教日月换新天”。从“人背马驮”到水电路通，从不遮雨挡风的“三房”到一座座彝家新寨，从传统农牧民到产业工人……

改变，从打响精准脱贫攻坚战的号角开始。干部进村，帮扶到户，想路子、找办法、谋发展……

危房改造、医疗兜底、产业扶贫、“两不愁三保障”，脱贫攻坚让大凉山边远闭塞的一个个小山村看到了希望，迎来了新生。

这五年，是披甲上马战“穷根”，勠力同心破“穷局”。决战打响，全州上万名党员干部脚上沾满泥土，以不懈奋斗的顽强意志，奋力拼搏在脱贫攻坚第一线上，确保在首战首胜、再战再胜、连战连胜的基础上实现巩固提高，夺取脱贫攻坚全面胜利，确保凉山与全国全省同步实现全面小康。

精准扶贫，“干部脱皮”、群众脱贫。在大小凉山彝区，处处都能看到干部群众撸起袖子加油干、决战决胜脱贫奔康攻坚战的忙碌场景。

从2013年初到2020年11月中旬，元旦、春节、清明、端午、五一、火把节、国庆、彝历新年等国家和自治州法定节假日期间，州级领导和各级干部，跑遍大小凉山扶贫工作重点县，调研指导当前经济社会发展和综合扶贫开发工作，推动党中央、国务院和省州决策部署落实落地，不落一村一寨一户一人。

从精准实施阶段开始，全州所有公职人员都是脱贫攻坚的参与者、群众工作的实践者，在攻坚克难、尽心竭力推动脱贫攻坚的同时，用心用情、倾智倾力做好群众工作。

联系领导达856名、帮扶部门达1616个，各级帮扶干部达8625人。2497名驻村第一书记、280名重点乡镇村专职副书记扎根一线。

凉山地理环境艰苦，为了脱贫攻坚，全州上下一心拼尽全力，38名同志以身殉职，用热血和生命、用忠诚担当，诠释了伟大的脱贫攻坚精神。

中纪委、国家档案局等9个中央国家机关帮扶凉山，东西协作、国企入凉、省内对口帮扶，形成了携手战贫困、帮扶谋发展的宏大局面，带来了脱贫攻坚正能量、脱贫攻坚新气象。

这五年，是万里征程力量积蓄，一朝“千年梦圆”。历经五年艰苦奋斗，凉山贫困面貌发生历史性巨变，解决绝对贫困和区域性整体贫困问题取得历史性成就，重大专项扶贫取得标志性成就，特殊社会问题治理取得趋势性成就，累计减贫 105.2 万人，11 个贫困县全部摘帽，2072 个贫困村全部出列。

1952 年，凉山“站”起来了。在中国共产党的领导下，大小凉山从奴隶制社会“跑步”进入社会主义社会；2020 年，凉山“富”起来了。当年实现地区生产总值 1733.15 亿元，农村居民人均可支配收入达 15 232 元，农村居民人均可支配收入增速全省第一。

曾经“一步跨千年”的凉山旧貌换新颜，实现了第二次历史性跨越。

3. 走出深山，千年跨越

在党中央、国务院的深切关怀和省委、省政府坚强领导下，凉山强力推进彝家新寨建设，通过各级党政干部和广大农牧民的艰苦努力，脱贫攻坚从改革与精准的实际出发，实现了大救济式扶贫向精准脱贫、改善环境、激发自身活力，解放生产力的重大转变。这一实践，使凉山贫困地区从生产方式、经济效益到人的意识观念等都发生了深刻变化。

在这场没有硝烟的战役中，一个个看得见的实实在在的“蜕变”，书写着凉山砥砺奋进的五年，书写着凉山重大转变的五年。

历经五年艰苦奋斗，凉山贫困面貌发生历史性巨变，经济发展实现历史性提升，基础设施瓶颈得到历史性突破，改革开放迈出历史性步伐，民生事业取得历史性进步，干部群众精气神得到历史性提振。

这五年，换来绿满山间“富”满村。完成 35 万余人易地扶贫搬迁工程，100 余万人住进安全新居；行路难、吃水难、用电难、通信难、上学难、就医难等问题得到历史性解决；新改扩建国省干线 2113.5 公里、农村公路 2.06 万公里；建成大中型水利工程 11 处、高标准农田 296.4 万亩。

2018 年 9 月 1 日，随着凉山“溜索改桥”项目完工，金阳县对坪镇上千名孩子告别溜索渡江上学，布拖县冯家坪村的新桥对接宜攀高速公路，标志着四川全面结束“溜索时代”。

布拖县阿布洛哈村是中国最后一个“无公路村”。为了打通全国建制村通村路“最后一公里”，施工方动用了米－26 重型直升机吊运机械设备，3.8 公里公路终于在 2019 年最后一天通车。

绿水青山就是金山银山。2020 年底，凉山优良的生态环境转化成巨大的发展优势，森林覆盖率提高到 51%，林业生态产业面积 2298 万亩，林业产业总产值达 200 亿元。从交通闭塞到内联外畅，凉山所有乡镇和建制村实现 100% 通硬化路，老百姓的获得感、幸福感和满意度明显增强。

教育是阻断贫困代际传递的根本。五年来，累计投入办学条件改善资金90.74亿元，“砸锅卖铁办大教育”成为民生品牌，全州教育事业呈现出了“质量更好、规模更大、后劲更足”发展态势。如今，“房屋破旧改三房，煮饭生火烧沼气，家家户户点农网，人背马驮通公路，缺水挑水安水管，生病发愁有医保，丧事喜事繁向简，吃饭洗脸送用品，出门打工有政策，火把之花遍地开，健康生活扑面来”的顺口溜，在凉山大地传唱，让人为之喝彩。

“土墙草顶垒空房，三块石头围火塘；门前粪泥没双脚，屋内同住牛和羊……”这曾是凉山特困彝族群众生活的真实写照；今日，宽敞明亮、布局合理、功能完善、设施先进的彝家新寨带来的是凉山面貌、凉山人精神的深刻变化。

在这场伟大战役中，凉山广大干部寒暑不辍、风雨无阻，倾力奉献、苦干实干，各族群众自强不息、自力更生，发出了“幸福不会从天降，好日子都是奋斗出来的”最强音，说出了“习近平总书记卡沙沙、共产党瓦吉瓦”的心里话，更加坚定了永远听党话、感党恩、跟党走的信心决心。

4. 持续奋斗，千年之变

索玛花开幸福来。昭觉县阿土列尔村，被称为“悬崖村”。村民从爬藤梯到攀钢梯、上楼梯，生动诠释了脱贫攻坚的“悬崖村”变迁，成为凉山脱贫攻坚的历史见证和中国脱贫攻坚经典故事。

生活在木里高寒山区的贫困人口彻底结束了昔日“一顶帐篷，一个家，一方草原，一生的作坊；一条牧鞭，一把琴，一首牧歌，一生的伴侣”的游牧生活。如今，走进凉山农户家中，院子里跑着鸡鸭鹅，圈里养着猪牛羊，田间地头硕果累累。西昌葡萄、会理石榴、雷波脐橙、盐源苹果、金阳青花椒等注册了“四川扶贫”公益商标的特色优质农产品，通过电商等各种渠道走上了城里人的餐桌，让大江南北的群众交口称赞。利用消费扶贫周等平台，凉山特色农产品累计销售超过 30 亿元，惠及贫困县乡村人口 30 万人。

住新房、有收入、有书读、能治病、有水喝。走进美姑县龙门乡塔哈村集中安置点，一栋栋青瓦黄墙的小楼错落有致地修建在山腰间，干净宽敞的水泥路四通八达，太阳能风电路灯将大山深处小山村的夜晚照得透亮。

村民吉后阿红在自家门口的小路两旁种上了花椒树。她说：2019 年 9 月，我搬家过来时路就已经修通了。路通了，卖花椒一下就方便了，我干脆在家门口也种几株，一年能收入 2 万多元。与种花椒相比，更让吉后阿红高兴的是，搬进新家两个月以后，村小学就开建了。同月，作为第一批入学的小学生，吉后阿红的孩子终于实现了在家门口上学。

2020年塔哈村集体经济收入达到38.2万元，户均分红1000元以上，开创了美姑县村集体经济经营性资产收益分红的先河。

在越西县占地3600亩的现代农业产业园——大瑞苹果产业园中，数百名脱贫群众正在务工，他们不仅每天有70至100元的劳务收入，还可通过土地流转、二次分红等方式进一步提高收入。

因为穷，曾经的喜德县光明镇阿吼村姑娘外嫁不回头，本村小伙子二十五六岁也找不到对象。村里有了专合社，贫困群众有了年度“分红”，看得到希望和未来后，近三年来，已有19位外乡姑娘嫁入村，让阿吼村甩掉了“光棍村”的帽子。

在凉山每一个重点易地扶贫安置点，几乎都有一个扶贫工厂或新型产业基地。和大型扶贫工厂园区同步发力的，还有一大批直接建在移民安置点的中小型扶贫车间为搬迁群众就近务工提供了有力支撑。

过去的这五年里，攻坚的力度强、脱贫的底子厚、秀丽的面子美、振兴的里子实、致富的路子宽、幸福的日子长……这是属于凉山振兴画卷里的“乡村五子登科”。

更为重要的是，全州规划建设了118个现代农业产业融合示范园区，现代农业产业为持续推进巩固拓展脱贫攻坚成果同乡村振兴打下了坚实基础。

——选自张崇宁：《凉山：摆脱贫困，4年跨越》，《凉山日报》，2021年11月25日。

四 延伸阅读

我们的人民热爱生活，期盼有更好的教育、更稳定的工作、更满意的收入、更可靠的社会保障、更高水平的医疗卫生服务、更舒适的居住条件、更优美的环境，期盼孩子们能成长得更好、工作得更好、生活得更好。人民对美好生活的向往，就是我们的奋斗目标。人世间的一切幸福都需要靠辛勤的劳动来创造。我们的责任，就是要团结带领全党全国各族人民，继续解放思想，坚持改革开放，不断解放和发展社会生产力，努力解决群众的生产生活困难，坚定不移走共同富裕的道路。

——选自《人民对美好生活的向往，就是我们的奋斗目标》（2012年11月15日），《十八大以来重要文献选编（上）》，中央文献出版社，2014年，第70页。

全心全意为人民服务，是我们党一切行动的根本出发点和落脚点，是我们党区别于其他一切政党的根本标志。党的一切工作，必须以最广大人民根本利益为最高标准。检验我们一切工作的成效，最终都要看人民是否真正得到了实惠，人民生活是否真正得到了改善，人民权益是否真正得到了保障。

——选自《把群众路线贯彻到治国理政全部活动中》（2013 年 12 月 26 日），习近平《论坚持人民当家做主》，中央文献出版社，2021 年，第 49 页。

全党必须牢记，为什么人的问题，是检验一个政党、一个政权性质的试金石。带领人民创造美好生活，是我们党始终不渝的奋斗目标。必须始终把人民利益摆在至高无上的地位，让改革发展成果更多更公平惠及全体人民，朝着实现全体人民共同富裕不断迈进。

——选自《决胜全面建成小康社会，夺取新时代中国特色社会主义伟大胜利》（2017 年 10 月 18 日），《习近平谈治国理政（第三卷）》，外文出版社，2020 年，第 35 页。

这么大一个国家，责任非常重、工作非常艰巨。我将无我，不负人民。我愿意做到一个“无我”的状态，为中国的发展奉献自己。

——选自《我将无我，不负人民》（2019 年 3 月 22 日），《习近平谈治国理政（第三卷）》，外文出版社，2020 年，第 144 页。

中国共产党根基在人民、血脉在人民。坚持以人民为中心的发展思想，体现了党的理想信念、性质宗旨、初心使命，也是对党的奋斗历程和实践经验的深刻总结。自成立以来，我们党团结带领人民进行革命、建设、改革，根本目的就是为了让人民过上好日子，无论面临多大挑战和压力，无论付出多大牺牲和代价，这一点都始终不渝、毫不动摇。坚持以人民为中心的发展思想，不是一句空洞口号，必须落实到各项决策部署和实际工作之中。

——选自《坚持人民至上》（2020 年 5 月 22 日），《求是》，2022 年第 20 期。

以史为鉴、开创未来，必须团结带领中国人民不断为美好生活而奋斗。江山就是人民、人民就是江山，打江山、守江山，守的是人民的心。中国共产党根基在人民、血脉在人民、力量在人民。中国共产党始终代表最广大人民根本利益，与人民休戚与共、生死相依，没有任何自己特殊的利益，从来不代表任何利益集团、任何权势团体、任何特权阶层的利益。任何想把中国共产党同中国人民分割开来、对立起来的企图，都是绝不会得逞的！九千五百多万中国共产党人不答应！十四亿多中国人民也不答应！

——选自《在庆祝中国共产党成立一百周年大会上的讲话》（2021 年 7 月 1 日），《习近平谈治国理政（第四卷）》，外文出版社，2022 年，第 9 页。

我们要始终坚持人民至上。全面建成社会主义现代化强国，人民是决定性力量。要积极发展全过程人民民主，坚持党的领导、人民当家作主、依法治国有机统一，健全人民当家作主制度体系，实现人民意志，保障人民权益，充分激发全体人民的积极性主动性创造性。要贯彻以人民为中心的发展思想，完善分配制度，健全社会保障体系，强化基本公共服务，兜牢民生底线，解决好人民群众急难愁盼问题，让现代化建设成果更多更公平惠及全体人民，在推进全体人民共同富裕上不断取得更为明显的实质性进展。要不断巩固发展全国各族人民大团结、海内外中华儿女大团结，充分调动一切积极因素，凝聚起强国建设、民族复兴的磅礴力量。

——选自《在第十四届全国人民代表大会第一次会议上的讲话》（2023年3月13日），《人民日报》，2023年3月14日。

经过全党全国各族人民共同努力，在迎来中国共产党成立一百周年的重要时刻，我国脱贫攻坚战取得了全面胜利，现行标准下九千八百九十九万农村贫困人口全部脱贫，八百三十二个贫困县全部摘帽，十二万八千个贫困村全部出列，区域性整体贫困得到解决，完成了消除绝对贫困的艰巨任务，创造了又一个彪炳史册的人间奇迹！

——选自《在全国脱贫攻坚总结表彰大会上的讲话》（2021年2月25日），《习近平谈治国理政（第四卷）》，外文出版社，2022年，第125页。

党的十八大以来，党中央鲜明提出，全面建成小康社会最艰巨最繁重的任务在农村特别是在贫困地区，没有农村的小康特别是没有贫困地区的小康，就没有全面建成小康社会；强调贫穷不是社会主义，如果贫困地区长期贫困，面貌长期得不到改变，群众生活水平长期得不到明显提高，那就没有体现我国社会主义制度的优越性，那也不是社会主义，必须时不我待抓好脱贫攻坚工作。二〇一二年年底，党的十八大召开后不久，党中央就突出强调，"小康不小康，关键看老乡，关键在贫困的老乡能不能脱贫"，承诺"决不能落下一个贫困地区、一个贫困群众"拉开了新时代脱贫攻坚的序幕。二〇一三年，党中央提出精准扶贫理念，创新扶贫工作机制。二〇一五年，党中央召开扶贫开发工作会议，提出实现脱贫攻坚目标的总体要求，实行扶持对象、项目安排、资金使用、措施到户、因村派人、脱贫成效 "六个精准"，实行发展生产、易地搬迁、生态补偿、发展教育、社会保障兜底"五个一批"，发出打赢脱贫攻坚战的总攻令。二〇一七年，党的十九大把精准脱贫作为三大攻坚战之一进行全面部署，锚定全面建成小康社会目标，聚力攻克深度贫困堡垒，决战决胜脱贫攻坚。二〇二〇年，为有力应对新冠肺炎疫情和特大洪涝灾情带来的影响，党中央要求全党全国以更大的决心、更强的力度，做好"加试题"、打好收官战，信心百倍向着脱贫攻坚的最后胜利进军。

——选自《在全国脱贫攻坚总结表彰大会上的讲话》（2021年2月25日），《习近平谈治国理政（第四卷）》，外文出版社，2022年，第127页。

共同富裕是中国特色社会主义的根本原则，所以必须使发展成果更多更公平惠及全体人民，朝着共同富裕方向稳步前进。

——选自《紧紧围绕坚持和发展中国特色社会主义学习宣传贯彻党的十八大精神》（2012年11月17日），《习近平谈治国理政（第一卷）》，外文出版社，2018年，第13页。

全面建成小康社会，一个也不能少；共同富裕路上，一个也不能掉队。

——选自《新时代要有新气象，更要有新作为》（2017 年 10 月 25 日），《习近平谈治国理政（第三卷）》，外文出版社，2020 年，第 66 页。

共同富裕是中国特色社会主义的本质要求。共同富裕路子应当怎么走？我们正在进行探索。实现共同富裕的目标，首先要通过全国人民共同奋斗把“蛋糕”做大做好，然后通过合理的制度安排正确处理增长和分配关系，把“蛋糕”切好分好。这是一个长期的历史过程，我们要创造条件、完善制度，稳步朝着这个目标迈进。

——选自《正确认识和把握我国发展重大理论和实践问题》（2021 年 12 月 8 日），《习近平谈治国理政（第四卷）》，外文出版社，2022 年，第 210 页。

全面落实以人民为中心的发展思想，扎实推进共同富裕。实现全体人民共同富裕，从根本上体现了党的初心使命、性质宗旨，体现了我国社会主义制度的优越性，有利于激发全体人民的积极性、主动性、创造性，有利于增强党的凝聚力、向心力、号召力。要深刻认识到，实现全体人民共同富裕是一个长期的历史过程，不可能一蹴而就，必须保持历史耐心、进行不懈努力。全党要按照党的二十大部署，进一步贯彻以人民为中心的发展思想，把促进全体人民共同富裕摆在更加突出的位置，坚持尽力而为、量力而行，循序渐进、久久为功，在推进高质量发展中推动共同富裕取得更为明显的实质性进展。

——选自《为实现党的二十大确定的目标任务而团结奋斗》（2022 年 10 月 23 日），《求是》，2023 年第 1 期。

五 课后习题

一、名词解释

1. 《送瘟神》
2. 种痘运动
3. 精准扶贫
4. 爱国卫生运动
5. 驻村第一书记

二、单项选择题

1. 毛泽东在谈到辛亥革命时指出，辛亥革命有它胜利的地方，也有它失败的地方。“辛亥革命把皇帝赶跑，这不是胜利了吗？说它失败，是说辛亥革命只把一个皇帝赶跑。”毛泽东这里所说的“只把一个皇帝赶跑”是指（　　）。（2015 年考研真题）

A. 没有推翻帝制

B. 反帝反封建的革命任务没有完成

C. 孙中山没有继续革命

D. 袁世凯窃取了胜利果实

2. 在当代中国坚持和发展习近平新时代中国特色社会主义思想，就是坚持和发展（　　）。（2022 年考研政治真题）

A. 社会主义政治经济学

B. 马克思主义和科学社会主义

C. 马克思主义哲学

D. 辩证唯物主义的指导

3. 新中国的工业化是在苏联的影响下起步的；走中国工业化道路，是中国共产党初步探索我国社会主义建设道路的一个重要思：当时所讲的工业化道路问题，主要是指（　　）。（2015 年考研真题）

A. 经济建设和国防建设的关系问题

B. 中央和地方的关系问题

C. 沿海工业和内地工业的关系问题

D. 重工业、轻工业和农业的发展关系问题

4. 实体经济是一国经济的立身之本和财富之源，是国家强盛的重要支撑，党的十九大报告指出，建设现代化经济体系必须着力发展实体经济，全面提升实体经济发展水平，我国全面提升实体经济的重点是（　　）。（2020 考研政治真题）

A. 加快发展先进制造业

B. 深化要素市场化配置改革

C. 加大人力资本培育力度

D. 持续推进“三去一降一补”

5. 党的十九大提出实施乡村振兴战略，是以习近平同志为核心的党中央着眼党和国家事业全局，深刻把握现代化建设规律和城乡关系变化特征，顺应亿万农民对美好生活的

向往，对“三农”工作作出的重大决策部署，是新时代做好“三农”工作的总抓手。实施乡村振兴战略的根本目的是（　　）。（2019 考研真题）

A. 确保国家粮食安全　　B. 建立新型土地承包关系

C. 转移农村剩余劳动力　D. 推进农业农村现代化

6. 经济建设是全党的中心工作，坚持以经济建设为中心不动摇。就必须坚持以经济体制改革为重点不动摇。当前，我国深化经济体制改革的重点是（　　）。（2018 考研政治真题）

A. 扩大优质增量供给，实现供需动态平衡

B. 完善产权制度和要素市场化配置

C. 加快培育国际经济合作和竞争新优势

D. 建立更加有效的区域协调发展新机制

7. 城镇化是现代化的必由之路，解决好人的问题是推进城镇化的关键。当前，我国实现城镇化的首要任务是（　　）。（2015 年考研政治真题）

A. 推进农业转移人口市民化

B. 使土地的城镇化优于人口的城镇化

C. 促进农村劳动力向非农产业转移

D. 实现“人的无差别发展”

8. 近代中国，一些爱国人士提出过工业救国、教育救国、科学救国等主张，并为此进行过努力，但这些主张并不能从根本上给濒临危亡的中国指明正确的出路，这是因为他们没有认识到（　　）。（2015 年考研政治真题）

A. 争取民族独立和人民解放是实现民族复兴的前提

B. 中国已经被卷入世界资本主义经济体系和世界市场中

C. 中国是一个经济政治发展不平衡的国家

D. 资本主义制度已经过时

9. 党的十八大报告提出，为确保实现全面建成小康社会的宏伟目标，到 2020 年，在实现国内生产总值比 2010 年翻一番的同时，还要实现翻一番的是（　　）。（2013 年考研政治真题）

A. 城乡居民人均收入

B. 城乡居民可支配收入

C. 国民收入

D. 财政收入

10. 1948 年 10 月 2 日，刘少奇同志在同华北记者团谈话时，讲了一个希腊神话故事：巨人安泰是地神之子，他在同对手搏斗时，只要身不离地，就能从大地母亲那里不断吸取力量，所向无敌；但是，只要他一离开大地，就会毫无力量。他的对手赫拉克勒斯发现了他的这一特征，在一次搏斗中突然把他举到半空中将他扼死。刘少奇借用这一神话故事强调中国共产党始终要（　　）。（2013 年考研政治真题）

A. 坚持理论联系实际

B. 保持党的方针政策的正确

C. 保持对敌人的高度警惕

D. 保持同人民群众的血肉联系

三、简答题

1. 如何理解过渡时期总路线的历史必然性？

2. 为什么说党的十一届三中全会是新中国成立以来的伟大历史转折？

四、材料分析

1. 结合材料回答问题（2021 年考研政治真题）

材料一：

1979 年 12 月 6 日、邓小平同志在会见日本首相大平正芳时谈到了二十世纪末我国的奋斗目标，我们要实现的四个现代化，是中国式的四个现代化。我们的四个现代化的概念、不是像你们那样的现代化概念，而是“小康之家”。从此，小康成为我国经济社会发展战略中的重要概念。党的十三大确立了从“解决人民的温饱问题”，到二十世纪末：“人民生活达到小康水平”，再到二十一世纪中叶“人民生活比较富裕，基本实现现代化的战略目标”。

党的十五大提出到二〇一〇年建党一百年和新中国成立一百年的发展目标，要求在新世纪十年使人民的小康生活更加宽裕。党的十六大进一步提出要在本世纪头二十年全面建设惠及十几亿人口的更高水平的小康社会。党的十八大提出到二〇二〇年实现全面建成小康社会奋斗目标。党的十九大进一步明确了决胜全面建成小康社会的战略安排，提出从二〇二〇年到本世纪中叶，在全面建成小康社会的基础上分两步走全面建成社会主义现代化强国。

党的十九届五中全会通过的《中共中央关于制定国民经济和社会发展第十四个五年规划和二〇三五年远景目标的建设》宣告："十三五规划目标任务即将完成，全面建成小康社会胜利在望、中华族伟大复兴向前迈出了新的一大步、社会主义中国以更加雄伟的身姿屹立于世界东方。"

材料二：

"人民对美好生活的向往，就是我们的奋斗目标。"新中国成立后特别是改革开放以来，中国共产党人秉持为中国人民谋幸福，为中华民族必复兴的初心和使命，始终与人民想在一起、干在一起。党的十八大以来，以习近平同志为核心的党中央顺应我国经济社会新发展和广大人民群众新期待，提出了全面建成小康社会新的目标要求，赋予"小康"更高的标准、更丰富的内涵。为决胜全面建成小康社会，党领导人民聚焦短板弱项，攻坚克难，砥砺前行，经济社会实现了跨越式发展。2014 年，我国国内生产总值达 99.0865 万亿元，预计 2020 年实破 100 万亿元，稳居世界第二；居民恩格尔系数研下降到 28.2%，居民消费结构加快从生存型向发展型进而向享受型转变；贫攻坚成果举世瞩目，现行标准下农村贫困人口全部脱贫；建成了世界上规模最大社会保障体系，基本医疗保险覆盖超过 13 亿人，基本养老保险覆盖近 10 亿人，14 亿中国人民即将过上殷实宽裕的生活。这无疑是中华民族发展史上亘古未有的伟大跨越。

全面建成小康社会不是终点，而是新生活、新奋斗的起点。我们既要为全面建成小康社会跑好"最后一公里"，又要乘势而上开启全面建设社会主义现代化国家新征程，实现"两个一百年"奋斗目标有机衔接。这是恢弘壮丽的新征程，又是任重道远的新征程！

1. 从人民生活水平不断提高的视角，分析我国从"解决温饱"到"达到小康水平"再到"全面达成小康社会"中体现的中国特色社会主义制度优势。

2. 如何理解"实现小康社会不是终点，而是新生活新奋斗的起点？"

2. 结合材料回答问题（2019 年考研政治真题）

材料一：

马克思主义不仅深刻改变了世界，也深刻改变了中国，中华民族在几千年的历史进程中创造了灿烂的中华文明，为人类文明进步作出了重大贡献。1840 年鸦片战争以后，西方列强凭着坚船利炮野蛮轰开了中国的大门，中华民族陷入内忧外患的悲惨境地。

近代以后，争取民族独立、人民解放和实现国家富强，人民幸福就成为中国人民的历史任务。在旧式的农民战争走到尽头，不触动封建根本的自强运动和改良主义屡屡碰壁，资产阶级革命派领导的革命和西方资本主义的其他种种方案纷纷破产的情况下，十月革命一声炮响，为中国送来了马克思列宁主义，给苦苦探寻救亡图存出路的中国人民指明了前进方向，提供了全新选择。

中国共产党诞生后，中国共产党人把马克思列宁主义基本原理同中国革命和建设具体实际结合起来，团结带领人民经过长期奋斗，完成新民主主义革命和社会主义革命，建立起中华人民共和国和社会主义基本制度，进行了社会主义的艰辛探索，实现了中华民族从东亚病夫到站起来的伟大飞跃。

改革开放以来，中国共产党人把马克思列宁主义基本原理同中国改革开放的具体实际结合起来，团结带领人民进行建设中国特色社会主义新的伟大实践，使中国大踏步赶上了时代，实现了中华民族从站起来到富起来的伟大飞跃。

材料二：

经过长期努力，中国特色社会主义进入了新时代，这是我国发展新的历史方位。中国特色社会主义进入新时代，意味着近代以来久经磨难的中华民族迎来了从站起来、富起来到强起来的伟大飞跃，迎来了实现中华民族伟大复兴的光明前景，意味着科学社会主义在二十一世纪的中国焕发出强大生机活力，在世界上高高举起了中国特色社会主义伟大旗帜，意味着中国特色社会主义道路、理论、制度、文化不断发展，拓展了发展中国家走向现代化的途径，给世界上那些希望加快发展又希望保持自身独立性的国家和民族提供了全新选择，为解决人类问题贡献了中国智慧和中国方案。

1. 如何理解马克思列宁主义给中国人民“指明了前进方向，提供了全新选择”？

2. 中华民族实现了从东亚病夫到站起来，从站起来到富起来的伟大飞跃，并迎来了从富起来到强起 来的伟大飞跃说明了什么？

五、论述题

1. 2017 年 7 月 26 日至 27 日习近平总书记在省部级主要领导干部“学习习近平总书记重要讲话精神，迎接党的十九大”专题研讨班开班式上发表重要讲话，他指出：“党的十八大以来，在新中国成立特别是改革开放以来我国发展取得的重大成就基础上，党和国家事业发生历史性变革，我国发展站到了新的历史起点上，中国特色社会主义进入了新的发展阶段。中国特色社会主义不断取得的重大成就，意味着近代以来久经磨难的中华民族实现了从站起来、富起来到强起来的历史性飞跃，意味着社会主义在中国焕发出强大生机活力并不断开辟发展新境界，意味着中国特色社会主义拓展了发展中国家走向现代化的途径，为解决人类问题贡献了中国智慧、提供了中国方案。”结合所学知识谈一下“站起来”“富起来”“强起来”三者之间的逻辑关系。

2. 习近平总书记在庆祝中国共产党成立100周年大会上的讲话中指出，在中华大地上全面建成了小康社会是中华民族的伟大光荣、中国人民的伟大光荣、中国共产党的伟大光荣。联系历史和现实，谈谈全面建成小康社会的历史意义。

第六专题

中国共产党的自身建设史

一 基本知识点

（一）自身建设

1. 大革命和土地革命时期的反腐倡廉建设

1921 年，中共一大的召开标志着中国共产党的成立，这个以马克思列宁主义为指导思想的新兴无产阶级政党开始参与中国革命的历史进程。在历经初期发展与国共合作之后，中国共产党逐步进入了社会视野，党的影响力得到提升，党员人数得到较快增长，至 1925 年已达 3 万余人。在这样的情况下，不少投机腐败分子借革命之名混入了党内。由此，刚成立不久的，还不具备完备的党内监督与治理能力的中国共产党开始认识到自身建设的重要性，并通过建立和完善相关机构，制定和颁发治理腐败的文件，开启了自身建设的漫长征程。

1926 年 8 月 4 日，中共中央扩大会议发出了《坚决清洗贪污腐化分子》的通告，指出一个革命的党若是容留腐败分子在内，必定会使党陷于腐化，不仅不能执行革命工作，而且将为群众所厌弃，所以应该坚决地清洗这些不良分子，和这些不良倾向斗争，这样才能坚固我们的营垒，才能树立党在群众中的威望。这是党内第一个治理腐败的专门文件，拉开了我们党反腐败斗争的序幕，它表明了党在幼年时期就十分警惕腐败思想对党的侵蚀。

1927 年 4 月，中国共产党经历了“四・一二”反革命政变的残酷打击，在革命受挫的情况下，迫切要求成立党的监察机构，纯洁党的队伍，严格党的纪律。同年 4—5 月，中共召开了第五次全国代表大会，第一次选举产生了党的专门纪律检查机构——中央监察委员会。这是中国共产党最早的、级别最高的党内监督机构，它使中国共产党的自身建设和党纪党法的权威第一次有了相应的机构作为保证。

在中华苏维埃政府成立之后，我们党在苏区继续大力推进惩腐肃贪工作。1931 年，中华苏维埃共和国临时中央政府在江西瑞金成立，成立伊始就设立了工农检查部，并于次年开展了中共党史上第一次大规模的反腐败行动，同时颁布了党的第一个反腐败法令——《关于惩治贪污浪费行为》。这标志着党的反贪污浪费行为斗争开始步入了法治化轨道，使苏区的反腐败斗争有法可依，有章可循。

在本时期的探索中，中国共产党找到了自身建设这条决定革命和建设发展全局的道路，并持续推进。自此，自身建设作为党的优良传统，贯穿党的整个发展进程。

2. 抗战时期党的作风整顿

1931 年九一八事变爆发，中华民族开启了长达 14 年艰苦卓绝的抗日战争。面对空前的民族危机，中国共产党深知此时维持党组织内部的稳定是应对危机的基础保障。因此党内开展了以延安整风为代表的一系列整顿行动，着力于提升全党的思想水平，保持党的先进性与纯洁性。1941 年至 1942 年初，毛泽东在延安分别作了《改造我们的学习》《整顿党的作风》《反对党八股》的报告，号召全党反对主观主义以整顿学风、反对宗派主义以整顿党风、反对党八股以整顿文风。延安整风运动正式开始。通过这次运动，党内形成了理论与实践相结合的作风、和人民群众紧密地联系在一起的作风以及批评与自我批评的作风，成为中国共产党作风建设的源头活水，塑造了中国共产党人独特的人格力量。

全面抗战时期，中国共产党在抗日根据地开展局部执政，其施政纲领的一个重要内容是建立廉洁政府。1937 年 8 月，洛川会议通过了《抗日救国十大纲领》，明确提出了“铲除贪官污吏，建立廉洁政府”的建政目标。随后数年内，陕甘宁边区政府颁布了一系列纲领性文件和具体法律规章制度，从政府组织、干部管理、检查检举等多方面建立健全法规制度。同时，中共中央还发布了《关于坚决清洗腐败分子的通知》等法令，并在边区建立了行政督察专员制度。这些法令和制度使边区政府与人民群众紧密地结合在一起，有力地支援了抗日战争。

经过思想作风的严厉整顿，中国共产党在内忧外患的湍流中迅速站稳了脚跟，为在抗战中起到中流砥柱作用打下了坚实基础。

3. 新中国成立初期党与政权的建设

抗日战争与解放战争胜利之后，承载亿万中国人民希望的中国共产党终于带领人民走向了解放。在进入新的历史时期的关键节点，为了在胜利面前戒骄戒躁，保持党的初心和使命，中国共产党在西柏坡召开了七届二中全会，为新中国的成立做了准备。在会上，毛泽东要求全党在胜利面前要保持清醒头脑，在夺取全国政权后要经受住执政的考验，务必使同志们继续地保持谦虚、谨慎、不骄、不躁的作风，务必使同志们继续地保持艰苦奋斗的作风。这就是著名的“两个务必”。习近平总书记曾说，“两个务必”之中“包含着对我国几千年历史治乱规律的深刻借鉴，包含着对我们党艰苦卓绝奋斗历程的深刻总结，包含着对胜利了的政党永葆先进性和纯洁性、对即将诞生的人民政权实现长治久安的深刻忧思，包含着对我们党坚持全心全意为人民服务根本宗旨的深刻认识”①。“两个务必”的提出，有力推进了党的作风建设和纪律建设，为全党统一意志、统一行动提供了有力保证。

---

① 《习近平总书记在河北、兰考两地调研指导党的群众路线教育实践活动报道集》，人民出版社，2014 年，第 3 页。

新中国成立后，我们党继续发扬反腐倡廉的优良传统，将党员监察与政府监察有机结合，设立专门机构，完善相关监察法律法规，开展作风整顿运动，持续推动党的自身建设向好发展。1949年10月，中央人民政府政务院人民监察委员会成立、最高人民检察院成立。11月，中央纪律检查委员会成立。随后，各级纪委和人民监察机关相继成立。1952年，《中华人民共和国惩治贪污条例》《关于处理贪污、浪费及克服官僚主义错误的若干规定》等条例和规定相继出台。1954年，《中华人民共和国宪法》规定，一切国家机关人员必须接受群众的监督。这一系列机构、规定和法律的出台，标志着我们党加强党的纪律、纯洁党的组织的决心，同时也适应了和平时期的需求，为新中国的国家治理提供了组织保障。

在健全反腐败体系的同时，我们党继承延安整风运动的优良传统，采取群众运动方式开展了推进自身建设至关重要的“三反”“五反”运动。1951年底至1952年10月，在党政机关工作人员中开展的“反贪污、反浪费、反官僚主义”运动和在私营工商业者中开展的“反行贿、反偷税漏税、反盗骗国家财产、反偷工减料、反盗窃国家经济情报”运动形成了斗争高潮。这两大运动打退了不法资本家和腐败分子对新中国政权的猖狂进攻，为实现对资本主义工商业的社会主义改造打下了坚实的基础，同时也抵御了在资产阶级腐蚀下开始在党政机关中滋长的贪污腐化行为，揪出了一批被腐蚀而堕落变质的干部。这一时期的反腐倡廉探索，巩固了新生的国家政权，维护了社会主义政治制度和经济制度，为我们党持续进行自身建设提供了宝贵经验。

4. 改革开放以来党的建设

以1978年党的十一届三中全会为节点，中国逐步进入了改革开放的新的历史时期。为应对新时期国家与社会的变化，党的治理也需要进步。原有的运动式反腐已经无法彻底扫清党内腐败阻碍，因此我们党探索出更为规范化、体系化、严格化的制度式反腐道路，通过进一步健全法律法规和完善治理结构，加强了党内的思想引领与道德建设，完善了党的建设的顶层设计。

改革开放初期，党的自身建设主要有两个方面的工作。一是恢复和重建在“文化大革命”期间遭到严重破坏、基本失去作用的各级反腐败机构和工作制度。十一届三中全会上选举产生了新的中央纪律检查委员会，随后党的各级纪律检查机构和国家行政监察机构相继恢复。1989年，广东省人民检察院反贪污贿赂工作局成立，随后全国各地的反贪局也相继成立。从恢复建立旧有机构，再到创新补充新的机构，中国共产党和国家反贪防腐的组织保证愈发完善。二是严肃党纪、完善法律并坚决查办腐败案件、惩处贪腐干部。改革开放之后，伴随着中国现代化建设和经济的快速增长，新的腐败开始快速滋生蔓延。为了应对新挑战，中国共产党反腐倡廉的重点也实现了从运动式反腐到制度化反腐的转变。伴随着制度堡垒的建立，党和国家对经济领域犯罪活动进行了更严厉有效的打击，为改革开放的顺利推进保驾护航。

党的十三届四中全会形成了以江泽民同志为核心的第三代党中央领导集体。当时，党内存在的突出腐败问题，对党的建设和反腐败斗争提出了新的明确要求，即深入持久地开展反腐败斗争，不断地完善反腐倡廉法律法规体系。惩防腐败体系要坚持教育、制度、监督并重，强调“标本兼治”的治腐方略。在强调“标本兼治”的同时，党中央提出要抓紧强化监督这一关键环节，完善监督立法，大力推动办事公开制度，对权力运行的全过程进行有效监督，逐步消除某些领域中廉政失监、虚监的空白与死角。

党的十六大以来，以胡锦涛同志为总书记的党中央，在推动我国经济社会实现又好又快发展的同时，高度重视反腐败斗争。在总结以往反腐败斗争经验的基础上，结合新的反腐败斗争形势，确立了“标本兼治、综合治理、惩防并举、注重预防”的反腐倡廉十六字方针。随着“教育、制度、监督并重的惩治和预防腐败体系”的建立健全，我们党反腐败斗争在战略上出现了“三个转向”：由被动防御为主转向主动进攻为主；由权力反腐为主转向制度反腐为主；由事后监督为主转向事前监督为主。

5. 新时代的反腐倡廉方案

以党的十八大为历史节点，伴随着中国特色社会主义进入新时代，全面从严管党治党进入新阶段，反腐败斗争也掀开新的历史篇章。以习近平同志为核心的党中央把反腐倡廉建设摆到前所未有的新高度，作为“必须抓好的重大政治任务”，纳入“四个全面”战略布局。“反腐败斗争从量的积累迈向质的转变”，取得压倒性胜利，“保证了党和国家事业取得历史性成就、发生历史性变革”。

党的十八大以来，党中央始终坚定立场，坚持无禁区、全覆盖、零容忍，坚持重遏制、强高压、长震慑，坚持受贿行贿一起查，以刮骨疗毒、壮士断腕的勇气，坚定不移“打虎”“拍蝇”“猎狐”，以雷霆之势、霹雳手段惩治腐败，持续形成强大震慑。经过不懈努力，我们成功走出了一条依靠制度优势、法治优势的反腐败之路。新时代全面从严治党取得了历史性、开创性成就，产生了全方位、深层次影响。“打虎”“拍蝇”“猎狐”不止，反映出腐败现象在一些领域仍呈易发多发之势，必须时刻警惕，同时也向全社会释放出要坚定不移把反腐败斗争推进到底的信号。

2022 年 10 月 16 日，习近平总书记在中国共产党第二十次全国代表大会上强调，经过不懈努力，党找到了自我革命这一跳出治乱兴衰历史周期率的第二个答案，自我净化、自我完善、自我革新、自我提高能力显著增强，管党治党宽松软状况得到根本扭转，风清气正的党内政治生态不断形成和发展，确保党永远不变质、不变色、不变味。

在新时代，反腐倡廉建设在国家层面上被置于新的高度。中国共产党将党的建设总结为“自我革命”，只有不断进行党的自我革命，才能更好地引领社会革命。进行反腐败斗争、推进党的自我革命，就必须牢记我们党始终是代表着最广大人民根本利益的马克思主义政党，必须加强党对反腐败工作的集中统一领导，必须坚持不敢腐、不能腐、不想腐一体推进，必须抓好全面从严治党中的“关键少数”。通过这样一条依靠制度优势、法治优势的反腐败之路，在新的历史时期，我们党与时俱进，坚决打击新型腐败，深入推进党风廉政建设与反腐败斗争。

——毛胜：《反腐败斗争取得压倒性胜利并全面巩固——党的十八大以来反腐败斗争重大成就》，《中国党政干部论坛》，2022 年第 5 期，43—44 页。

（二）自我革命

1. “自我革命”是什么

“自我革命”的概念由习近平总书记于 2015 年提出，是对我们党自身建设深刻内涵的高度总结。自我革命的主要内容是自我净化、自我完善、自我革新、自我提高。自我净化指党要正视问题、坚决解决问题，通过对党员队伍的监督审查找出“杂质”，进而加以过滤，从而改善政治生态，进行自我净化。自我完善指在制度与机构等层面不断健全，完善党的监督体系，为反腐倡廉提供更加完备的支撑基础。自我革新指党要不断与时俱进，根据时代需要坚决破除一切不合时宜的思想观念和体制机制弊端，坚决推动理论创新与实践创新，保持党的先进性。自我提高指党要保持积极进取的姿态，党员干部要不断学习，不断提升执政本领，为治国理政提供能力保证。

2. 为什么要坚持自我革命

首先是马克思主义的要求。一是辩证唯物主义和历史唯物主义为我们党的建设提供了世界观和方法论的指导，为坚持理论与实践相结合，坚决发现并解决问题，消除错误，坚持真理提供了思想武器。二是对立统一规律要求党坚持自我批判，矛盾观要求党始终以辩证的眼光看待自身，始终一分为二，从而能够直接地发现并坚决改正自身问题，保持自身先进性和纯洁性。

其次是初心和使命的要求。中国共产党的初心和使命是为中国人民谋幸福、为中华民族谋复兴。要践行这一初心，完成这一使命，就必须始终和广大人民群众站在一起，始终以人民为中心。具体上说就是要保持党性纯洁，勇于直面问题，敢于解决问题，坚持反腐倡廉，消除官僚主义，从而始终保持与人民群众一致。

最后是社会发展的需要。我们仍然处于并将长期处于社会主义初级阶段，生产关系与体制机制层面仍然存在阻碍并且在新的历史时期有着新的变化，消除桎梏是一个长期的革命进程，要求革命者首先要进行自我革命。通过自我革命，党才能不断适应新时期的执政需要，带领广大人民更好地进行社会主义建设，推进伟大复兴的历史进程。

3. 坚持自我革命的意义

从理论上说，自我革命将马克思主义建党学说和党建原理同中国具体实际结合起来，为新时代的执政党建设提供了重大理论基础，推动了新时代马克思主义建党学说的发展，极大地推动了马克思主义政党理论的守正创新。

从实践上说，坚持自我革命是推动党的建设的核心，有利于大力推进反腐倡廉，提升党员干部的思想道德素养与能力素质，保持中国共产党作为执政党的先进性与纯洁性，提升整体执政能力和水平，从而更好地推进中国式现代化，推动实现中华民族伟大复兴。

（三）重要文件与机构

1. 党内反腐倡廉法规梳理表（部分）

表 1　党内反腐倡廉法规梳理表（部分）①

序号	日期	法规文件名
1	1921—07	中国共产党第一个纲领
2	1922—07	中国共产党章程（1922）
3	1926—08	中央扩大会议通告——坚决清洗贪污腐化分子
4	1928—07	中国共产党章程（1928）
5	1931—05	中央巡视条例

① 丁璐：《百年来党内反腐倡廉法规建设演变逻辑研究》，中南财经政法大学，2021 年。

续表

序号	日期	法规文件名
6	1931—11	工农检察部的组织条例
7	1931—11	党的建设问题决议案
8	1932—09	工农检察部控告局的组织纲要
9	1933—12	关于惩治贪污浪费行为
10	1939—05	中央关于敌占区中党与非党的组织及工作方式的指示
11	1939—05	中共关于宣传教育工作的指示
12	1942—10	总政治部关于整顿政治工作中的三风不正给各级政治机关的指示
13	1943—05	陕甘宁边区政务人员下发公约（适用于区级以上）
14	1948—01	关于建立报告制度
15	1950—05	中共中央关于在全党全军开展整风运动的指示
16	1950—12	中共中央关于军队各级党的纪律检查委员会与各级地方党委纪律检查委员会关系的规定
17	1951—11	中共中央批转华北局关于刘青山、张子善大贪污案调查处理情况的报告
18	1952—02	中共中央关于中小贪污分子分别处分问题的补充指示
19	1952—03	中共中央关于在“三反”运动中党员犯有贪污、浪费、官僚主义错误给予党内处分的规定
20	1952—04	中共中央关于在“三反”运动中对于贪污分子量刑的指示
21	1955—07	中共中央关于厉行节约的决定
22	1973—08	中国共产党章程（1973）
23	1979—10	中共中央纪律检查委员会关于在受理华侨捐献中严禁违反政策和营私舞弊的若干规定

续表

序号	日期	法规文件名
24	1981—07	中共中央纪律检查委员会关于严肃党纪，杜绝“关系户”不正之风的通告
25	1983—03	中共中央纪律检查委员会关于共产党员在经济领域中违法犯罪的党纪处理的通知
26	1986—02	中共中央、国务院关于进一步制止党政机关和党政干部经商、办企业的规定
27	1987—07	中共中央纪律检查委员会关于对党员干部加强党内纪律监督的若干规定（试行）
28	1988—05	党员领导干部犯严重官僚主义失职错误党纪处分的暂行规定
29	1994—03	中共中央纪律检查委员会三次全会重申和提出的党政机关县(处)级以上领导干部廉洁自律的五条规定
30	1995—04	关于党政机关县（处）级以上领导干部收入申报的规定
31	1996—03	中共中央纪律检查委员会关于建立巡视制度的试行办法
32	1997—01	关于领导干部报告个人重大事项的规定
33	1997—09	中国共产党党员领导干部廉洁从政若干准则（试行）实施办法
34	1999—05	县级以下党政领导干部任期经济责任审计暂行规定
35	2003—12	中国共产党党内监督条例（试行）
36	2003—12	中国共产党纪律处分条例（2003）
37	2004—12	国有企业领导人员廉洁从业若干规定（试行）
38	2005—12	关于党员领导干部述职述廉的暂行规定
39	2008—08	加强党政干部因公出国（境）经费管理暂行办法
40	2009—06	关于实行党政领导干部问责的暂行规定
41	2009—07	国有企业领导人员廉洁从业若干规定

续表

序号	日期	法规文件名
42	2010—02	中国共产党党员领导干部廉洁从政若干准则
43	2010—05	关于领导干部报告个人有关事项的规定（2010）
44	2010—11	关于实行党风廉政建设责任制的规定
45	2011—05	农村基层干部廉洁履行职责若干规定（试行）
46	2013—10	党政机关厉行节约反对浪费条例
47	2015—10	中国共产党廉洁自律准则
48	2016—10	中国共产党党内监督条例（2016）
49	2017—01	中国共产党纪律检查机关监督执纪工作规则（试行）
50	2017—07	中国共产党巡视工作条例（2017）
51	2018—08	中国共产党纪律处分条例（2018）
52	2018—12	中国共产党纪律检查机关监督执纪工作规则
53	2019—09	中国共产党问责条例（2019）
54	2020—03	党委（党组）落实全面从严治党主体责任规定
55	2021—04	中国共产党普通高等学校基层组织工作条例（2021）
56	2021—12	中国共产党纪律检查委员会工作条例
57	2022—06	纪检监察机关派驻机构工作规则
58	2022—09	中国共产党处分违纪党员批准权限和程序规定
59	2022—10	中国共产党章程（2022）
60	2023—04	中央党内法规制定工作规划纲要（2023—2027 年）

注：截至 2023 年 6 月。

2. 党的反腐败机构成立与发展情况

中国共产党的纪律检查工作最早可追溯到 1927 年 4 月成立的中央监察委员会。1949 年 11 月 9 日，中共中央颁发了由中央政治局通过的《关于成立中央及各级党的纪律检查委员会的决定》，旨在实行党内监督。随后党的各级纪律检查委员会相继成立，并配合党的各项工作逐步有序展开，在反腐败过程中起到了积极的作用[①]。1954 年 9 月 21 日，全国一届人大一次会议决定设立国家监察部，原政务院人民监察委员会的工作移交国家监察部。1955 年 3 月，中国共产党全国代表会议决定成立中央和地方各级党的监察委员会，代替中央和地方各级党的纪律检查委员会。“文化大革命”期间，党的纪委机构被取消，纪检工作也停顿下来，直到 1978 年党的十一届三中全会之后才逐渐恢复。1986 年国家恢复成立新的国家监察部，到了 1993 年纪委和监察合署办公，实行“一个机构两块牌子”的体制，使党的纪律检查和行政监察两个方面的工作紧密配合，形成了目前党政纪律监督工作的合署办公与整体反腐败合力。由于国际形势的需要，特别是我国签署《国际反腐败公约》后，党中央更加重视反腐工作，于 2007 年 5 月 31 日设立了国家预防腐败局，隶属国务院，负责全国的预防腐败工作。国家预防腐败局挂牌后，各省份也纷纷跟进，设立省级预防腐败局。

十八大以后，国家监察体制进一步改革，这是建立中国特色监察体系的创制之举。党中央从全面从严治党出发，将国家监察体制改革纳入全面深化改革总体部署，积极推进改革及试点工作并取得重要阶段性成效，使改革实践成果成为宪法规定，具有坚实的政治基础、理论基础、实践基础和充分的法理支撑。2018 年 3 月 17 日，第十三届全国人民代表大会第一次会议审议通过了国务院机构改革方案，将中华人民共和国监察部并入新组建的国家监察委员会。中华人民共和国国家预防腐败局并入国家监察委员会。不再保留监察部、国家预防腐败局。2018 年，中华人民共和国国家监察委员会在北京正式揭牌。

（四）中国共产党领导人的反腐倡廉思想

1. 以毛泽东同志为核心的中央领导集体进行的反腐倡廉建设

以毛泽东为核心的党中央，在中国革命和建设时期通过不断的廉政实践，形成了具有中国反腐败特色的思想理论。它是马克思主义中国化在反腐败领域中的直接体现，是改革

① 孙明霞：《60 年来我国反腐败机构的建立与发展》，载《宁夏党校学报》，2010 年第 2 期。

开放以来党进行反腐倡廉建设的思想基石。

（1）**关于廉政教育的理论**。定期开展党内思想教育工作是中国共产党的优良传统。延安整风开创了解决党内思想问题的新方法，直至新中国成立，这一模式仍然保留下来。从不定期到定期，从短期到长期，整党整风运动经过发展，成为党进行集中廉政教育的主要模式。

（2）**关于群众反腐的理论**。毛泽东认为反腐败斗争是党领导群众进行的伟大事业，必须号召和发动工农群众积极参与反腐败斗争，将反腐败斗争发展成群众反腐运动。在土地革命时期，为了发动群众反腐，党不仅设立控告局等检举机关，而且还组建了突击队、轻骑队，使工农群众切实成为党进行反腐败斗争的中坚力量。新中国成立后，党紧紧依靠群众开展了“三反”“五反”等运动。

（3）**关于建立专门反腐败机构的理论**。1927 年，为了巩固党的权威，维护党内纪律，我们党成立了中央监察委员会。但在大革命失败后，由于国民党的残酷镇压，中央监察委员会并未产生实际效果。土地革命时期，中央苏区设立中央党务委员会和各省县监察委员会，初建了党内监督体系。中国共产党执政后，继续沿用了这一体系，在党内设立纪律检查委员会，专门负责监察党员纪律；在政府设立国家监察部，专门负责行政监督。

（4）**关于严惩腐败的理论**。以毛泽东为代表的早期共产党人认为，腐败的滋生必定会动摇党的根基，所以必须对腐败分子进行严厉的纪律制裁。毛泽东提出“惩前毖后，治病救人”的方针，对于党内可以挽救的人应批评教育，引导向善，但对于不可挽救的人必须坚决将其从党内清除出去，予以严肃的党纪法律制裁。

2. 以邓小平同志为核心的中央领导集体进行的反腐倡廉建设

1978 年，改革开放新时期。在各领域出现新变化、新气象的同时，一股“歪风邪气”正在侵蚀着党的肌体。面对不同以往的腐败特点与形势，中国共产党加强了对反腐倡廉的领导，在借鉴过去反腐经验的基础上，又注入了新的反腐力量。

（1）**以整党为重心，全面整顿党风**。1982 年 9 月，中共十二大正式提出整党要求。1983 年 10 月，中共十二届二中全会通过的《中共中央关于整党的决定》指出，认真开展整党工作是党净化和领导思想战线的关键。

（2）**重建反腐机构，强化廉政监督**。中国共产党吸取“文化大革命”期间的教训，在十一届三中全会上，重建了中央纪律检查委员会。1980 年 1 月，全国大多数省、地、县都已建立起纪律检查机构。1987 年 6 月，国家监察部正式成立。同年年底，各地方监察部门基本组建完成。

（3）**严打经济犯罪，狠刹不正之风**。改革开放初期，一些党内意志薄弱分子经不起物质的诱惑，利用手中职权进行经济犯罪，严重带坏了党内风气。中央高度重视，连续下发文件和指示，严令要求纪检等部门加强对干部、职工进行或参与违法经营活动的打击力度，发现问题从重处理。

3. 以江泽民同志为核心的中央领导集体进行的反腐倡廉建设

改革开放的前十年，各种腐败现象仍在继续蔓延。严峻形势下，江泽民提出反腐败必须打持久战的策略，在严惩腐败行为的同时更要注重预防腐败的发生，将党的反腐倡廉建设推向科学化的发展方向。

（1）**开展党风廉政教育，加强党员党性建设**。江泽民在考察工作时指出：根据当前干部队伍的状况和存在的问题，在对干部进行教育当中，要强调讲学习、讲政治、讲正气。“三讲”教育使对全党进行不间断、系统化的党风廉政教育成为优良传统，同时也基本确立了教育在反腐败体系中的基础性地位。

（2）**实行纪检监察合署，完善相关监督机制**。为了更好地集中力量加强党风廉政建设，充分发挥纪检、监察的工作合力，精简办事机构和工作人员，党中央决定实行纪检、监察机关合署办公。

（3）**坚持标本兼治，确定反腐败三项任务**。为了稳步推进经济体制改革，1993 年 8 月，中纪委十四届二次全会确定了近期反腐败斗争的三项任务：抓好领导干部廉洁自律，查办大案要案，狠刹行业不正之风。

4. 以胡锦涛同志为总书记的党中央进行的反腐倡廉建设

21 世纪，官员腐败呈现出了新的特点。一是经济犯罪持续高发，腐败领域涉及更广；二是“一把手”腐败犯罪频发，大案要案不断发生；三是团伙犯罪多发，黑社会势力猖獗。在严峻的反腐考验下，以胡锦涛同志为总书记的党中央，进一步完善行政问责制度，健全反腐工作体系，在充分吸取过去反腐经验的基础上，走出了一条具有新世纪特色的反腐倡廉道路。

（1）**加强先进性建设，开展党内教育活动**。在反腐体系建设中，教育是基础。经常性的廉政教育，有助于党员干部筑牢思想防线，提高其党性修养。

（2）**完善行政问责制度，规范干部从政行为**。行政问责在改革开放初期有实行过的案例，但当时主要针对各种安全事故问责，并没有上升为国家工作制度，从严格意义上讲并未形成问责机制。2003 年，我国行政问责制正式启动。

（3）健全反腐败工作体制，对接国际反腐败工作。主要包括三个方面：健全派驻机构，完善巡视体制，成立国家预防腐败局。

5. 以习近平同志为核心的党中央进行的反腐倡廉建设

新时代，党领导的反腐倡廉工作面临着重大挑战。一是“四风”问题久治不愈。二是贪污腐败严重。三是“宽松软”问题突出。对此，以习近平同志为核心的党中央，清醒认识到反腐败的严峻复杂形势，以壮士断腕、抓铁有痕的精神，坚定不移惩治腐败，推动党的反腐倡廉建设工作迈向新台阶。

（1）围绕中央八项规定，打赢作风攻坚战。习近平指出：作风问题关系人心向背，关系党的执政基础。他强调，解决好“四风”问题是做好党内工作和处理其他一些问题的前提，由此必须首先抓好党的作风建设，纠正“四风”问题。

（2）高压惩腐，强化“不敢腐”的震慑。十八大以来，面对严峻的反腐形势，党中央决定调整反腐策略。第一，坚持“老虎”“苍蝇”一起打。第二，加强追逃追赃工作，开展境外追逃风暴，构建国际合作反腐网络，健全国内防逃机制。

（3）深化反腐败机构改革，完善纪检监察体制。随着党和国家事业的发展，反腐败机构合力效果差、监督权威弱化等问题日益突出。深化纪检监察体制改革，全面加强党内监督，成为新时代我们党进行反腐倡廉建设的重要任务。

（4）加强巡视派驻，实现党和国家监督全覆盖。实现巡视派驻全覆盖是新时代加强党和国家监督的必然要求，是我们党进行反腐倡廉建设的重要体制创新，也是为实现全面从严治党做出的重要战略安排。

（5）健全党内法规制度体系，把权力关进制度的笼子。 反腐倡廉的核心就是制约和监督权力。规范权力运行最好的手段就是依靠制度，更准确地说，制度反腐是目前防止权力滥用和失控最科学、最高效的防治方式。正如习近平指出：铲除不良作用和腐败现象滋生蔓延的土壤，根本上要靠法规制度。①

二 重难点

（一）马克思主义政党理论与党的建设

马克思主义政党学说告诉我们，政党是有共同政治纲领、政治路线、政治目标的政治组织。政治属性是政党第一位的属性，政治建设是政党建设的必然要求。中国共产党的自

① 《习近平：加强反腐倡廉法规制度建设，让法规制度的力量充分释放》，载《人民日报》，2015 年 6 月 28 日。

身建设始终遵循马克思主义政党的基本理论，有以下重要表现。

1. 为人民群众谋利益

马克思主义政党代表着最广大人民的根本利益，以服务人民群众、为人民群众谋利益作为自己的根本宗旨。在党的自身建设过程中，首先是将人民群众纳入监督主体，将“群众监督”作为监督的重要手段。除此之外，从党建的目的与任务上说，中国共产党通过自身建设，保持先进性和纯洁性，进而更好地践行为中国人民谋幸福的初心和使命，始终全心全意为人民服务。

2. 革命性

马克思主义是革命的理论，马克思主义政党是革命的政党，革命的理论塑造党的革命属性，革命的理论武装革命的政党。我们党在自身建设中坚持自我革命，始终用批判的眼光发掘党内问题，用坚决的态度反腐倡廉，真正推进自我净化、自我完善、自我革新、自我提高，保持党的先进性与纯洁性。

3. 推进社会主义建设

马克思主义政党应当在马克思主义指导下，结合本国建设的实际，形成指导社会主义建设事业的正确理论，对社会主义建设提供思想领导、政治领导、组织领导，推进社会主义事业。中国共产党通过自身建设，以自身为标杆，不断与时俱进，适应每个历史时期社会的需要，从而更好地领导推进社会主义建设。

（二）中国共产党百年来自我革命的基本经验

中国共产党的百年自我革命，就是自我发展、不断超越的历史。党的百年自我革命积累了丰富的经验，主要体现在以下几个方面。

1. 坚持历史自觉，以自我革命引领社会革命

百年征程的奋斗实践证明，我们党在社会革命中发展壮大，在社会建设中不断深化自我革命。我们党始终顺应历史潮流，在艰苦奋斗和生死斗争中不断发展壮大，团结带领全国人民创造了新民主主义革命的伟大成就，社会主义革命和建设的伟大成就，改革开放和社会主义现代化建设的伟大成就，新时代中国特色社会主义的伟大成就。党的百年奋斗史告诉我们，伟大社会革命锻造和成就伟大的党，伟大自我革命保障和推动伟大的事业。中国共产党的百年辉煌发展史，是党的自我革命史和社会革命史的有机统一。

2. 坚持理想信念，保持自我革命战略定力

坚持理想信念，是激励共产党人不断前进的根本动力。世界历史有力地证明，一个政党发展的关键就在于能不能历经危机不断重生，能不能突破逆境不断前行。马克思曾经指出：“无产阶级的运动必然要经过各种发展阶段，在每一阶段上都有一部分人停留下来，不再前进。”[①] 不再前进的核心原因来自两个方面：一是信念缺失，二是信仰缺失。中国共产党之所以能够始终坚持自我革命，根本原因在于以理想信念为力量源泉不断强化自身精神和体魄，能够将马克思主义、社会主义和共产主义当成共产党人的动力所在，从而能够使自身经受住各种考验与挑战。

3. 坚持人民立场，锚定自我革命正确方向

人民立场是党的根本政治立场。中国共产党事业发展的出发点和落脚点就是以人民为中心。民心是最大的政治，正义是最强的力量，社会革命如此，自我革命更是如此。坚持人民立场，就要牢固树立以人民为中心的发展思想，坚决查处和防范各种以权谋私现象，严格防止党内出现既得利益集团，把防止社会利益固化作为自我革命的重点任务，让人民共享改革发展成果；就要发展全过程人民民主，坚持把党内监督和人民群众监督结合起来，积极推动党内监督主体和人民群众互动、党内监督和人民群众监督内容贯通、形式对接、机制协调，把党内监督和人民群众监督相结合的要求落到实处。

4. 坚持刀刃向内，把握自我革命的斗争重点

中国共产党之所以能够跳出历史周期规律，主要就是依靠自我革命、自我变革的力量，通过防微杜渐、治病疗伤、刮骨疗毒、强身健体，使党在思想以及工作中出现的问题得到全面根治。党的十八大以来，以习近平同志为核心的党中央提出“干部清正、政府清廉、政治清明”的目标任务，以党章为根本遵循，把纪律挺在法律之前，坚持纪严于法，执纪执法贯通、深化运用“四种形态”，构建完善的法律规章制度，使权力配置更加科学、权力运行更加规范、权力监督更加有力。

5. 坚持守正创新，完善自我革命的体制机制

自我革命是一种革故鼎新、守正出新的实际行动。在革命战争时期，我们党之所以能够带领人民勇于变革、改天换地，创造人间奇迹，其根本就在于我们没有机械地复制俄国

① 中共中央马克思恩格斯列宁斯大林著作编译局：《马克思恩格斯全集（第 32 卷）》，人民出版社，1973 年，第 594 页。

"十月革命"的模板，没有沿袭西方民主革命的老路。在社会主义建设的和平时期，我们党之所以能带领人民取得经济社会发展的伟大成就，其根本就在于坚持从国情出发走属于自己的发展之路。我们党清醒地认识到，社会主义发展的主要动力就是改革，必须不断健全和完善中国特色社会主义制度；中华民族发展的核心就是创新，建设社会主义现代化强国的根本动力也是创新。

6. 坚持党的领导，在自我革命中践行"两个维护"

中国共产党是领导我们事业的核心力量，中国人民和中华民族之所以能够扭转近代以后的历史命运，取得今天的成就，最根本的原因是有中国共产党的坚强领导。历史和现实证明，没有中国共产党就没有新中国和中华民族的伟大复兴。在党的自我革命的历史上，党的历届领导人发表了一系列党要管党和从严治党的重要论述，为全面加强党的集中统一领导提供了思想指导和实践遵循。在党的自我革命的百年奋斗中，坚持党对反腐败斗争的统一领导始终是根本原则和根本方向。[①]

三 党史故事

（一）周恩来的外交故事

周恩来（1898—1976），祖籍浙江绍兴。1921 年加入中国共产党，是伟大的马克思主义者，伟大的无产阶级革命家、政治家、军事家、外交家，党和国家主要领导人之一，中国人民解放军主要创建人之一，中华人民共和国的开国元勋，是以毛泽东同志为核心的党的第一代中央领导集体的重要成员。他一生忠于党，忠于人民，为中国人民解放事业和共产主义事业的胜利，英勇斗争，鞠躬尽瘁，无私地贡献了自己的毕生精力，赢得了全党、全军、全国各族人民，尤其是浙江人民的衷心爱戴。

那是周恩来总理陪同法国总统蓬皮杜访问杭州的事。这天下午周总理就要离开杭州了。几天来随行人员十分辛苦，周总理就吩咐秘书说："今天中午，我请大家到楼外楼去吃便饭。"

楼外楼菜馆的经理、厨师和服务员一听到周总理要来请客的消息，都非常兴奋。服务

① 吴建雄：《中国共产党自我革命的百年实践、内在逻辑和基本经验》，载《中南大学学报》（社会科学版），2022 年第 2 期。

员忙着把面临西湖的餐厅打扫得窗明几净，经理和厨师忙着商量菜单。11 时左右，周总理和随行人员谈笑风生地踱过西泠桥，漫步白堤，来到了楼外楼。席间，他热情地与随行人员一一碰杯，感谢他们辛苦地完成了这次接待任务，并向北京来的同志一一介绍杭州名菜：这是活杀活烧的西湖醋鱼，这是产自西湖的油爆大虾，这是叫化子鸡，都是北京人难得吃到的西湖佳肴。当周总理看到服务员端上一盘盘他最喜爱的家乡菜时，一边举筷品尝，一边又向大家介绍说："好久没有吃到家乡菜了，大家也来尝尝，这是绍兴霉干菜蒸肉，豆芽菜，霉千张，味道不错的嘛！" 吃得大家兴高采烈。

饭后，周总理叫秘书去结账。省里同志出来阻拦说："不必总理付了，由我们地方报销吧！"周总理听了说："今天我请大家，当然由我付钱啰！"店里经理知道周总理的脾气，若不收钱，总理会生气的，就收了 10 元钱。谁知周总理又不肯，当即对旁边一位姓姜的服务员说："这许多菜 10 元钱怎么够呢？一定要按牌价收足。"经理和厨师商量了一下，又收了 5 元钱。不料，又被周总理看到，生气地说："谁请客吃饭谁付钱。总理请客吃饭，也要和一般顾客一样付钱嘛！" 楼外楼经理没办法，只好又收了 5 元钱。这样共收了 20 元钱。

哪里晓得过了 1 个小时后，笕桥机场给楼外楼经理打来了电话，说周总理临上飞机前留下 10 元钱，付中午的饭费。楼外楼经理和职工们捧着这 30 元钱，都深深地为总理的这种廉洁奉公精神感动得热泪盈眶。大家商量了一下，只有按总理的吩咐去做，当即把当天午餐的饭菜，按照牌价单仔细算了一下，总共 19 元 5 角，和普通顾客一样结了账，并给周总理写了份详细报告，附上清单和多余的 10 元 5 角，寄国务院周总理办公室。

——选自王国定：《廉政故事》，中国方正出版社，2004 年，第 13—14 页。

（二）钱学森关心国家

钱学森（1911—2009），浙江杭州人，著名科学家，中国空气动力学家，中国科学院、中国工程院院士，中国两弹一星功勋奖章获得者之一，中国共产党的优秀党员。1957 年 9 月，被授予中国人民解放军中将军衔。中国航天科技事业的先驱和杰出代表，被誉为"中国航天之父" 和"火箭之王"。

钱学森说：我作为一名科技工作者，活着的目的就是为人民服务。如果人民最后对我的工作满意的话，那才是最高奖赏。

在创建力学所期间，他按照技术科学的思想，主持建立了各个专业学科组，并积极倡导学术民主，在科学研究面前不论资历深浅，彼此平等。他在中国科技大学创办了近代力学系，并兼任系主任。在给学生讲课时，他发现许多工农子弟因为经济困难，买不起计算尺等学习用具，就把自己刚出版的中文版《工程控制论》一书的稿酬，毫不迟疑地捐给系里，资助贫困学生购买学习用具。作为我国国防科技事业的主要技术领导者，他不仅担负着技术抓总的重任，而且经常身临一线进行具体指导。在进行“两弹结合”的导弹核武器发射试验期间，为了确保人民的安全万无一失，他竭尽心力。导弹上的元器件成千上万，任何一个零件出现故障，都可能影响导弹的安全和可用。他就以表格的方式，把各种可能存在的问题一一列出来，详细到晶体管、电位器、电容器、开关插座、螺钉螺帽等。这对需要思考诸多大事的技术统帅来说，是何其可贵。许多了解钱学森的人都说，他是大科学家，但心里始终装着人民。

20 世纪 60 年代是我国国防科技事业发展的关键时期，也是我国遭受三年严重困难，全国人民生活十分困难的时期。为了保证科技专家的正常工作，党和国家想尽办法给予照顾。聂荣臻元帅特意送去一些猪肉，交代给钱学森补充营养。有一天，炊事员看见钱学森太劳累，就为他做了一碗红烧肉。平时和颜悦色的钱学森，一下子把脸沉了下来，批评工作人员道：“你们知道不知道，现在全国人民都生活困难，连毛主席、周总理都不吃肉了，你们居然给我做红烧肉，党性到哪里去了！”不仅如此，钱学森又把自己刚出版的两部科学巨著的稿费作为党费上交。他说，我要和全国人民共渡难关。在领导国防科技工作期间，钱学森经常深入地处沙漠戈壁的试验基地。那里自然条件的恶劣、人民生活的艰辛，都给他留下了深刻的印象。退出领导岗位后，他还牵挂着生活在那片土地上的人们，思索着如何用科学改变那里的环境。20 世纪 80 年代中期，他提出发展沙产业的思想。他说：“我国沙漠和戈壁大约 16 亿亩，和农田面积一样大。沙漠戈壁并不是什么也不长。”“沙漠和戈壁的潜力远远没有发挥出来。”“沙产业就是在不毛之地搞农业生产，而且是大农业生产。这可以说是又一项‘尖端技术’！”他还把自己获得的何梁何利基金奖 100 万港元捐给了促进沙产业发展基金会。

——选自刘佳维：《邮票上的廉政故事》，中国方正出版社，2016 年，第 251—252 页。

（三）焦裕禄廉洁从政

焦裕禄（1922—1964），山东淄博博山区北崮山村人，1946 年加入中国共产党，原兰考县委书记，干部楷模，革命烈士。在兰考担任县委书记时所表现出来的“亲民爱民、艰苦奋斗、科学求实、迎难而上、无私奉献”的精神，被后人称之为“焦裕禄精神”。

焦裕禄同志始终保持艰苦朴素的作风，他长期患病，家里人口又多，生活比较困难，可是他坚决拒绝政府救济。他说：“兰考，是个重灾县，人民的生产、生活都很困难，我们应该首先想到他们。要把这些钱用到改变兰考面貌的伟大事业上去，用到改善兰考人民的生活上去。”焦裕禄还经常教育子女到最困难的地方去，穿衣要朴素，生活要节俭。有一次，焦裕禄同志发现大儿子去看戏，问道：“戏票哪来的？”孩子说：“收票叔叔向我要票，我说没有。叔叔问我是谁？我说焦书记是我爸爸，收票叔权没有收票就让我进去了。”焦裕禄听了非常生气，当即把一家人叫来训了一顿，命令孩子立即把票钱如数送给戏院。后来，他又专门起草了一个《干部十不准》的文件，规定任何干部不准搞特殊化。

从焦裕禄同志的遗物中我们看到，他的办公桌、文件柜都是原兰封县委初建时买的，有不少地方破损。当时有人劝焦裕禄同志换个新的，他没有采纳这个建议，而是修了修，照样使用。他用过的一条被子上有 42 个补丁，褥子上有 36 个补丁，同志们劝他换床新的。他说：“我的被子破了，是需更换新的，但应该看到，灾区的群众比我更需要。其实，我这就很好，比我要饭时披着麻包片、住在房檐底下避雪强多啦！”焦裕禄同志的衣、帽、鞋、袜都是拆洗很多次，补了又补、缝了又缝的，虽然破旧得很厉害，但是焦裕禄同志总是舍不得换。他的爱人徐俊雅同志最后生气了，不给他补，他就自己动手补。一次，有位干部提出要装潢一下领导干部的办公室，焦裕禄同志严肃地说：“坐在破椅子上不能革命吗？兰考的灾区面貌还没有改变，群众生活还有困难，富丽堂皇的事不但不能做，就是连想也很危险。”

——选自刘佳维：《邮票上的廉政故事》，中国方正出版社，2016 年，第 256—257 页。

四 延伸阅读

牢记初心和使命，推进党的自我革命，要注意处理好以下关系。

一是要坚持加强党的集中统一领导和解决党内问题相统一，广大党员、干部特别是领导干部要敢于同一切弱化党的领导、动摇党的执政基础、违反党的政治纪律和政治规矩的行为作斗争，坚决克服党内存在的突出问题，拿出壮士断腕、刮骨疗毒的勇气，但不能因为党内存在问题就削弱甚至否认党的领导，走到自断股肱、自毁长城的歪路上去。

二是要坚持守正和创新相统一，坚守党的性质宗旨、理想信念、初心使命不动摇，同时要以新的理念、思路、办法、手段解决好党内存在的各种矛盾和问题，不断提高自我革命实效。

三是要坚持严管和厚爱相统一，完善监督管理机制，捆住一些人乱作为的手脚，放开广大党员、干部担当作为、干事创业的手脚，把广大党员、干部的积极性、主动性、创造性充分激发出来，形成建功新时代、争创新业绩的浓厚氛围和生动局面。

四是要坚持组织推动和个人主动相统一，既要靠各级党组织严格要求、严格教育、严格管理、严格监督，又要靠广大党员、干部自觉行动，主动检视自我，打扫身上的政治灰尘，不断增强政治免疫力。

——选自2019年8月，《求是》杂志发表习近平总书记《牢记初心使命，推进自我革命》的重要文章

一体推进不敢腐、不能腐、不想腐，不仅是反腐败斗争的基本方针，也是新时代全面从严治党的重要方略。不敢腐、不能腐、不想腐是相互依存、相互促进的有机整体，必须统筹联动，增强总体效果。“不敢”是前提，要以严格的执纪执法增强制度刚性，让党员、干部从害怕被查处的“不敢”走向敬畏党和人民、敬畏党纪国法的“不敢”；“不能”是关键，要科学配置权力，加强重点领域监督机制改革和制度建设，推动形成不断完备的制度体系、严格有效的监督体系；“不想”是根本，要靠加强理想信念教育，靠提高党性觉悟，靠涵养廉洁文化，夯实不忘初心、牢记使命的思想根基。

——选自2020年1月，习近平总书记在十九届中央纪委第四次全体会议上的重要讲话

深刻把握反腐败斗争新态势，一体推进不敢腐、不能腐、不想腐，坚决查处不收敛不收手的腐败分子，聚焦政治问题和经济问题交织的腐败案件，严肃查处对党不忠诚、阳奉阴违的两面人，对政法系统腐败严惩不贷，对扶贫、民生领域腐败和涉黑涉恶“保护伞”一查到底。

——选自2021年1月，习近平总书记在十九届中央纪委五次全会上的讲话

要增强对马克思主义、共产主义的信仰，教育引导广大党员、干部从党的百年奋斗中感悟信仰的力量，始终保持顽强意志，勇敢战胜各种重大困难和严峻挑战。要增强对中国特色社会主义的信念，教育引导广大党员、干部深刻认识到，中国特色社会主义是历史发展的必然结果，是发展中国的必由之路，是经过实践检验的科学真理，始终坚定道路自信、理论自信、制度自信、文化自信。要增强对实现中华民族伟大复兴的信心，教育引导广大党员、干部牢记初心使命、增强必胜信心，坚信我们党一定能够团结带领人民在中国特色社会主义道路上实现中华民族伟大复兴，努力创造属于我们这一代人、无愧新时代的历史功绩。信仰、信念、信心是最好的防腐剂。要始终抓好党风廉政建设，使不敢腐、不能腐、不想腐一体化推进有更多的制度性成果和更大的治理成效。

——选自2021年4月，习近平总书记在广西考察时的重要讲话

勇于自我革命是中国共产党区别于其他政党的显著标志。我们党历经千锤百炼而朝气蓬勃，一个很重要的原因就是我们始终坚持党要管党、全面从严治党，不断应对好自身在各个历史时期面临的风险考验，确保我们党在世界形势深刻变化的历史进程中始终走在时

代前列，在应对国内外各种风险挑战的历史进程中始终成为全国人民的主心骨！

——选自2021年7月，习近平在庆祝中国共产党成立100周年大会上的讲话

勇于自我革命是我们党区别于其他政党的显著标志。毛泽东同志讲："有无认真的自我批评，也是我们和其他政党互相区别的显著的标志之一。"正是因为具备这种独有的政治品格，我们党才能穿越百年风风雨雨，多次在危难之际重新奋起、失误之后拨乱反正，成为打不倒、压不垮的马克思主义政党。

——选自2021年11月，习近平总书记在党的十九届六中全会第二次全体会议上的讲话

要保持反腐败政治定力，不断实现不敢腐、不能腐、不想腐一体推进的战略目标。我们必须清醒认识到，腐败和反腐败较量还在激烈进行，并呈现出一些新的阶段性特征，防范形形色色的利益集团成伙作势、"围猎"腐蚀还任重道远，有效应对腐败手段隐形变异、翻新升级还任重道远，彻底铲除腐败滋生土壤、实现海晏河清还任重道远，清理系统性腐败、化解风险隐患还任重道远。我们要保持清醒头脑，永远吹冲锋号，牢记反腐败永远在路上。只要存在腐败问题产生的土壤和条件，腐败现象就不会根除，我们的反腐败斗争也就不可能停歇。领导干部特别是高级干部要带头落实关于加强新时代廉洁文化建设的意见，从思想上固本培元，提高党性觉悟，增强拒腐防变能力。领导干部要增强政治敏锐性和政治鉴别力。领导干部特别是高级干部一定要重视家教家风，以身作则管好配偶、子女，本分做人、干净做事。

——选自2022年1月，习近平总书记在十九届中央纪委六次全会上的讲话

在各个历史时期，党坚持严于管党治党。进入新时代，我们就推进反腐败斗争提出一系列新理念新思想新战略，把全面从严治党纳入"四个全面"战略布局，探索出依靠自我革命跳出历史周期率的有效途径。党通过前所未有的反腐倡廉斗争，赢得了保持同人民群众的血肉联系、人民衷心拥护的历史主动，赢得了全党高度团结统一、走在时代前列、带领人民实现中华民族伟大复兴的历史主动。

——选自2022年6月，习近平在十九届中央政治局第四十次集体学习时的讲话

我们党是世界上最大的马克思主义执政党，要巩固长期执政地位、始终赢得人民衷心拥护，必须永葆"赶考"的清醒和坚定。全党必须深刻认识到，党面临的执政考验、改革开放考验、市场经济考验、外部环境考验将长期存在，精神懈怠危险、能力不足危险、脱离群众危险、消极腐败危险将长期存在，全面从严治党永远在路上，党的自我革命永远在路上。

——选自2022年7月，习近平在省部级主要领导干部"学习习近平总书记重要讲话精神，迎接党的二十大"专题研讨班上的讲话

加强新时代廉洁文化建设，教育引导广大党员、干部增强不想腐的自觉，清清白白做人、干干净净做事。

——选自 2022 年 10 月，习近平总书记在中国共产党第二十次全国代表大会上的讲话

反腐败斗争形势依然严峻复杂，遏制增量、清除存量的任务依然艰巨。必须深化标本兼治、系统治理，一体推进不敢腐、不能腐、不想腐。要在不敢腐上持续加压，始终保持零容忍震慑不变、高压惩治力量常在，坚决惩治不收敛不收手、胆大妄为者，坚决查处政治问题和经济问题交织的腐败，坚决防止领导干部成为利益集团和权势团体的代言人、代理人，坚决防止政商勾连、资本向政治领域渗透等破坏政治生态和经济发展环境。要对比较突出的行业性、系统性、地域性腐败问题进行专项整治。要在不能腐上深化拓展，前移反腐关口，深化源头治理，加强重点领域监督机制改革和制度建设，健全防治腐败滋生蔓延的体制机制。要在不想腐上巩固提升，更加注重正本清源、固本培元，加强新时代廉洁文化建设，涵养求真务实、团结奋斗的时代新风。要把不敢腐、不能腐、不想腐有效贯通起来，三者同时发力、同向发力、综合发力，把不敢腐的震慑力、不能腐的约束力、不想腐的感召力结合起来。进一步健全完善惩治行贿的法律法规，完善对行贿人的联合惩戒机制。严厉打击那些所谓“有背景”的“政治骗子”。

——选自 2023 年 1 月，习近平在中国共产党第二十届中央纪律检查委员会第二次全体会议上的讲话

五 课后习题

（一）名词解释

1. 自我革命
2. 反贪污贿赂局
3. 反腐倡廉建设
4. 延安整风
5. “两个务必”思想
6. “十六字方针”
7. “三反”“五反”运动
8. 四大危险
9. 《中央八项规定》

（二）单项选择题

1. 第一个中央纪律检查监督机构——中央监察委员会诞生是在（　　）年。

A. 1925

B. 1926

C. 1927

D. 1928

2. 1937 年 8 月，中共中央召开洛川会议，通过了（　　），明确提出“铲除贪官污吏，建立廉洁政府”的建政目标。

A.《抗日救国十大纲领》

B.《中共中央为公布国共合作宣言》

C.《抗日救国告全体同胞书》

D.《中国共产党在抗日时期的任务》

3. 经过不懈努力，党找到了（　　）这一跳出治乱兴衰历史周期率的第二个答案，确保党永远不变质、不变色、不变味。

A. 作风建设

B. 廉政建设

C. 人民监督

D. 自我革命

4. 在全党开展深入学习实践科学发展观活动和创先争优活动，扎实推进党的思想建设、组织建设、作风建设、（　　）和制度建设。

A. 民主建设

B. 法制建设

C. 反腐倡廉建设

D. 理论建设

5. 坚决惩治腐败是我们党（　　）的重要体现。

A. 执政能力

B. 执政水平

C. 执政地位

D. 执政基础

6. 党风廉政建设的核心问题是（　　）。

A. 反对腐败

B. 廉洁自律

C. 密切党同人民群众的血肉联系

D. 解决党同人民群众的鱼水关系

7.《建立健全教育、制度、监督并重的惩治和预防腐败体系实施纲要》中明确，反腐倡廉教育要以（　）为重点。

A. 群众

B. 干部

C. 普通百姓

D. 党员领导干部

8. 新中国成立初期开展的“三反”“五反”运动的最重要的政治意义是（　）。

A. 建立了中国的社会主义制度

B. 巩固了新生的人民民主政权

C. 为反腐败提供了有益的借鉴

D. 为三大改造的进行准备了条件

9. 反腐败永远在路上。当前，反腐败斗争压倒性态势已经形成，“得罪千百人，不负十四亿”，对于我们这个把“人民”二字铭刻于心的政党来说，反腐败永远没有剧终。这表明（　）。

①专政是民主的保障

②专政是为统治阶级服务的

③民主是专政的基础

④国家是阶级矛盾不可调和的产物和表现

A. ①②

B. ②③

C. ③④

D. ①④

10. 党的十九大以来，党中央对新时代党的建设提出了一系列新任务、新要求。下列属于新时代党的建设总要求是（　）。

①全面推进党的政治建设、思想建设、组织建设、作风建设、纪律建设

②确保党永葆旺盛生命力和强大战斗力

③增强党的政治领导力、思想引领力、群众组织力、社会号召力

④以加强党的长期执政能力建设、先进性和纯洁性建设为主线

A. ①②

B. ①④

C. ②③

D. ③④

（三）简答题

1. 简述新中国成立初期腐败现象产生的原因。

2. 简述如何加强党的自身建设。

（四）材料分析题

1. 结合材料回答问题

中国共产党如何跳出治乱兴衰的历史周期率？

1945年，民主人士黄炎培应邀走进毛泽东同志的窑洞。面对这位正带领中国共产党屡创奇迹的领袖，黄炎培先生坦率地说：“我生六十多年，耳闻的不说，所亲眼看到的，真所谓‘其兴也勃焉’，‘其亡也忽焉’。一人，一家，一团体，一地方乃至一国，不少都没有跳出这周期率的支配力。”听闻一席肺腑之言，毛泽东同志略作沉思：“我们已经找到了新路，我们能跳出这个周期率，这条新路就是民主，走群众路线。只有让人民来监督政府，政府才不敢松懈。只有人人起来负责，才不会人亡政息。”

2022年，习近平总书记在党的二十大报告中指出：“经过不懈努力，党找到了自我革命这一跳出治乱兴衰历史周期率的第二个答案，自我净化、自我完善、自我革新、自我提高能力显著增强，管党治党宽松软状况得到根本扭转，风清气正的党内政治生态不断形成和发展，确保党永远不变质、不变色、不变味。”

“窑洞之问”，两个答案，跨越了一个政党从弱小到强大，从九死一生到蓬勃兴盛的漫漫岁月。从探寻党和人民的关系，到将目光同时放到党的自身、反求诸己，一脉相承的，是我们党走好“赶考”之路的清醒坚定，是走得再远都不会忘记的初心使命和历史自信。

1. 结合材料，谈谈你对“窑洞之问”的两个答案的认识。

2.“窑洞之问”的两个答案是党永葆蓬勃生机的重要法宝。结合材料，对此加以分析。

2. 结合材料回答问题

党的自我革命永远在路上

2012 年 11 月 8 日，胡锦涛同志在党的十八大报告中指出了新形势下党面临的“四大考验”以及“四大危险”。报告强调，新形势下，党面临的执政考验、改革开放考验、市场经济考验、外部环境考验是长期的、复杂的、严峻的，精神懈怠危险、能力不足危险、脱离群众危险、消极腐败危险更加尖锐地摆在全党面前。不断提高党的领导水平和执政水平、提高拒腐防变和抵御风险能力，是党巩固执政地位、实现执政使命必须解决好的重大课题。全党要增强紧迫感和责任感，牢牢把握加强党的执政能力建设、先进性和纯洁性建设这条主线，坚持解放思想、改革创新，坚持党要管党、从严治党，全面加强党的思想建设、组织建设、作风建设、反腐倡廉建设、制度建设，增强自我净化、自我完善、自我革新、自我提高能力，建设学习型、服务型、创新型的马克思主义执政党，确保党始终成为中国特色社会主义事业的坚强领导核心。

2023 年 1 月 9 日，习近平总书记在中共二十届中央纪委二次全会上发表讲话，强调党的自我革命永远在路上。讲话指出，我们党目前所面临着一些大党独有的特殊难题，其中之一就是如何始终能够及时发现和解决自身存在的问题。堡垒最容易从内部攻破，能打败我们的只有我们自己。我们这么大一个党，有着光荣的历史、伟大的成就，一些人很容易在执政业绩光环的照耀下出现忽略自身不足、忽视自身问题的现象，陷入“革别人命容易，革自己命难”的境地。我们必须坚持真理、修正错误，始终顺乎潮流、顺应民心，发扬经验、吸取教训，在世界形势深刻变化的历史进程中始终走在时代前列、朝着正确方向前进。

从以上两段材料中，可以看到，新时代开始至今，已经过去十余年，这十余年里我们党和国家创造了辉煌的成就，但党始终都在强调自我革命的重要性。请结合材料，回答以下问题。

1. 为什么说“党的自我革命永远在路上”？
2. 我们应该如何把党的自我革命进行下去？

（五）论述题

1. 联系实际，分析加强党的建设的重要性、紧迫性和主要内容。

2. 先进的马克思主义政党不是天生的，而是在不断自我革命中淬炼而成的。中国共产党历经百年沧桑更加充满活力，其奥妙就在于党始终具有自我革命的勇气，敢于坚持真理、修正错误。百年来，我们党始终把建设上下贯通、执行有力的组织体系和科学规范作为自我革命的重要内容，不忘初心、牢记使命，不断提高党的理论水平、实践能力和党员的党性修养，保持和发展马克思主义政党的先进性、纯洁性。而在新的征程上，我们党积极推进党的建设新的伟大工程，增强自我净化、自我完善、自我革新、自我提高能力，不断清除一切损害党的先进性和纯洁性的因素，不断清除一切侵蚀党的健康肌体的病毒，确保党不变质、不变色、不变味，确保党在新时代坚持和发展中国特色社会主义的历史进程中始终成为坚强领导核心。

结合材料，分析党的自我革命精神对保持先进性、纯洁性的作用。

第七专题

中国共产党百年辉煌的历史奥秘

一 基本知识点

（一）统一战线

统一战线是指不同社会政治力量在一定条件下，为了一定的共同目标而建立的政治联盟或联合。中国共产党领导的统一战线经历了新民主主义革命、社会主义革命和社会主义建设等不同的历史时期，各个时期均有特定的任务、范围和战略目标。统一战线是中国共产党凝聚人心、汇聚力量的政治优势和战略方针，是夺取革命、建设、改革事业胜利的重要法宝，是增强党的阶级基础、扩大党的群众基础、巩固党的执政地位的重要法宝，是全面建设社会主义现代化国家、实现中华民族伟大复兴的重要法宝。

1. 国民革命联合统一战线

1923 年 6 月中共三大召开，决定在保持中国共产党独立性的条件下，允许共产党员以个人身份加入国民党，以实现中国共产党与孙中山领导的中国国民党的合作。1924 年 1 月，中国国民党第一次全国代表大会召开。大会宣告接受中共提出的反帝反封建民主革命的主张，坚持联俄、联共、扶助农工的三大革命政策，重新解释了“三民主义”，即“新三民主义”。新三民主义的政治主张同中国共产党在民主革命阶段的政治纲领的基本原则是一致的，因而成为第一次国共合作的政治基础。中国国民党第一次全国代表大会的召开标志着以国共两党第一次合作为基础的各革命阶级（包括工人、农民、城市小资产阶级、民族资产阶级）的国民革命联合统一战线的建立。国民革命联合统一战线的建立，极大推进了以打倒列强和推翻北洋军阀为目标的民主革命（北伐战争）向前发展。但这一时期，由于中共缺乏革命斗争经验，对马克思主义理论与中国革命斗争实践的结合没有深刻的认识，让出了统一战线和武装力量的领导权，导致了大革命的失败。

2. 抗日民族统一战线

1931 年九一八事变以后，中日民族矛盾急剧上升为主要矛盾。随之中国国内的阶级关系也开始发生重大变化。1935 年 12 月，中共中央在瓦窑堡召开政治局扩大会议。会议通过的决议和毛泽东在会后所作的《论反对日本帝国主义的策略》的报告，系统地阐述了抗日民族统一战线的政策。1936 年底，西安事变的和平解决为抗日民族统一战线的建立奠定了基础。1937 年七七事变后，抗日战争全面爆发。为促进国共两党合作抗日，7 月 15 日，中共代表周恩来等将《中共中央为公布国共合作宣言》交给蒋介石。9 月 22 日，国民党中央通讯社发表中共中央的宣言；23 日，蒋介石发表讲话承认中国共产党的合法地位。以国共两党第二次合作为基础的抗日民族统一战线正式形成。抗日民族统一战线是一个包括进步力量、中间力量和顽固力量（即容纳了工人、农民、小资产阶级、民族资产阶级及一部分地主大资产阶级）在内的广泛的统一战线，为抗日战争的最后胜利奠定了坚实的政治基础。另外，抗日战争时期，党的统一战线政策趋于完善和成熟，提出了在统一战线中坚持独立自主的原则；制定了“发展进步势力、争取中间势力、孤立顽固势力”的策略总方针。另外，对顽固派贯彻又联合又斗争的政策，在同顽固派作斗争时，坚持“有理、有利、有节”的原则。

3. 人民民主统一战线

1945 年 8 月抗战胜利后，国民党统治集团违背全国人民的意愿，仍坚持蒋介石的专制独裁统治，发动了全国内战。为了推翻国民党统治集团，建立新民主主义的新中国，中国共产党领导建立了包括工人、农民、城市小资产阶级、民族资产阶级、各民主党派、开明绅士、其他爱国分子、少数民族同胞和海外侨胞在内的广泛的人民民主统一战线。解放战争时期人民民主统一战线的建立，为人民解放战争的胜利、为新中国的建立起到了重要的法宝作用。1949 年 10 月 1 日新中国建立以后，中国人民政治协商会议成为人民民主统一战线的新的组织形式。1956 年 4 月，毛泽东在《论十大关系》中，正式提出了中国共产党与各民主党派实行“长期共存、互相监督”的方针，标志着人民民主统一战线发展到了一个新的历史阶段。人民民主统一战线为调动社会各阶层的一切积极因素，团结一切可以团结的力量，为社会主义革命和建设，发挥了不可估量的重大作用。

4. 爱国统一战线

1981 年 6 月，中共十一届六中全会通过的《关于建国以来党的若干历史问题的决议》指出：“一定要毫不动摇地团结一切可以团结的力量，巩固和扩大爱国统一战线”，正式提出“爱国统一战线”概念；党的十二大正式提出中国共产党同民主党派“长期共存、互相监督、肝胆相照、荣辱与共”的“十六字方针”方针，更加密切了中国共产党与各民主党派的关系。爱国统一战线是改革开放以后以实现四个现代化为中心任务的新的历史时期的统一战线，它是工人阶级领导的，以工农联盟为基础的，由全体社会主义劳动者、拥护社会主义的爱国者、拥护祖国统一的爱国者组成的最广泛的统一战线。2004 年，十届人大二次会议将“社会主义事业的建设者”写入《宪法修正案》。爱国统一战线的内部构成则由“三者”进一步发展为“四者”，即在长期的革命和建设过程中，已经结成由中国共产党领导的，有各民主党派和各人民团体参加的，包括全体社会主义劳动者、社会主义事业的建设者、拥护社会主义的爱国者和拥护祖国统一的爱国者的广泛的爱国统一战线，这个统一战线将继续巩固和发展。

5. 新时代爱国统一战线

进入新时代，爱国统一战线被赋予了新的历史内涵，是夺取新时代中国特色社会主义新胜利的重要法宝，其构成范围进一步扩大。《中国共产党统一战线工作条例》明确规定，统一战线是包括全体社会主义劳动者、社会主义事业建设者、拥护社会主义爱国者、拥护祖国统一和致力于中华民族伟大复兴爱国者的联盟。爱国统一战线中增写致力于中华民族伟大复兴的爱国者的内容，是适应形势任务发展变化作出的科学判断，是对新形势下统一战线内部构成的丰富，体现了对统一战线发展规律认识的深化。正确把握新形势下统一战线的性质，就是要把热爱祖国并愿意为祖国统一和民族复兴而奋斗的海内外中华儿女团结起来，为共圆中国梦提供广泛的力量支持。

（二）党的建设

1. 政治建设

党的政治建设旨在通过正确的政治纲领、政治路线、政治立场、政治目标，以及严明的政治纪律，保证全体党员具有高度的政治觉悟，坚持正确政治方向，维护党的团结统一，实现党肩负的政治使命。“党的政治建设”这一概念是在党的十九大报告中首次出现的，但是党的政治建设并不是一个新课题，它早在新民主主义革命时期就已经被提出，并且多年来始终受到主要领导人的高度重视。

把党的政治建设作为党的根本性建设，是对党的十八大以来全面从严治党经验的科学总结。党的十八大以来，随着全面从严治党向纵深推进，党内存在的突出矛盾和问题从政治上暴露得越来越充分，政治问题和经济问题相互交织的腐败特征呈现得越来越明显。习近平总书记一针见血地指出，党内存在的很多问题都同政治问题相关联，原因都是党的政治建设没有抓紧、没有抓实、没有抓好。实践证明，全面从严治党只有从政治上认识问题才能找到病根。把党的政治建设作为党的根本性建设，不仅体现出鲜明的问题导向，具有现实针对性，更是党的十八大以来全面从严治党经验的科学总结，具有实践依据。

2. 思想建设

党的思想建设是指党为保持创造力、凝聚力和战斗力而在思想理论方面所进行的一系列工作。思想建设是党的基础性建设，主要任务就是强化马克思主义理论武装，对党员进行党的基本理论、基本路线、基本方略的教育，保持全党在思想上政治上行动上的高度一致，保持党的先进性、纯洁性。坚定的理想信念，是保持党的团结统一的思想基础。

中国共产党创立百年以来，始终高度重视党的思想建设，成功走出了一条思想建党之路。在新民主主义革命时期，中国共产党通过召开古田会议纠正党内错误思想和错误倾向；反对教条主义，坚持实事求是的思想路线；创造性地开展延安整风运动，党的思想建设取得显著成效。社会主义革命和建设时期，中国共产党继续保持思想建党的光荣传统。通过翻译马克思、恩格斯的著作，及时出版《毛泽东选集》第一、二、三卷以及开展整党整风运动，扎实推动党的思想建设。改革开放和社会主义现代化建设新时期，党建立健全了党的思想建设的有效机制。重新恢复党的实事求是的思想路线；在推进党的建设新的伟大工程中加强党的思想建设；把思想建设作为党的根本建设来抓，开拓了党的思想建设的新局面。党的十八大以来，以习近平同志为核心的党中央发展完善了党的思想建设的相关内容，把坚定理想信念作为全党思想建设的首要任务；推进思想建党和制度治党协同发展；坚持党内学习教育活动的常态化，推动党的思想建设进入新的发展阶段，实现了党的思想建设的新突破。

3. 组织建设

党的组织建设，包括党的组织制度建设、组织体系建设、干部队伍建设、党员队伍建设和民主集中制建设等内容。

中国共产党自成立以来，党的组织建设在挫折与逆境中不断成长。在新民主主义革命时期，党的组织建设在残酷的战争环境下开展。中国共产党成立后，发展党员与扩大组织规模成为首要任务，同时规定党的组织纪律，针对组织建设存在的问题及时进行工作指导和纠偏，不断加强基层党组织建设。在社会主义革命和建设时期，通过两次召开全国组织工作会议，加强党的组织建设，不断巩固和扩大党的组织；党的八大突出强调了执政党建设问题。在改革开放和社会主义现代化建设新时期，党的组织建设通过正本清源走上健康发展轨道。党的十一届三中全会后，党的组织建设迅速恢复。在改革开放过程中，邓小平、江泽民、胡锦涛领导的党中央大力推进党的组织建设，提出干部队伍革命化、年轻化、知识化、专业化的方针和建设高素质干部队伍的任务，不断加强基层党组织建设。中国特色社会主义进入新时代，以习近平同志为核心的党中央高度重视党的组织建设，2013 年、2018 年两次召开全国组织工作会议，在此期间，每年召开全国组织部长会议，针对新情况新问题部署党的组织工作，通过压实党建责任主体、抓“关键少数”、强化党的根本组织宗旨、坚固组织观念等举措，开创党的组织建设新局面。

4. 作风建设

作风建设的核心是保持党同人民群众的血肉联系，是以人民为中心价值取向对党自身提出的道德要求。

中国共产党在一百多年的奋斗历程中特别重视作风建设。新民主主义革命时期，党通过采取群众路线、开展延安整风运动以及提出“两个务必”思想等加强党的作风建设。社会主义革命和建设时期，党重新审视党在作风建设中存在的问题，结合“三反运动”坚决反对官僚主义、命令主义，保持同人民群众的联系。改革开放和社会主义现代化建设新时期，中国共产党在党的作风建设问题上进行了新的探索。邓小平同志领导党中央果断地实现“以阶级斗争为纲”向以经济建设为中心的转变，明确提出了执政党的党员应该怎样才算合格的问题，此后，“三个代表”重要思想成为 21 世纪党的建设的指导纲领；党的十六大后，以胡锦涛同志为总书记的党中央紧紧围绕党的执政能力建设、先进性和纯洁性建设的主线，努力推进党的建设向纵深发展。党的十八大以来，以习近平同志为核心的党中央推行全面从严治党战略，把中央八项规定作为加强作风建设的切入点、全面从严治党的突破口，在总结历史经验的基础上，针对新时代的新矛盾，开展系列集中学习教育活动，大力推进党的作风建设，开创了全面从严治党新局面。

5. 纪律建设

党的纪律规范的对象是全党，任何组织、任何党员都不能凌驾于党的纪律之上，必须受其约束。就呈现形态而言，党的纪律主要指已经由党内法规和党内一般性制度文件明文规定的党的各级组织和党员必须遵守的行为准则。因此，党的纪律主要可以分为六类，即政治纪律、组织纪律、廉洁纪律、群众纪律、工作纪律、生活纪律。

严明纪律是中国共产党的显著特点和最大优势。党的十八大以来，随着社会发展，加强党的纪律建设不断面临新的形势。新时代全面从严治党总体布局，把党的纪律建设摆在了更加突显的地位。抓住了党的纪律建设，也就找到了推进全面从严治党的着力点。只有把纪律挺在前面，守住纪律这条底线，靠纪律全覆盖地管、全方位地治，从源头上阻断不正之风和腐败滋生的通道，才能维护好整个党内政治生态。

6. 制度建设

党的制度建设是用法治思维和法治方式管党治党。抓制度的贯彻执行，注重运用制度法规的执行力和约束力来调解党内矛盾、解决党内问题、规范党员行为。制度治党在目标指向上，重在规范外在言行举止；在方式方法上，采取刚性约束手段；在功能作用上，发挥着规范引导功效。

加强党的制度建设需要通盘考虑、全局规划、科学设定，要同一系列改革的政策和措施有机结合起来，做到同步设计、同步制定、同步实施。要减少制度漏洞、盲点、空白点，制度要易用、好用，简便易行。一方面，要健全完善制度，构建以党章为根本，党内法规为支撑的党内法规制度体系；另一方面，坚持制度面前人人平等，狠抓制度落实，确保广大党员干部养成尊崇制度、遵守制度、捍卫制度的良好习惯，真正使制度成为硬约束。

二 重难点

（一）坚持统一战线的重要价值与意义

统一战线贯穿我国革命、建设和改革的各个历史时期，是“党克敌制胜的重要法宝，也是党执政兴国的重要法宝”，其价值与意义已为建党以来各个时期所取得的辉煌成就所证明。

在新民主主义革命时期，党之所以实行统一战线的策略，取决于近代中国社会的具体历史条件。在半殖民地半封建社会的中国，革命的力量相当弱小，而革命的对象力量相当强大。就如毛泽东曾形象描述，中国是一个“两头小中间大”的社会。所谓两头，一头是工业无产阶级，属于革命力量，它在整个中国社会人口中所占比例很小，数量不多；另一头是地主大资产阶级，属于革命对象，它所占人口比例也很小，但却是一个拥有强大现实实力的反动力量。中间力量是指广泛存在于工业无产阶级和地主大资产阶级之间的其他社会各阶级，如农民阶级（主要指贫雇农、中农）、城市小资产阶级、民族资产阶级等。这些中间阶级一般是非革命的，或者是半革命的力量，它们在一定条件下也会转化为革命的力量。因此，毛泽东认为，革命的无产阶级要打败拥有深厚的社会优势的地主大资产阶级，以取得新民主主义革命的胜利，必须同广大的中间阶级建立统一战线。从中国具体历史条件出发，在革命时期，党先后建立了国民革命联合统一战线、工农民主统一战线、抗日民族统一战线、人民民主统一战线，团结带领中国人民取得了新民主主义革命的伟大胜利，为实现中华民族伟大复兴创造了根本社会条件，中国人民站起来了。

新中国成立以后，新民主主义社会面临着多种繁重而又艰巨的任务：土地改革、国民经济的恢复与发展、镇压国内敌人、抗美援朝和社会主义改造等。党继续运用统一战线这个法宝，团结各阶级、各党派、各民族、各界爱国人士，迅速恢复了国民经济、取得了抗美援朝战争的胜利、巩固了新生的人民民主政权，成功地对农业、手工业和资本主义工商业进行了社会主义改造，初步确立了社会主义基本制度，建立起独立的比较完整的工业体系和国民经济体系，创造了社会主义革命和建设的伟大历史性成就，为实现中华民族伟大复兴奠定了根本政治前提和制度基础。

改革开放和社会主义现代化建设新时期，我们党巩固和发展了最广泛的爱国统一战线。邓小平同志强调，统一战线仍然是一个重要法宝；没有统一战线工作，任何一件事情都是办不好的。这一时期，我们党通过建立最广泛的爱国统一战线，最大限度地团结了一切可以团结的力量，实现了海内外全体中华儿女的空前团结，为我们党领导人民全面推进改革开放和社会主义现代化建设，实现了从温饱不足到总体小康进而奔向全面小康的历史性跨越，为实现中华民族伟大复兴提供了充满新的活力的体制保证和快速发展的物质条件，中华民族富起来了。

党的十八大以来，以习近平同志为核心的党中央把统一战线作为治国理政的重要方略，全面谋划部署新时代统战工作，大力推进统一战线理论、政策和实践创新。新时代的爱国统一战线最大限度地凝聚共识、凝聚人心、凝聚智慧、凝聚力量，团结带领人民创造了新时代中国特色社会主义的伟大成就，为实现“两个一百年”奋斗目标、全面建设社会主义现代化国家和中华民族伟大复兴中国梦提供了广泛力量支持。中华民族迎来了从站起来、富起来到强起来的伟大飞跃。

回顾百年奋斗历程，中国共产党始终把统一战线摆在重要位置，始终坚持大团结大联合，团结一切可以团结的力量，调动一切可以调动的积极因素，促进政党关系、民族关系、宗教关系、阶层关系、海内外同胞关系和谐，最大限度凝聚起共同奋斗的力量。实践充分证明，统一战线是中国共产党凝聚人心、汇聚力量的政治优势和战略方针，是夺取革命、建设、改革事业不断从胜利走向胜利的重要法宝，是增强党的阶级基础、扩大党的群众基础、巩固党的执政地位的重要法宝，是中国共产党团结海内外全体中华儿女实现中华民族伟大复兴的重要法宝。

（二）以人民为中心是中国共产党的根本执政理念

中国共产党是用马克思主义武装起来的先进政党，是为中国最广大人民的根本利益而奋斗的先进政党，所以从其成立起中国共产党始终坚持以人民为中心、把人民立场作为根本政治立场。中国共产党始终坚持以人民为中心，为了人民的利益不断奉献和牺牲，具有强大的精神感召力。在新民主主义革命时期，为了人民，共产党人前仆后继、不怕牺牲；在建设时期，为了人民，共产党人无私奉献、鞠躬尽瘁；在改革开放新时期，为了人民，共产党人敢闯敢试、奋力拼搏。

中国共产党始终坚持以人民为中心，把人民立场作为根本政治立场，决定了中国共产党人的初心就是为人民谋幸福。百年来，中国共产党人始终不忘为人民谋幸福的初心，努力解决好“为了谁”的问题，不断为人民创造幸福生活，从而得到广大人民群众的衷心拥护和支持。人心是最大的政治，得民心者得天下。依靠人民群众的伟大力量，中国共产党创造了一个个历史伟业。革命时期，党依靠人民的力量推翻了压在中国人民头上的三座大山，赢得了新民主主义革命的胜利，为实现中华民族伟大复兴创造了根本社会条件，中国人民站起来了。新中国成立后，党继续依靠人民的力量成功地对农业、手工业和资本主义工商业进行了社会主义改造，初步确立了社会主义基本制度，建立起独立的比较完整的工业体系和国民经济体系，创造了社会主义革命和建设的伟大历史性成就，为实现中华民族伟大复兴奠定了根本政治前提和制度基础。改革开放以来，党继续依靠人民的力量，不仅解决人民的温饱问题，而且使中国发展为世界第二大经济体，为实现中华民族伟大复兴提供充满新的活力的体制保证和快速发展的物质条件，中华民族富起来了。十八大以来，中国共产党继续凝聚人民，引领人民、依靠人民，为实现“两个一百年”奋斗目标、实现中华民族伟大复兴的中国梦而共同奋斗，中华民族迎来了从站起来、富起来到强起来的伟大飞跃。中国共产党为什么“能”？一个根本原因就是，中国共产党始终坚持以人民为中心，从人民中汲取无穷的智慧和力量，依靠人民书写中华民族发展史上最为壮丽的篇章。

（三）为什么要持续推进党的建设新的伟大工程?

中国共产党从成立之日起，就高度重视自身建设并为此进行了不懈探索。100 多年来，正是通过不断加强自身建设，中国共产党始终保持先进性和纯洁性，始终走在时代前列，始终同人民在一起、为人民利益而奋斗。

1939 年 10 月，毛泽东同志在《〈共产党人〉发刊词》中第一次把党的建设称为“伟大的工程”，同时强调党的建设与统一战线、武装斗争是战胜敌人的三个法宝。在实现历史转折不久后的 1980 年，邓小平同志郑重提出“执政党应该是一个什么样的党，执政党的党员应该怎样才合格，党怎样才叫善于领导”这一重大问题，在开辟中国特色社会主义道路的历史进程中不断加强党的建设。江泽民同志、胡锦涛同志一直高度重视党的建设，不断根据新形势新任务和党的建设面临的新情况新问题，以改革创新精神加强党的建设，把党的建设新的伟大工程不断推向前进。党的十八大以来，习近平同志将全面从严治党纳入“四个全面”战略布局，将建设伟大工程作为统揽“四个伟大”的关键，坚持和加强党的全面领导，把党的政治建设摆在首位，强调思想建党和制度治党同向发力，制定新时代党的组织路线，以保持党同人民群众的血肉联系为核心持之以恒正风肃纪，以无禁区、全覆盖、零容忍态度坚决“打虎”“拍蝇”“猎狐”，在坚持和发展中国特色社会主义的进程中把党的建设新的伟大工程推进到新阶段。

中国共产党的历史充分证明，什么时候党的建设抓得好，党领导的事业就顺利发展；什么时候党的建设抓得不好，党领导的事业就会遭受挫折。加强党的建设这个优良传统丢不得，丢了就会跌跤；加强党的建设这个重要法宝扔不得，扔了就会打败仗。

建设伟大工程具有十分重大的现实意义。只有建设伟大工程，才能确保我们党在世界形势深刻变化的历史进程中始终走在时代前列。一个政党曾经先进不等于永远先进，曾经走在时代前列不等于永远走在时代前列。面对世情国情党情的深刻变化，我们必须深刻认识建设伟大工程的长期性、艰巨性、复杂性。从世界形势看，当今世界正处于大发展大变革大调整时期，面临的不稳定性不确定性更加突出。一些国家单边主义、贸易保护主义和逆全球化思潮抬头，使增长动能本已不足的世界经济雪上加霜。世界形势的深刻变化对我们党牢牢把握时代潮流提出了更高要求，对我们党把方向、谋大局、定政策、促改革的能力和定力提出了更高要求。

只有建设伟大工程，才能确保我们党在应对国内外各种风险和考验的历史进程中始终成为全国人民的主心骨。今天，我们比历史上任何时期都更接近、更有信心和能力实现中华民族伟大复兴。但是，我们不能期望轻轻松松、敲锣打鼓就实现我们的奋斗目标。新时代，我们党要应对国内外各种风险和挑战，进行具有许多新的历史特点的伟大斗争。要想在新的伟大斗争中排除万难、取得胜利，必须有一个坚强有力的党成为全国人民的主心骨，凝聚起全国人民的力量。

只有建设伟大工程，才能确保我们党在坚持和发展中国特色社会主义的历史进程中始终成为坚强领导核心。中国共产党是中国特色社会主义的开创者、实践者、领导者、推动者。历史告诉我们，没有中国共产党就没有中国特色社会主义。历史启示我们，中国特色社会主义进入新时代，更加需要中国共产党的坚强领导。“打铁还需自身硬”。只有持续推进党的建设新的伟大工程，确保党始终成为时代先锋、民族脊梁，始终保持马克思主义政党的先进性和纯洁性，我们党才能始终成为中国特色社会主义事业的坚强领导核心。

（四）中国共产党为什么要坚持理论创新?

党的二十大报告指出，实践没有止境，理论创新也没有止境。党的十九届六中全会概括了具有重大的历史意义和现实指导意义的十条历史经验，其中一条就是“坚持理论创新”。中国共产党是勇于理论创新的党，也是善于理论创新的党。回望百年奋斗历程，中国共产党为什么能，中国特色社会主义为什么好，归根到底是因为马克思主义行。马克思主义之所以行，就在于党不断推进马克思主义中国化时代化并用以指导实践。马克思主义理论不是教条而是行动指南，必须随着实践发展而发展，必须中国化才能落地生根、本土化才能深入人心。

一百年来，我们党坚持解放思想和实事求是相统一、培元固本和守正创新相统一，不断开辟马克思主义新境界，创立了毛泽东思想、邓小平理论，形成了“三个代表”重要思想、科学发展观，创立了习近平新时代中国特色社会主义思想。我们党之所以能够领导人民在一次次求索、一次次挫折、一次次开拓中完成中国其他各种政治力量不可能完成的艰巨任务，根本在于坚持解放思想、实事求是、与时俱进、求真务实，坚持把马克思主义基本原理同中国具体实际相结合、同中华优秀传统文化相结合，坚持实践是检验真理的唯一标准，坚持一切从实际出发，及时回答时代之问、人民之问，不断推进马克思主义中国化时代化。

时代是思想之母，实践是理论之源。当代中国正在经历人类历史上最为宏大而独特的实践创新，改革发展稳定任务之重、矛盾风险挑战之多、治国理政考验之大都前所未有，世界百年未有之大变局深刻变化前所未有，提出了大量亟待回答的理论和实践课题。勇于结合新的实践不断推进理论创新、善于用新的理论指导新的实践，才能续写马克思主义中国化时代化新篇章，才能让马克思主义在中国大地上展现出更强大、更有说服力的真理力量。

三 党史故事

（一）“沂蒙母亲”王换于与战时托儿所

在山东沂蒙山革命老区的腹地，坐落着一个三面环水一面连山的村子——沂南县马牧池乡东辛庄。抗日战争初期，山东根据地领导人罗荣桓、徐向前等经常住在这儿，使这里一度成为山东抗战的指挥中心和抗日“堡垒村”。村中有家“堡垒户”（堡垒户，指在抗战时期斗争环境极端残酷的情况下，群众中舍生忘死、隐蔽保护共产党干部和人民子弟兵的住房关系户，是保护和积蓄抗战力量的基地——编者注），带头人是著名的“沂蒙母亲”王换于，人们尊称她“于大娘”。王换于为民族解放和革命事业做出了巨大的贡献，其中之一就是在抗战时期创办起战时托儿所，先后抚养了 86 位革命后代。

1.“堡垒户”创办战时托儿所

1888 年，王换于出生在沂南县岸堤镇圈里村一户贫穷的王姓家庭，因为是女孩，重男轻女的父母一直懒得给她取名字。她 19 岁那年，父母在收了两斗谷子的“彩礼”后，将她嫁到马牧池乡东辛庄一个姓于的人家。自此，她便被当地人按本地习俗称为于王氏。

抗战爆发后，在中国共产党的组织和引导下，沂蒙山区各地掀起了抗日热潮。于王氏因性格直爽，办事干练，思想先进，逐步被当地党组织培养成了抗日积极分子。1938 年 11 月，50 岁的于王氏光荣地加入了中国共产党。在填写党员名册时，党组织做了难，总不能发展一个无名氏做党员吧。一个干部在询问了她的经历后，说：“你是夫家用两斗谷子换来的，干脆就叫王换于吧。”

入党后的王换于更加积极，不久被选举为村妇救会会长和艾山乡副乡长。在她的影响带动下，其大儿媳张淑贞和长子于学翠、次子于学荣先后入党，她家成了著名的抗日“堡垒户”。

1939 年 6 月 29 日，中共山东分局和八路军第一纵队司令员徐向前、政委朱瑞等率领机关人员，转战来到东辛庄。因为这里“三面环水水连山”，日军三番五次经过这里，却都不敢在村子里驻扎。但是共产党人不怕，只要依靠群众，绝处也能求生。徐向前和朱瑞毅然在这里安营扎寨，指挥抗战，并将“帅帐”安在了王换于家。

此后，八路军一一五师、山东纵队、省战工会（省政府前身）、鲁中区党委、省妇救会、大众日报、北海银行和姊妹剧团等机关曾先后住过王换于家，山东党政军的其他领导人罗荣桓、萧华、郭洪涛、黎玉、张经武、马保三和高克亭等也都曾住过她家。

徐向前他们不仅带来了指挥山东抗战的首脑机关，还提溜了 27 个（后来增加到 41 个）小“跟屁虫”——抗战将士的儿女们，这些孩子由徐向前的夫人黄杰等照料。他们最大的七八岁，最小的出生才 3 天，其中还包括罗荣桓的女儿罗琳、徐向前的女儿小何（乳名）等。这些孩子长期跟随部队转战奔波，生长环境十分恶劣，再加上大人们都吃不饱，也没有多少奶水喂孩子，因此许多孩子的体质很差，大都发育不良，个个黑瘦黑瘦的。

王换于看了很心疼。1939 年 9 月底的一天，她找了个时间，向徐向前提议道：“这些孩子整天跟着你们不是办法，大人们整天忙着打鬼子，哪有时间照顾他们？我看不如成立一个托儿所，将孩子们分散到各个可靠的群众家中代养，这样孩子们能有个好照应，首长们也能专下心来打仗！再说，遇到鬼子来‘扫荡’，也便于孩子在各家各户隐蔽。”

徐向前一听，非常高兴，说：“我们也都有这个想法，只是怕给群众增加负担。再说，一下安置这么多孩子，可不是说着玩的，让谁去做这项工作呢？”

王换于说：“这个地方三村五里我都熟，谁家适合养小孩我最清楚，首长如果信得过我，就将孩子们交给我吧！”

徐向前被她逗笑了，说：“我们都住在你家里，还能信不过你吗？只是……”说到这儿，他收敛了笑容，停顿了一下，动情地说，“又要给你和群众添麻烦了！”

“麻烦什么？照料好孩子也是为了抗战！”王换于拍了拍胸脯。

1939 年 10 月，东辛庄抗日战时托儿所正式成立，王换于任负责人。从此，她在做好其他抗日工作的同时，又挑起了抚养和照顾抗战将士子女的重担。

为了完成这项任务，王换于挨村挨户打听，谁家的孩子夭亡了，她就动员做母亲的不要把奶水退回去，把需要哺乳的孩子们给她抚养，稍大一点的孩子则送到可靠的人家照料。她在发动群众的同时，自己以身作则，主动安排长媳张淑贞和次媳陈洪良承担抚养罗荣桓的女儿罗琳，徐向前的女儿小何，胡奇才的儿子胡鲁克、胡鲁生，陈沂、马楠夫妇的女儿陈小聪等 7 个孩子。在她们的感染和带动下，5 天不到，机关 27 个孩子就全被她安排好了。

2. 亲骨肉饥病交加早夭折

张淑贞和陈洪良本来都各自带着自己的孩子，家里突然来了半个班，吃饭一下子就成了大问题。王换于家里的粮食很快就被吃光了，最后连种子粮也吃了，怎么办？王换于就发动全家人向亲戚家借。后来，组织上主动接济她家一些粮食，帮助王换于一家渡过了缺粮难关。

创办战时托儿所，最大的问题是保证孩子们的安全，在那兵荒马乱的年代，抚养这么多孩子，要担很大风险。王换于一家出生入死，帮助孩子们度过一个个“鬼门关”。

一次，日军“扫荡”东辛庄附近的大梨峪。王换于闻讯非常着急，因为那里有战时托儿所寄养的一个孩子。她立即抄近路跑到大梨峪，通知孩子的奶娘带着孩子迅速转移到亲戚家里。奶娘和孩子刚刚转移出去，敌人就来了，强派这户人家漤柿子。王换于如果走开，这户人家少了家庭主妇，柿子漤不出来，全家老小就会遭到生命危险。王换于果断地说：“不用害怕，我最会漤柿子，一切由我来应付。”于是，她将生柿子下到锅里，点上火…… 经过巧妙周旋，终于摆脱了一场危险。

那时敌人常来“扫荡”，王换于家抚养的孩子多，又是领导人的子女，目标大。为保证安全，王换于和儿子秘密在南山和北岭挖了两个较大的山洞，遇到敌人来“扫荡”，就带着孩子藏在里面。1941至1942年，敌人3次来“扫荡”，王换于都带着孩子躲进山洞，其中一次在洞里住了两个多月。

每次进洞，王换于都在外面站岗，由张淑贞和弟媳陈洪良在里面哄孩子，于学翠利用夜间出去帮大家补充粮食。第一次进洞时，孩子们由于害怕，小的哭，大的闹。没办法，她们把最小的搂在怀里吃奶，给大点的讲故事，后来孩子们适应了，不再哭闹，才慢慢安顿下来。

那段时间，他们最怕的是遇到孩子们生病。如果哪个孩子生了病，王换于或儿子、儿媳就立即下山去请医生。1942年夏天的一个夜晚，大雨倾盆，有两个孩子发了高烧。看着孩子病情十分严重，于学翠决定冒雨去请医生。考虑到一个人去太危险，弟弟于学荣决定和哥哥一块去。兄弟俩经过一番波折，终于请来了医生。两个孩子的病治好了，但于学翠全身多处被树枝划伤，有的伤口感染化脓，直到秋后才痊愈。

对战时托儿所里的每一个孩子，王换于都细心呵护。一次，王换于去西辛庄看望一个寄养在那里的半岁婴儿，发现孩子瘦得不像样，非常心疼，就将孩子抱回了家。当时，王换于的二儿媳陈洪良正值哺乳期，因当时生活条件差，奶水哺乳一个孩子还不够。王换于对陈洪良说：“这个孩子是烈士的后代，让咱的孩子在家吃粗的，把奶给这个孩子喝吧，咱的孩子没了，还可以再生，咱可不能让烈士断了根呀。”于是，陈洪良就接过了这个孩子。

在婆婆的影响和带动下，张淑贞、陈洪良妯娌俩也都尽心尽力呵护着这些革命后代，舍不得用奶水喂自己的孩子，尽量哺乳那几个弱小的。有时看着自己的孩子饿了，哭着闹着要喝奶，她们心如刀绞，但一想到那些孩子的父母在前线舍生忘死打鬼子，便把心一横，硬是不让自己的孩子吃。时间久了，妯娌俩的孩子由于长期疏于照顾，一个个面黄肌瘦、营养不良。

1940年秋，陈洪良的儿子秋江突然拉肚子，由于体质差，病情越来越严重。可陈洪良忙着照顾托儿所的孩子，没腾出空来管秋江，也没来得及找医生，结果秋江一天拉了十几次，造成严重脱水，于第三天晚上不幸夭折。1941年，张淑贞又痛失爱子春海。春海当时已经8岁，常帮大人照看托儿所的小朋友。这年11月，天气突然变冷，春海患上了感冒。正在这时敌人突然来“扫荡”，全家人忙着在山洞里转移托儿所的小朋友，春海也来帮忙。在回家的路上，突然下起大雨，春海全身淋了个透，过河时又遭敌机轰炸，他没命地往家跑。连受凉带惊吓，到家一头倒在床上，浑身发抖，高烧不止，后因感冒转肺炎，最后亲人眼睁睁地看着这个弱小生命离去。后来，陈洪良又先后有了秋潇、冬马两个亲骨肉，但均因营养不良而夭折。

于家连失亲骨肉，王换于和儿子儿媳们无不痛断肝肠。她们用自家巨大的牺牲，换来了革命后代的安然无恙。从1939年秋到1942年底的3年多时间里，战时托儿所的41名孩子均健康成长，并陆续被父母和组织领走。1943年后，又陆续有革命将士的45名孩子由王换于抚养长大，最晚的到1948年才离开。抗战胜利后，山东保育小学600多名学生又安置在东辛庄，王换于全家受组织委托，竭尽全力为保育小学服务。

1947年，中国妇女运动的先驱者蔡畅在第一次世界妇女代表大会上，代表中国妇女作了王换于事迹的专题报告。王换于的名字从此名扬中外。

3. “儿女”们重返沂蒙谢恩人

新中国成立后的几十年间，遍布祖国各地的王换于的“儿女”们，时刻不忘沂蒙山区的养育之恩，而王换于作为沂蒙山区母亲的代表，也接受着来自全国各地亲人的关爱。他们在来信中，常常称呼抚养他们的老人是“父母大人”，有的家长和“儿女”还抽空千里迢迢来到东辛庄看望王换于等人，有的每年将他们接到自己家里团聚，还有的不间断地往山区寄送东西……

原中共山东分局书记朱瑞的夫人潘彩琴专程来看望王换于，见到王换于时，她禁不住落泪了，她的儿子抱着张淑贞叫妈妈。当年，朱瑞的妻子陈若克和他们刚出生不到一个月的女儿被日军残酷杀害，是王换于卖了三亩田买来了一大一小两口棺木，将她们安葬的。后来，朱瑞和潘彩琴结婚，洞房就设在王换于家的南屋，是王换于亲自给他们布置的新房。潘彩琴生下孩子后，也交由张淑贞抚养。1945年抗战胜利后，潘彩琴和孩子随朱瑞转战到东北。1948年10月，时任东北野战军炮兵司令员的朱瑞在东北解放战场触雷牺牲。消息传来，王换于一家都十分难过。这次，潘彩琴故地重游，触景生情，不禁抱着王换于失声痛哭。

1989年，王换于这位为民族解放和革命事业付出过无数心血和汗水的老人，因病逝世，享年101岁。

2001年春，东辛庄突然来了11辆小轿车，小山村顿时沸腾起来，来者是罗荣桓元帅之子罗东进中将。罗东进首先来到王换于老人的遗像前，深深鞠了三躬。一听罗东进来了，张淑贞老人激动得热泪盈眶。罗东进也很激动，两代人紧紧抱在一起叙家常。有时候，人越老对往事的记忆越深刻，张淑贞老人说：“当年罗荣桓政委和夫人林月琴经常住到我家，他们来了我就忙着做饭，罗政委夸我做的饭好吃。他平易近人，喊我的婆母叫大娘，你母亲和我姐妹相称，可惜你爸走得太早了，你妈还好吗？”“还好。”罗东进说，“革命战争年代，沂蒙人民参军支前，为革命做出了重要贡献，还办托儿所为我们这些人提供了安全的生活环境，感谢您对我们的抚养之恩！”

2003年9月19日，在中央、省、市有关部门的支持下，沂南县马牧池乡东辛庄建成了“沂蒙母亲王换于纪念馆”。纪念馆占地2700平方米，分室外和室内两部分，室外主要有王换于铜像、中央军委原副主席兼国防部长迟浩田的题词及著名军旅作家李存葆撰写的《百年老屋赋》。室内展览部分通过大小20块展板，展陈了罗荣桓、徐向前、朱瑞等老一辈革命家开创山东抗日根据地的光辉业绩。在20块展板中，最引人注目的便是有关王换于创办战时托儿时的内容。

开馆这天，来自当年战地托儿所的胡奇才之子胡鲁克等人，长跪在王换于铜像前，纵情地喊一声母亲，泪流满面。“我们出生在沂蒙，如果没有以王换于为代表的沂蒙母亲的养育呵护，就没有我们的今天！”胡鲁克在发言时的这句话，说出了大家的共同心声。

2011年12月3日，中共中央政治局委员、中组部部长李源潮在山东沂蒙革命老区调研时，亲自来到年近百岁的张淑贞家里，代表中共中央，感谢她和她的婆婆王换于等人为中国的革命胜利做出的杰出贡献。

2013年11月25日，中共中央总书记习近平在山东临沂调研时，也会见了王换于的孙女于爱梅等模范人物，并深情地说，他一来到这里就想起了革命战争年代可歌可泣的峥嵘岁月，在沂蒙这片红色土地上，诞生了无数可歌可泣的英雄儿女，沂蒙六姐妹、沂蒙母亲、沂蒙红嫂的事迹十分感人。沂蒙精神与延安精神、井冈山精神、西柏坡精神一样，是党和国家的宝贵精神财富，要不断结合新的时代继续发扬光大。

——选自王贞勤：《“沂蒙母亲”王换于与战时托儿所》，《党史纵览》，2014年第6期。

（二）刘文辉彭县起义的前前后后

1950年4月11日，中共中央西南局第一书记邓小平同志在中央人民政府第六次会议上作关于西南工作情况的报告中说：“西南作战，从战役发起到结束，为时不过57天，前进约3000华里，提前两月完成战役计划，消灭蒋、胡残余部队约90万人，其中包括投降、俘虏40余万人，起义40余万人。西南战役之所以能获得如此胜利，是由于毛泽东领导的正确，全国胜利形势的影响，以及人民解放军无坚不摧的力量，同时卢汉、刘文辉、邓锡侯、潘文华诸将军于12月9日宣布起义，亦起了良好的配合作用。”这里对刘文辉等三将军在彭县发动的反蒋起义作了充分肯定，足见这次起义对西南战局的影响。而刘文辉等三将军之所以能发动彭县起义，首先是由于周恩来长期出色的统战工作，其次是周恩来对起义时机有准确的把握。

1. 刘文辉由反蒋走向"亲共"

曾任国民革命军第二十四军军长、四川省政府主席、川康边防总指挥，拥有 10 余万军队，占有大半个四川，成为四川政治舞台上举足轻重的风云人物的刘文辉，虽然从 1929 年就走上了反蒋道路，但最后走上与共产党联系，举行反蒋起义之路，却是与周恩来的长期工作分不开的。

早在 1929 年，国民党内的反蒋势力组成了一次大联合，掀起了此起彼伏的反蒋浪潮。刘文辉于 12 月 1 日、2 日与唐生智等 75 人联名发出东、冬两电，斥蒋介石为"全国公敌，誓当立予铲除"。这次反将，因为蒋介石在军事上占上风，又采取了分化瓦解的策略，使反蒋主力唐生智及其部队处于四面楚歌之中。刘文辉的部队又远在四川，难以给予军事支持。于是，随着唐军的迅速崩溃，反蒋斗争终于失败。

1930 年，冯玉祥、阎锡山、李宗仁等组织讨蒋联军，发动了中原大战。刘文辉认为这是一次倒蒋的大好机会，便一方面暗中调遣兵力，准备出兵武汉，与冯、阎联军相配合；另一方面又于 9 月 6 日发出鱼电，再次公开反蒋，要求他"克日下野"。这次反蒋，因为张学良突然改变骑墙态度，并率军入关援蒋，中原大战遂以蒋的胜利而告终。

两次反蒋，使刘文辉成为蒋介石的眼中钉、肉中刺，政治上已是水火不相容，蒋必欲翦除而后快。所以在 1932—1933 年的"二刘大战"中，蒋介石支持刘湘联合邓锡侯、田颂尧、李家钰、杨森等部，打垮了刘文辉军队，占据了刘文辉在四川的大部分地盘，迫使他率领不足两万人的残余部队退守西康。蒋介石仍不放过他，不断地对他进行削弱和打击：先是在西昌设立行辕；继而在康定、西昌、雅安设立军统特务站，对刘文辉的一举一动进行严密监视；后又屡次提出派中央军进入西康，企图彻底铲除刘文辉这股异己势力。

在这样的情况下，决心继续反蒋的刘文辉清醒地认识到，在那时能与蒋介石国民党抗衡的力量只有中国共产党，因而采取了亲共反蒋的态度和立场，并逐步与中共中央建立了直接的联系，最终为"控制川、康，迎接解放"作出了贡献。

2. 周恩来长期统战结硕果

刘文辉之所以能最终为"控制川、康，迎接解放"作出重大贡献，主要是因为这一谋略自始至终是由时任中共中央南方局负责人的周恩来精心筹划的。

1938 年 4 月，时在重庆主持中共中央南方局工作的周恩来即派吴玉章作为中共中央的代表，与刘文辉在汉口江汉路四明银行接触。吴玉章向刘文辉阐述了中共中央关于抗日民族统一战线的方针和政策，分析当时的国内外形势，指明抗战的光明前景，使刘文辉受到启发和鼓舞。

周恩来还通过刘文辉派到汉口的联系人邹趣涛转告刘文辉：“要以国家民族为重，依靠群众，团结一致，把抗战进行到底，这是中华民族唯一的道路，川康地方实力派也应当走这条路。”之后，中共中央代表董必武、林伯渠、陈绍禹、王若飞、华岗、李相符、田一平、杨伯恺等人，分别一次或数次与刘文辉会晤，使刘文辉不断增强了同蒋介石斗争并坚持到底的决心。

1942 年 2 月的一个深夜，周恩来在重庆机房街吴宅亲自会晤了刘文辉。周恩来向刘文辉讲明了中共中央提出的关于“坚持抗日，反对投降；坚持团结，反对分裂；坚持进步，反对倒退。而关键在于坚持民主，反对独裁”的方针和要求。周恩来赤诚相见的谈话，使刘文辉深受感动并明确了政治方向，增强了前进的力量。

此后，刘文辉同中共的关系，便由一般的联系开始进入实际配合的阶段。中共中央不仅与刘文辉草拟了《八路军与二十四军抗日协定十二条》，周恩来还派王少春到雅安与刘文辉保持密切联系，架设了秘密电台并得到刘文辉的保护。该电台可以与延安党中央直接沟通，经常把党的方针政策和解放区胜利的消息，向刘文辉传达。

根据“控制川、康，迎接解放”的谋略，刘文辉比较注重和加强西康地区的经济及其他建设，变不利为有利，以赢得与蒋介石斗争的物质基础。他在西康搞了以经济建设为核心的“十大建设”，建工厂，办学校，修水利，搞交通，等等。这些措施的推行，推动了当地的经济发展和近代科学文化的普及，使得刘文辉驻防中心的雅安，在当时竟然享有川康“小香港”的美誉。这些措施增强了刘文辉的实力，为他“控制川、康”，坚持对蒋介石的长期斗争提供了重要支撑。

在加强西康建设，借以自保的同时，刘文辉又主动采取措施，化敌为友，与邓锡侯、潘文华等结为同盟，共同抵制蒋介石集团对川、康两省的控制、渗透、分化和吞并。刘文辉遵照周恩来的指示，加强了与各民主党派、爱国民主人士的合作，逐步摆脱政治上的孤立地位。刘文辉采取“经济上开门，政治上半开门，军事上关门”（即不反对国民党中央在西康的经济活动，容许蒋介石派少数人员参加西康省的党政工作，拒绝蒋介石派兵进驻西康）的策略，与蒋介石展开了长期的、针锋相对的不懈斗争。如对蒋介石的御用工具“军事委员会委员长西昌行辕”的长期斗争、断然以武力收复甘孜，将班禅行辕赶出西康的斗争等。1946 年，蒋介石借整编之名，企图行削弱地方军之实。刘文辉则阳奉阴违，按兵不动。蒋介石屡次碰壁，欲行“调虎离山”之计，让刘文辉到他的“中央蒙藏委员会”去坐第一把交椅。刘文辉当然明白蒋介石的企图，予以断然拒绝，并通电说他宁愿去当老百姓，也不愿去当这个“委员长”。蒋介石只好作罢。1948 年，蒋介石派亲信王陵基取代邓锡侯为四川省政府主席。刘文辉则联合邓锡侯、潘文华等，以省参议会为工具，策动“驱王运动”，由反王进而反蒋。

刘文辉因为反蒋而亲共，因为亲共而必然走到人民阵营，迎接解放和新中国的诞生。1946年春，当蒋介石不顾全国人民对和平的渴求，悍然发动全面内战时，刘文辉即为此担忧。周恩来便借刘文辉在重庆出席会议时对他说：“蒋介石背信弃义，全面向解放区进攻，人民是反对的，正义在我们这一边。我们对战争是乐观的。”他鼓励刘文辉“回去只要好好搞，赢得人民的支持，将来是有前途的”。

刘文辉遵照周恩来的指示，努力“控制川、康”局面。1948 年元旦，中国国民党革命委员会在香港正式成立，刘文辉被推为川康分会的负责人，以“杨宗文”这一化名领导工作。1949 年，民革中央领导人和民盟主席张澜都分别派人与刘文辉联系，商谈川、康起义事宜。

3. 相继发动彭县起义迎接解放

到 1949 年 8 月，继南京、上海、福州、武汉等重要大城市相继解放之后，人民解放军南下湖南，国民党湖南省政府主席程潜、第一兵团司令陈明仁，于 8 月 4 日宣布起义，两湖底定。此时，刘文辉意识到“迎接解放”的时日为期不远，只是其二十四军当时远驻西康，形格势禁，无法向邓锡侯的部队靠拢。刘文辉便向周恩来去电请示行动方略。电文交王少春发出，大意为年来受蒋压迫，积怨难言，以处境困难，只好暗作准备。今已与邓锡侯、潘文华两部约好，决定站在人民立场；今后如何行动，请予指示。

周恩来接电后，考虑到当时人民解放军刘邓大军尚在对大西南实施战略包围的初级阶段，西南的起义还不宜过早举行，遂电告刘文辉，指出：“大军行将西进，希积极准备，相机行事；过早行动，会招致不必要的损失。”刘文辉接此电文，决定暂时按兵不动，等待最佳时机，和中共联络人王少春等一起积极进行起义的各项准备工作。

10 月，刘文辉从雅安到成都，向邓锡侯、潘文华转达了周恩来的指示，同时以刘、邓、潘三部为核心，结成了联合反蒋的进步力量，拟在解放大军西进入川时，配合行动。刘文辉还派杨家桢在张铁僧家，秘密与中共地下党商订人民解放军向西南进军时，其二十四军配合行动的计划。他们决定，在人民解放军由北面南下，胡宗南部被击破向西康方面逃跑时，二十四军应截断其退路，配合人民解放军消灭之；胡宗南部在人民解放军压迫下向西康撤退，后面有人民解放军尾追时，二十四军应配合夹击消灭之；胡宗南部未与人民解放军战斗，即向西康撤退时，二十四军应单独行动，阻止其进入西康，以待人民解放军的到达。

1949 年 12 月 5 日，刘邓大军已完成对四川的战略包围，里应外合的条件已经成熟，于是周恩来电告王少春："望即转告刘自乾（刘文辉字自乾）先生，时机已至，不必再作等待，对蒋之一切伪命，不仅要坚决拒绝，且应联合邓（锡侯）、孙（震）及贺国光诸先生有所行动，要守住西康、西昌，不让胡宗南匪军侵入。"8 日，周恩来又电告率军挺进西南的刘伯承、邓小平："已电告我派驻雅安之王少春同志，要刘文辉派负责人员携带密码呼波至前线找你们接头，建立直接之联系。"至此，已是万事俱备。

12 月 9 日傍晚，国民党西康省主席刘文辉、西南军政长官公署副长官邓锡侯、潘文华离开成都，在彭县联名发表通电，宣告起义。此举不仅严重打乱了蒋介石集团的步伐，使其企图与人民解放军进行"川西决战"，建立所谓"陆上基地"的部署与计划很快破产（蒋介石不得不于 10 日下午携带蒋经国乘"美龄号"专机仓皇逃往台湾），而且有力地配合人民解放军截断了国民党军胡宗南部妄图逃窜康、滇的通道。

受刘文辉起义的影响，麇集于川西的其他国民党军董宋珩、罗广文等 6 个兵团，也在人民解放军强大的军事压力和政治攻势下，纷纷率部起义。人民解放军得以迅速缩小对成都的包围，聚歼了盘踞在川西的胡宗南残部，于 12 月 27 日顺利解放了成都，彻底打碎了蒋介石妄图凭借其"西南防线"负隅顽抗的阴谋。

刘文辉等人的彭县起义，加速了人民解放军西南战役的进程，减少了军民的伤亡，避免了城市的破坏，有力地保护了成都及其附近地区的工厂、仓库及人民生命财产的安全，为川、康地区的解放事业作出了重大贡献。

——选自邓光汉：《刘文辉彭县起义的前前后后》，《文史杂志》，2009 年第 5 期。

（三）"学人家是怎么搞的"———新加坡之行坚定邓小平改革开放的决心

1978 年，74 岁的邓小平先后 4 次出访 7 个国家；这一年的 10 月和 11 月，他接连访问日本和东南亚的泰国、马来西亚、新加坡。如果说日本之行使邓小平目睹了发达国家的优势，而作为殿后的新加坡之行则为不久后召开的中共十一届三中全会作出的重大决策提供了参考样本。邓小平对新加坡的访问促使中国改变以往做法，谋求建立良好的周边关系；促使中国对外开放，实行后来称之为"改革开放"这个"决定中国命运的一招"。

20 世纪六七十年代，新加坡后来居上，通过外向型现代化发展道路取得了相当不俗的成绩。1978 年 11 月 12 ～ 14 日，时任国务院副总理的邓小平访问新加坡（这也是新中国第一位访新的领导人），受到了国家领导人规格的接待。邓小平称赞勤劳勇敢的新加坡人民在发展国民经济方面取得了显著的成就，肯定了新加坡在国际事务上的基本原则和积极贡献："在国际事务中，新加坡奉行不结盟政策，坚持同各国人民友好相处，坚持东盟提出的东南亚和平、自由中立区的主张，积极加强同发展中国家的团结和经济合作，注意同发达国家发展经济贸易关系。"他重申了中国外交的立场："中国现在不称霸，将来强盛起来也永远不称霸，永远不做侵略、干涉、控制、威胁、颠覆其他国家的超级大国。"明确了在和平共处五项原则基础上同社会制度不同的国家建立和发展友好合作关系的基本主张，强调中国坚持大小国家一律平等，坚持反对大国欺侮小国，强国凌辱弱国。邓小平还告知新方中国将实施新的侨务政策，这也是他东南亚之行向周边国家释疑、争取支持、消除"文化大革命"影响的一个重要举措。李光耀在欢迎宴会上祝愿中国在迅速实现工业化方面取得成功，认为一个拥有近十亿人口的繁荣与和平的国家对亚洲、对全世界来说是一件影响重大的事情。同中国合作是合乎需要的，实际上是不可抗拒的。

更值得称道的是，在外交活动之外，邓小平对新加坡的工业和商贸情况进行了短暂但有效的考察，参观了新加坡最大的工业园区。作为亚洲最早开发区之一的裕廊工业园区，位于新加坡西南部的海滨地带，面积 60 平方公里，经过 16 年的开发，一跃成为亚洲最富有活力的经济商贸区。邓小平亲眼看到了以吸引跨国公司投资为主、借鉴国外先进生产技术与管理经验的经济发展道路所取得的成功。外贸是新加坡国民经济的主要部门，新加坡政府特别重视引进外国资本和先进技术以及培养本国科技人才和熟练工人，使这些工业部门一开始就建立在世界先进水平的基础上，不仅迅速提高了生产总值，还创造出比较高的劳动生产力。邓小平对这个经验很感兴趣，感慨良多，他在接见中国驻新机构负责人时指出："我们的框框太多了，一下子要改过来不容易……可派人出来看看，学人家是怎么搞的。大家要开动脑筋，有的人总认为自己好。要比就要跟国际上比，不要跟国内的比。政治要落实到业务上，这是检验政治好不好的标准。工厂办得好不好，要看它管理好不好，质量、技术好不好。"

邓小平还考察了新加坡的公共住房情况，他登上住房和发展局办公大厦顶层，瞭望周围新建成的公共住房群落，详细询问了每年住房建筑的总面积及其他相关问题，赞扬新加坡在解决住房方面所作的努力。

邓小平对能在相隔 58 年后旧地重游很有感慨，这里的华人取得了如此明显的进步和成就，那么，拥有几亿人口、历史文化悠久的中国为什么不能呢？邓小平回国后即约胡耀邦、胡乔木、于光远等在家里谈话，准备重新起草在中央工作会议闭幕式上的讲话稿（即《解放思想，实事求是，团结一致向前看》——编者按），并对新写的稿子谈了不少意见，特别提到了新加坡的例子。

今天，中国改革开放已逾40年，中国的发展、中国与世界的关系已经发生了历史性的巨大变化，我们站在新时代的起点上，应当牢记邓小平当年新加坡之行，牢记他所说的搞建设也要走出一条中国式的现代化道路。从改革开放前他提到“现在问题相当多，要解决，没有一股子劲不行，要敢字当头，横下一条心”，到南方谈话中他要求“改革开放胆子要大一些，敢于试验”，“看准了的，就大胆地试，大胆地闯”，这些振聋发聩的形象描述，至今依然值得记取。

——选自杜艳华，李冉：《政道百年大党治国理政史鉴》，党建读物出版社，2021年，第175—179页。

四 延伸阅读

习近平：坚持以人民为中心的发展思想

人民是我们党执政的最大底气

中国共产党之所以能够发展壮大，中国特色社会主义之所以能够不断前进，正是因为依靠了人民。中国共产党之所以能够得到人民拥护，中国特色社会主义之所以能够得到人民支持，也正是因为造福了人民。

——选自2016年10月21日，习近平在纪念红军长征胜利80周年大会上的讲话

每个共产党员都要弄明白，党除了人民利益之外没有自己的特殊利益，党的一切工作都是为了实现好、维护好、发展好最广大人民根本利益；人民是历史的创造者、人民是真正的英雄，必须相信人民、依靠人民；我们永远是劳动人民的普通一员，必须保持同人民群众的血肉联系。

——选自2019年5月31日，习近平在“不忘初心、牢记使命”主题教育工作会议上的讲话

人民是我们党执政的最大底气，是党和国家最深厚的根基。历史教训深刻启示我们，一切脱离人民、偏离人民、背离人民的政治力量，终究会走到人民的对立面，失去人民的支持。要始终与人民同呼吸、共命运、心连心，始终保持党同人民的血肉联系。

——选自2020年10月29日，习近平在党的十九届五中全会第二次全体会议上的讲话

人民对美好生活的向往就是我们的奋斗目标

人民对美好生活的向往就是我们的奋斗目标。我们要坚持以人民为中心的发展思想，抓住人民最关心最直接最现实的利益问题，不断保障和改善民生，促进社会公平正义，在更高水平上实现幼有所育、学有所教、劳有所得、病有所医、老有所养、住有所居、弱有所扶，让发展成果更多更公平惠及全体人民，不断促进人的全面发展，朝着实现全体人民共同富裕不断迈进。

——选自2018年5月4日，习近平在纪念马克思诞辰200周年大会上的讲话

守初心，就是要牢记全心全意为人民服务的根本宗旨，以坚定的理想信念坚守初心，牢记人民对美好生活的向往就是我们的奋斗目标；以真挚的人民情怀滋养初心，时刻不忘我们党来自人民、根植人民，人民群众的支持和拥护是我们胜利前进的不竭力量源泉；以牢固的公仆意识践行初心，永远铭记人民是共产党人的衣食父母，共产党人是人民的勤务员，永远不能脱离群众、轻视群众、漠视群众疾苦。

——选自2019年5月31日，习近平在“不忘初心、牢记使命”主题教育工作会议上的讲话

民心是最大的政治。我们党是全心全意为人民服务的党，坚持立党为公、执政为民，把人民对美好生活的向往作为始终不渝的奋斗目标。在近百年的奋斗历程中，我们党不仅是这么说的，也一直是这么做的。

——选自2020年9月17日，习近平在基层代表座谈会上的讲话

让现代化建设成果更多更公平惠及全体人民

以人民为中心的发展思想，不是一个抽象的、玄奥的概念，不能只停留在口头上、止步于思想环节，而要体现在经济社会发展各个环节。要坚持人民主体地位，顺应人民群众对美好生活的向往，不断实现好、维护好、发展好最广大人民根本利益，做到发展为了人民、发展依靠人民、发展成果由人民共享。

——选自2016年1月18日，习近平在省部级主要领导干部学习贯彻党的十八届五中全会精神专题研讨班上的讲话

事实充分证明，做好党和国家各项工作，必须把实现好、维护好、发展好最广大人民根本利益作为一切工作的出发点和落脚点，更加自觉地使改革发展成果更多更公平惠及全体人民。只要我们始终坚持以人民为中心的发展思想，一件事情接着一件事情办，一年接着一年干，就一定能够不断推动全体人民共同富裕取得更为明显的实质性进展！

——选自2021年2月25日，习近平在全国脱贫攻坚总结表彰大会上的讲话

坚持以人民为中心的发展思想。维护人民根本利益，增进民生福祉，不断实现发展为了人民、发展依靠人民、发展成果由人民共享，让现代化建设成果更多更公平惠及全体人民。

——选自2022年10月16日，习近平在中国共产党第二十次全国代表大会上的报告

五 课后习题

（一）名词解释

1. 统一战线
2. 抗日民族统一战线
3. 新时代爱国统一战线
4. 政治建设
5. 组织建设
6. 延安整风运动

（二）单项选择题

1. 以第一次国共合作为基础的革命统一战线正式建立的标志是（　）。

A. 孙中山发表《国民党宣言》　B. 国民党一大的成功召开

C. 中国共产党三大的召开　D. 中共中央杭州西湖特别会议的召开

2. 中共制定抗日民族统一战线政策，充分说明（　）。

A. 国共两党的矛盾已趋于缓和　B. 中日民族矛盾已上升为主要矛盾

C. 英美支持蒋介石抵抗日本　D. 全国人民反对蒋介石不抵抗政策

3. 标志着国共两党第二次合作初步形成，团结抗日新局面到来的历史事件是（　）

A. 西安事变　B. 皖南事变

C. 九一八事变　D. 四一二政变

4. 解放战争时期，中国共产党和各民主党派合作，建立了（　）。

A. 爱国统一战线　B. 抗日民族统一战线

C. 人民民主统一战线　D. 工农民主统一战线

5. 新时代爱国统一战线与之前相比，构成范围增加了（　）。

A. 全体社会主义劳动者　B. 社会主义事业的建设者

C. 拥护祖国统一的爱国者　D. 致力于中华民族伟大复兴的爱国者

6. 人民民主统一战线的组织形式是（　　）。

A. 人民团体　　B. 人民政府

C. 人民政协　　D. 人民代表大会

7. 光彩事业是以非公有制经济人士为参与主体，以开发资源、兴办企业、培训人才为主要内容的面向“老、少、边、穷”地区的（　　）。

A. 扶贫事业　　B. 道德行为

C. 经济行为　　D. 政治行为

8. 毛泽东在 1956 年的一次讲话中回顾了解放战争时期的一个事例：“锦州那个地方出苹果，辽西战役的时候，正是秋天，老百姓家里很多苹果，我们战士一个都不去拿。我看了那个消息很感动。在这个问题上，战士们自觉地认为：不吃是高尚的，而吃了是很卑鄙的，因为这是人民的苹果。”在这里，毛泽东强调的党的优良作风是（　　）。

A. 艰苦奋斗　　B. 理论联系实际

C. 密切联系群众　　D. 批评与自我批评

9. 中国共产党的根本宗旨是（　　）。

A. 群众路线　　B. 全心全意为人民服务

C. 以人为本、执政为民　　D. 实事求是

10. 抗日战争时期，中国共产党在农村的土地政策是（　　）。

A. 没收大地主的土地分配给农民　　B. 没收地主的土地归抗日政府

C. 实行耕者有其田　　D. 减租减息

11. 下列不属于“三大纪律、八项注意”中“三大纪律”的内容是（　　）。

A. 一切行动听指挥　　B. 损坏东西要赔偿

C. 不拿群众一针一线　　D. 一切实缴获要归公

12. 1929 年 12 月下旬，红四军党的第九次代表大会在福建上杭县古田村召开，会议总结了红军创立以来的经验，通过了著名的古田会议决议。决议的中心思想是（　　）。（2015 年全国硕士研究生招生考试思想政治理论试题）

A. 中国共产党必须服从共产国际的领导

B. 武装斗争是中国革命的主要形式

C. 用无产阶级思想进行军队和党的建设

D. 在农村根据地广泛开展土地革命

13. 20 世纪 40 年代前期，为了提高广大党员的思想理论水平，增强党的凝聚力和战斗力，中国共产党在全党范围内开展了一场整风运动。这场整风运动最主要的任务是（　　）。（2018

年全国硕士研究生招生考试思想政治理论试题）

A. 反对主观主义以整顿学风

B. 反对宗派主义以整顿党风

C. 反对党八股以整顿文风

D. 反对享乐主义以整顿作风

14. 作为一个无产阶级政党，如何永远得到人民拥护和支持，如何跳出治乱兴衰的历史周期率，实现长期执政，是中国共产党必须回答好、解决好的根本性问题。对于这一历史之问、时代之问，毛泽东同志在延安窑洞里给出了第一个答案："只有让人民来监督政府，政府才不敢松懈。只有人人起来负责，才不会人亡政息。"经过党的十八大以来的不懈努力，我们党又找到了第二个答案，这就是（　　）。（2023 年全国硕士研究生招生考试思想政治理论试题）

A. 坚定理想

B. 自我革命

C. 把权力关进制度的笼子

D. 增强忧患意识

15. 党的十八大以来，以习近平同志为核心的党中央提出了许多党的建设新思想、新观点、新论断，极大地丰富了党的建设理论。下列关于党的建设的表述，不正确的是（　　）。（2021 年浙江公务员考试行测真题 A 卷）

A. 党的政治建设是党的根本性建设

B. 制度建设是全面从严治党的重要保障

C. 坚定理想信念是党的思想建设的首要任务

D. 党内民主建设是党的纪律建设的核心任务

16. 2020 年 3 月 9 日中共中央办公厅发布《党委（党组）落实全面从严治党主体责任规定》，根据该规定，党组（党委）应当加强对本单位全面从严治党各项工作的领导。在加强党的建设方面，下列理解不准确的是（　　）。（2021 国家公务员考试《行测》地市级真题试卷）

A. 支持纪检监察机关履行监督责任，一体推进不敢腐、不能腐、不想腐

B. 持续整治"四风"特别是形式主义、官僚主义，反对特权思想和特权现象

C. 把党的思想建设摆在首位，坚定政治信仰，强化政治领导，提高政治能力，净化政治生态

D. 党组（党委）带头遵守党内法规制度，严格落实党内法规执行责任制

17. 什么是社会主义、怎样建设社会主义，是邓小平在领导改革开放和现代化建设过程中，不断提出和反复思考的首要的基本理论问题。搞清楚这一基本理论问题，关键是要（ ）。（2023年全国硕士研究生招生考试思想政治理论试题）

A. 科学分析我国社会的主要矛盾

B. 廓清不合乎时代进步和社会发展规律的模糊观念

C. 系统总结社会主义社会发展的经验

D. 在坚持社会主义基本制度基础上进一步认清社会主义本质

18. 1956年4月，毛泽东提出把马克思列宁主义基本原理同中国具体实际进行“第二次结合”，其目的是（ ）。（2022年全国硕士研究生招生考试思想政治理论试题）

A. 加强中国共产党的自身建设

B. 为社会主义改造创造条件

C. 找出在中国怎样建设社会主义的道路

D. 全面建设社会主义现代化强国

19. 习近平新时代中国特色社会主义思想是对马克思列宁主义、毛泽东思想、邓小平理论、“三个代表”重要思想、科学发展观的继承和发展，是马克思主义中国化的最新成果，是党和人民实践经验和集体智慧的结晶，是中国特色社会主义理论体系的重要组成部分，是全党全国人民为实现中华民族伟大复兴而奋斗的行动指南。这一思想的核心要义是（ ）。（2019年全国硕士研究生招生考试思想政治理论试题）

A. 推进马克思主义中国化时代化大众化

B. 实现社会主义现代化

C. 坚持和发展中国特色社会主义

D. 坚持以经济建设为中心

20. 党的十八大以来，党中央团结带领全党全国各族人民，深刻回答了重大时代课题，形成了习近平新时代中国特色社会主义思想。关于习近平新时代中国特色社会主义思想，下列表述正确的是（ ）。（2019江苏公务员考试行测真题 B类）

①根本立场是以人民为中心，坚持人民主体地位

②核心要义是坚持和发展中国特色社会主义

③精髓是为人民谋幸福、为民族谋复兴、为世界作贡献

④理论特色是体现了理论与实际相结合、战略和战术相一致

A. ①②③

B. ①③④

C. ②③④

D. ①②③④

21. 党的十九届六中全会通过的《中共中央关于党的百年奋斗重大成就和历史经验的决议》。在十九大报告“八个明确”的基础上，用“十个明确”对习近平新时代中国特色社会主义思想的核心内容作了进一步概括，增加的两个是（　　）。(2022 年江苏公务员考试行测试题 A 卷）

①必须坚持和完善社会主义基本经济制度

②坚持和发展中国特色社会主义的总任务

③中国特色大国外交要推动构建人类命运共同体

④全面从严治党的战略方针和新时代党的建设总要求

A. ①②

B. ②③

C. ①④

D. ③④

（三）简答题

1. 为什么说群众路线是中国夺取抗战胜利的重要法宝？

2. 为什么说统一战线是新民主主义革命的三大法宝之一？

3. 土地革命战争时期，中国共产党是如何总结历史经验、加强党的思想建设的？

4. 为什么说习近平新时代中国特色社会主义思想“实现了马克思主义中国化新的飞跃”？

（四）材料分析题

材料一：

2019 年 5 月 31 日，习近平在“不忘初心、牢记使命”主题教育工作会议上的讲话：“每个共产党员都要弄明白，党除了人民利益之外没有自己的特殊利益，党的一切工作都是为了实现好、维护好、发展好最广大人民根本利益；人民是历史的创造者、人民是真正的英雄、必须相信人民、依靠人民；我们永远是劳动人民的普通一员，必须保持同人民群众的血肉联系。”

材料二：

党的十九大报告："坚持以人民为中心。人民是历史的创造者，是决定党和国家前途命运的根本力量。必须坚持人民主体地位，坚持立党为公、执政为民，践行全心全意为人民服务的根本宗旨，把党的群众路线贯彻到治国理政全部活动之中，把人民对美好生活的向往作为奋斗目标，依靠人民创造历史伟业。"

材料三：

党的二十大报告："江山就是人民，人民就是江山。中国共产党领导人民打江山、守江山，守的是人民的心。治国有常，利民为本。为民造福是立党为公、执政为民的本质要求。必须坚持在发展中保障和改善民生，鼓励共同奋斗创造美好生活，不断实现人民对美好生活的向往。""全党要坚持全心全意为人民服务的根本宗旨，树牢群众观点，贯彻群众路线，尊重人民首创精神，坚持一切为了人民、一切依靠人民，从群众中来、到群众中去，始终保持同人民群众的血肉联系，始终接受人民批评和监督，始终同人民同呼吸、共命运、心连心，不断巩固全国各族人民大团结，加强海内外中华儿女大团结，形成同心共圆中国梦的强大合力。"

根据上述材料，分析中国共产党坚持以人民为中心的基本内涵。

（五）论述题

1.《中共中央关于党的百年奋斗重大成就和历史经验的决议》把"坚持统一战线"作为党百年奋斗积累的十条宝贵历史经验之一，强调"建立最广泛的统一战线，是党克敌制胜的重要法宝，也是党执政兴国的重要法宝"。结合中国共产党的百年历程说明为什么统一战线是"党克敌制胜的重要法宝，也是党执政兴国的重要法宝"？

2. 二十大报告明确说道："江山就是人民，人民就是江山。中国共产党领导人民打江山、守江山，守的是人民的心。"结合百年党史论述这一句话的具体涵义。

3. 全面建设社会主义现代化国家、全面推进中华民族伟大复兴，关键在党。请论述为什么要持续推进党的建设新的伟大工程？

4. 党的二十大报告明确指出："实践没有止境，理论创新也没有止境。不断谱写马克思主义中国化时代化新篇章，是当代中国共产党人的庄严历史责任。"结合党的理论创新成果，请论述如何认识中国共产党的历史就是一部不断推进理论创新、进行理论创造的历史？